全国普通高等院校十三五规划课程教材

大学生军事理论教程

主编 李印福 王 强

全国百佳图书出版单位

图书在版编目（CIP）数据

大学生军事理论教程/李印福，王强主编．—北京：知识产权出版社，2017.4（2023.6重印）
ISBN 978-7-5130-4875-0

Ⅰ．①大… Ⅱ．①李…②王… Ⅲ．①军事理论—高等学校—教材 Ⅳ．①E0

中国版本图书馆 CIP 数据核字（2017）第 074498 号

内容提要

本书根据《教育部关于加强新形势下学校国防教育工作的意见》《普通高等学校军事课教学大纲》等文件，结合目前我国国防发展与高校国防教育工作实际编写而成，内容包括：中国国防、军事思想、国际战略环境、军事高技术、信息化战争、条令条例教育与训练、轻武器射击技术、军事地形学、军事综合训练等内容。

责任编辑：王玉茂　　　　　　　　　　责任校对：谷　洋
装帧设计：SUN 工作室　　　　　　　　责任出版：刘译文

大学生军事理论教程

李印福　王　强　主编

出版发行	知识产权出版社 有限责任公司	网　　址	http://www.ipph.cn
社　　址	北京市海淀区气象路 50 号院	邮　　编	100081
责编电话	010-82000860 转 8541	责编邮箱	wangyumao@cnipr.com
发行电话	010-82000860 转 8101/8102	发行传真	010-82000893/82005070/82000270
印　　刷	三河市国英印务有限公司	经　　销	新华书店、各大网上书店及相关专业书店
开　　本	787mm×1092mm　1/16	印　　张	16.75
版　　次	2017 年 4 月第 1 版	印　　次	2023 年 6 月第 2 次印刷
字　　数	400 千字	定　　价	45.00 元

ISBN 978-7-5130-4875-0

出版权专有　侵权必究
如有印装质量问题，本社负责调换。

编委会

主编 李印福 王 强

副主编 侯美丽 李 强

编委 邱 玥　赫 兵　明显忠　赵晓东　马喜龙
范秀双　郑振朝　马艳波　李 枫　刘 欣
郭 刚　张金辉　孙爱军　杨 勇　华克清
罗 杰　纪守峰　刘晓岩　葛琳琳　刘德平
白 罡　黄春雷　李 勇　张 萍　赵 旭
孔祥慧　刘桓璐　秦晓博　王 娜　赵 彦
曹光柱　赵 欣　骆圣坤　陈 萍　赵 博
张国花　王金石　敖雪洋

前　言

"国无防不立",国防是一个国家生存和发展的重要保障,具有抵御外侮、维护社会稳定,捍卫国家主权、领土完整和安全,保证国家经济社会平稳运行的重要作用,是一个国家生存和发展的关键所在。

大学生是中国特色社会主义建设的接班人,是现代化建设的重要力量。培养大学生国防观念和国防素养,搞好学生军事训练工作,是高等院校重要的教育任务,对于人才培养,国家国防建设有着重要的意义。

为了进一步提高高校军事理论课教学质量,提高学生军事训练工作水平,帮助大学生树立国防观念,提升国防素养,我们根据《中共中央 国务院 中央军委关于加强新形势下国防教育工作的意见》《教育部关于加强新形势下学校国防教育工作的意见》等文件精神,依据《普通高等学校军事课教学大纲》,结合高校国防教育实际,组织具有丰富教学经验的教师,编写了这本《大学生军事理论教程》教材。

本书知识体系完整,内容丰富,包括:中国国防、军事思想、国际战略环境、军事高技术、信息化战争、军事技能训练基础、军事地形学、战术基础与综合训练八章内容。为了进一步拓展学生的视野,启发学生的兴趣,在每章的结尾还增设了"军海泛舟"版块,力图通过拓展材料及教学内容的延伸,帮助学生拓宽知识面,强化对国防建设的理解。

十八大以来,我国国防建设有了一系列新进展,教材也对新进展给予了相应的体现,如中国人民解放军五大战区的设立、火箭军的成立等。在重点内容方面,对党的十八大以来国防和军队建设、习近平国防和军队建设重要论述、总体国家安全观等内容进行了详尽的介绍,体现了大学生国防教育内容的与时俱进。

本书由辽宁石油化工大学军事理论教研室集体编写,由李印福负责统稿、定稿。李印福、王强担任主编,侯美丽、李强担任副主编。此外,还有多位编委参与编写。

本书在编写过程中,借鉴和汲取了多位专家学者的真知灼见和研究成果,由于篇幅有限,不能一一提及,在此一并表示感谢!

由于编者水平有限,加之编写时间仓促,不当、疏漏甚至于错误之处在所难免,恳请广大读者批评指正!

编　者

目 录

绪 论 ·· 1

第一章 中国国防 ·· 11
- 第一节 国防概述 ·· 11
- 第二节 我国国防的历史及其启示 ·· 15
- 第三节 国防法规 ·· 21
- 第四节 国防建设 ·· 25
- 第五节 国防动员 ·· 35
- 第六节 党的十八大以来国防和军队建设 ··· 39

第二章 军事思想 ·· 47
- 第一节 军事思想概述 ··· 47
- 第二节 毛泽东军事思想 ··· 53
- 第三节 邓小平新时期军队建设思想 ·· 61
- 第四节 江泽民论军队和国防建设思想 ··· 65
- 第五节 胡锦涛国防和军队建设思想 ·· 68
- 第六节 习近平国防和军队建设重要论述 ··· 71

第三章 国际战略环境 ··· 81
- 第一节 战略和战略环境 ··· 81
- 第二节 国际战略格局 ··· 85
- 第三节 主要国家军事力量概览 ··· 97
- 第四节 我国周边安全环境及国家统一 ··· 104
- 第五节 全球化背景下的总体国家安全观 ··· 108

第四章 军事高技术 ··· 120
- 第一节 军事高技术概述 ··· 120
- 第二节 军事高技术的应用：信息类技术 ··· 125
- 第三节 军事高技术的应用：武器类技术 ··· 138

第五章　信息化战争 — 149
第一节　信息化战争概述 — 149
第二节　信息化战争的发展趋势 — 153
第三节　信息化战争的作战样式 — 156
第四节　信息化战争力量的运用 — 158
第五节　信息化战争与国防建设 — 163

第六章　军事技能训练基础 — 169
第一节　条令条例教育 — 169
第二节　队列动作训练 — 173
第三节　轻武器射击 — 187
第四节　阅　兵 — 202
第五节　实弹射击基础 — 204

第七章　军事地形学 — 209
第一节　地形对战斗行动的影响 — 209
第二节　地形图基本知识 — 212
第三节　现地使用地形图 — 221
第四节　方位角及其应用 — 227

第八章　战术基础与综合训练 — 234
第一节　战术基础 — 234
第二节　行　军 — 245
第三节　宿　营 — 247
第四节　野外生存 — 249
第五节　利用地形地物的方法 — 253

参考文献 — 258

绪 论
中国国防

国防教育是国家为捍卫主权、领土完整，防御外来侵略和颠覆威胁，对国民传授与国防有关的思想、知识、技能的社会活动，是国防建设的重要组成部分。良好的国防教育对增强国民的爱国意识、忧患意识具有重要作用。

一、高校国防教育的意义

国防教育的过程是促进公民国防认知、国防情感、国防意识及国防行为能力四方面统一发展的过程。国防认知是"奠基石"，能够为关心国防、投身国防责任的履行提供指南；国防情感是"催化剂"，能够激发关心国防、投身国防、捍卫祖国主权、维护国家安全的高尚道德追求；国防意识是"推进剂"，能够推动捍卫国家主权、防备外来侵略、维护国家尊严的行为的实施；国防行为能力是"落脚点"，能够实现关心国防、维护国家安全的知行合一。

（一）社会意义

首先，国防意识、国家安全观念是战争时期抵御外敌入侵、赢得战争胜利的武器，也是经济建设时期保障国防、抵制西方劣性文化侵害、维护社会主义意识形态安全的重要因素。大学生是未来推动国家国防建设与经济建设的重要力量，因此大学生的国防意识与国家安全观念更是直接关系到整个国家的前途与命运。高校国防教育有助于大学生克服和平时期的麻痹思想，增强他们的国防观念、爱国意识，从而为维护国家安全与尊严、促进国家繁荣与发展服务。

其次，通过开展高校国防教育，有助于推动国防现代化建设。任何一个国家，开展国防建设不外乎物质层面建设和精神层面建设两个方面的内容。学校国防教育是全民国防教育的基础，因此，高校国防教育本身就是国防建设的重要组成部分。青年学生国防观念的培养、国防情感的强化，能够使他们对战争与和平保持清醒的认识与理性的判断，对国防事业产生认同感和使命感，有助于激发他们对国家安危和民族利益的自觉关注，从而使他

们积极地参与国防建设，因此，国防教育必将对国防现代化建设产生积极的推动作用，对民族凝聚力的增强起到促进功效。

最后，开展高校国防教育有助于推动社会主义精神文明建设。其一，社会主义精神文明建设的目标是"提高整个中华民族的思想道德素质和科学文化素质"，高校国防教育的目标内在于社会主义精神文明建设的目标之中。其二，开展社会主义精神文明建设，倡导维护国家主权、民族利益所需要的道德准则，就必定要把国防观念、国防意识的培养作为其中一项重要内容。其三，社会主义核心价值体系的建立与全体公民，尤其是当代青年学生的国家安全意识、国家主权意识、国家防卫意识的树立密不可分。

（二）个体意义

首先，高校国防教育有助于大学生国防素养的培养。通过深入持久的国防教育，有助于增强大学生的国防意识、国防素养，培养大学生的国防情感、国防精神，提高大学生个体的国防行为能力。其次，高校国防教育有助于大学生个体素质的全面发展。开展国防教育有助于使大学生坚定政治立场、提高大学生个体的创造力和综合思维能力、培养大学生个体的身体素质和心理素质。再次，高校国防教育有助于提升大学生个体的道德鉴赏力。国防教育有助于培养大学生个体高度的政治自觉性和正确的道德伦理观，提升和丰富个体的精神世界，帮助个体形成坚定的信念和崇高的理想，从而提高道德鉴赏力。最后，高校国防教育有助于提高大学生个体的社会竞争力。通过采取教学、军训、培训、讲座、参观等多样化国防教育形式，国防教育有助于增强大学生个体的国家安全意识、竞争意识、自强意识、忧患意识、科学意识，培养个体的"大国防观"，提高个体的社会竞争力。

二、我国近代国防教育的发展

我国的国防教育历史源远流长。鸦片战争后，随着我国社会近代化的缓慢发展和民族危机的不断加剧，国防教育也经历了一个从传统向近代发展的历程。

（一）我国近代国防教育的历史发展

1. 近代国防教育的发端

鸦片战争以后，面对日益深重的民族危机，一部分率先觉醒的中国人一直在寻求救亡图存之道。尤其是甲午惨败后，国人力求变法图强，一些有识之士主张废弃重文轻武的传统，提出学校在文化课教学的同时实施军训，以培养学生的军事技能与尚武精神。最先明确提出军国民教育的是蔡锷，他认为中国若要摆脱外患危机，必须进行全面国防教育，以陶冶"国民成军之资格"，从而建立政府和人民、民众和军队紧密结合的全民国防体系。梁启超也认为中国之所以"群盗入室、白刃环门"，正是教育重文轻武的结果，因此痛感中国必须实施军国民教育，以"怯文弱、振国势、扬国威"。蒋百里则提出军国民教育的实施应通过学校教育，训练学生行军、射靶、击剑、野外演习等能力。在清朝末年，以"军国民"教育为代表的近代国防教育思想已经被提出，并在一定程度上得到社会的逐步认同，标志着我国近代国防教育开始发端。

2. 辛亥革命到全面抗战爆发前

1912年，中华民国成立，同年9月，国民政府正式将军国民教育列入教育宗旨，从教育和训练两方面付诸实施。民国四年（1915年）1月，北洋政府将尚武教育列入教育宗旨。同年4月，全国教育联合会议议决军国民教育实施方案，方案规定了学校军事教育和训练方面的内容。1918年，第一次世界大战结束，受当时国际国内思潮的影响，教育界不少人士认为大战是"公理战胜强权""民治主义打败军国主义"的结果，不再强调军国民教育。1920年，全国教育联合会议议决废弃"尚武"教育宗旨，1922年，颁布《壬戌学制》，军国民教育被从教育方针中取消，学校军训随之停滞。民国十七年（1928年）5月，日本军国主义在山东制造了骇人听闻的"五卅惨案"，恰逢第一次全国教育会议在南京召开，与会人员均认为"外侮日迫，非尚武不足以救国"，最后一致通过《学校应实施军事训练案》，要求高中以上学校成立学生军，初中以下学校严格开展体育及童子军教育。1931年，"九一八"事变后，随着日本侵华日益剧烈，民族危机日益深重，国民政府加紧实施国防教育。1933年6月，国民政府颁布了我国历史上第一部《兵役法》，规定从1936年始实施义务兵役制。

3. 全面抗战时期的国防教育

抗战时期，国民政府为配合兵役制度的改革和满足抗战的兵员需要，十分重视国防教育，先后颁布了一系列法规，从中央到地方建立了比较完善和健全的组织机构和教育体制。在共产党开辟的敌后抗日根据地，中国共产党六届六中全会作出了《实行国防教育政策，使教育为民族自卫战争服务》的决议，成立了"抗日军政大学"等学校培养抗战干部。在各根据地开展了以提高和普及人民大众抗日知识技能和民族自尊心为中心教育内容的一系列国防教育活动。还建立了文教统一战线，广泛吸收一切赞成抗日的知识分子，参加抗战救亡工作，参加抗日根据地的文教建设工作。同时，还在根据地内推行政治上"三三制"、经济上"地主减租减息、农民交租交息"的政策，动员和组织根据地内各阶级、阶层参加抗战。

抗日战争时期的国防教育为我国坚持长期抗战奠定了坚实的基础，为抗日战争的最后胜利作出了巨大贡献。我国在这一时期开展的国防教育是在第二次世界大战的背景下，在我国社会发生了剧烈变迁、国防近代化取得较大进展的时代条件下开展的，教育的各个方面都具有很强的近代特征，是我国近代国防教育发展的高潮。

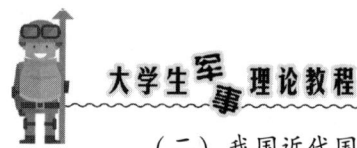

（二）我国近代国防教育的经验

1. 国防教育的发展形态应与社会发展水平相适应

在数千年的历史长河中，尽管各个时期国防教育的具体实现形式、训练内容等有所不同，但因我国社会的生产关系、生产方式、组织方式等没有发生根本性变化，以此为基础的国防教育发展也不可能超出社会历史的发展，因而，近代之前的国防教育一直以一种与小农经济和君主专制制度相适应的方式进行。鸦片战争后，我国社会的近代化因素缓慢而显著地增长，主要的表现有小农经济逐步解体，近代化工业开始产生并发展，逐步融入世界资本主义市场，社会中出现了无产阶级、民族资产阶级等新的社会阶级和阶层，推翻了君主专制制度，近代教育体制得以建立，西方科学技术和民主思想得到较广泛的传播，开始进行民主制度的尝试等。这些都为近代国防教育思想的提出和实施创造了条件。

2. 高举爱国主义和救亡图存的旗帜是凝聚民心军心的根本

爱国主义与救亡图存是近代国防教育发展过程中贯穿始终的主题。近代国防教育在各个阶段的发展状况与当时民族危机密切联系。19世纪末20世纪初的中国面临被列强瓜分的危机，面对空前深重的民族危机，国人救亡图存的运动和思想也空前活跃，我国近代国防教育思想就发端于这样的背景下。20世纪20年代后期，我国国防教育的发展进程与日本侵华的步伐密切联系在一起，日军侵华愈甚，我国国防教育发展越快。民族危机意识增强，"天下兴亡、匹夫有责""抗战救国""打倒日本帝国主义"等思想很快成为社会思想意识的主流，成为国民政府开展全民国防教育和战争动员活动的思想基础。全面抗战爆发后，爱国主义和救亡图存吹响了全民抗战的号角，近代国防教育的发展也迎来了高潮时期。在爱国主义的旗帜下，人们谱写了无数惊天地、泣鬼神的壮烈诗篇，中华民族彻底扭转了近代反侵略战争中屡战屡败的历史。

（三）我国近代国防教育的启示

1. 任何时候都不能放松国防教育

第一次世界大战刚刚结束的几年间，人们以为公理可以战胜强权，基本放弃了国防教育，但事实是，没有多久，战争的阴云再次笼罩了神州，我们不得不仓促地紧急开展国防教育，进行战争准备。在共和国历史上，在那个"革命和战争"为主题的时代，我国面临的战争威胁很大，国防教育的弦绷得很紧，党中央、毛主席号召全国人民"深挖洞，广积粮""备战备荒为人民""准备早打、大打、打核战争"。20世纪70年代末以来，随着时代主题的转变和党的工作重心的转移，我国经历了长时期的和平发展阶段。但历史警示我们：忘战必危！战争并未真正离我们远去，一方面，虽然和平与发展是当今时代的主题，但世界并不太平，影响我国周边安全的因素还很多；另一方面，在我国崛起的过程中，必然要面对许多挑战，包括国家安全方面的压力和挑战。我们不能等到战争来临时才想起抓

国防建设,不能等到枪炮声响起时才认识到国防教育的重要性,等到战争失利了才检讨工作的松懈。只有一如既往地绷紧国防教育的弦,扎扎实实抓好国防教育工作,才能真正做到和平与战争结合,将我国巨大的战争潜力蕴含于不断增长的综合国力中,有效应对崛起过程中的各种安全挑战,为国家的和平崛起保驾护航。

2. 国防教育必须遵循其历史发展的基本规律

当前我国国防教育的发展面临着前所未有的挑战。一方面,世界范围内的战争形态已经发生了深刻的变化,信息化引领的现代化战争与传统形态的战争已经截然不同,这是我们必须认真应对并主动适应的完全崭新的战争形态;另一方面,我国当前正处于快速的社会变迁过程中,城市化水平快速提升、社会流动加速、信息化迅猛发展,社会经济的高速发展深刻地改变了并将继续改变我国的社会面貌和社会关系。面对新形势、新任务,我国国防教育的发展必须革除传统思维和陈旧方式,与时俱进、锐意创新,把握住现代国防向信息化发展的方向,根据我国社会、经济发展的实际情况及时创新国防教育的形式和内容,将国防教育融入我国现代化发展的进程中去,才能使国防教育顺应历史发展,产生实效。

3. 国防教育是弘扬爱国主义精神,增强民族凝聚力的重要途径

"天下兴亡、匹夫有责"和团结御辱是实施国防教育的基本出发点。近代历史发展表明,国防教育对于增强民族凝聚力、弘扬爱国主义精神有着特殊的作用和地位。在现阶段的中国,以爱国主义为核心的民族精神和以开拓创新为核心的时代精神是我国社会主义核心价值体现的重要组成部分,增强民族凝聚力、塑造自立自强的民族品格是建设有中国特色社会主义的精神动力。二者殊途同归,在构建社会主义核心价值观方面具有高度的一致性。换言之,国防教育对于构建社会主义核心价值观具有特殊的作用,是弘扬爱国主义,增强民族凝聚力的重要途径,更有增强国家国防实力,为中华民族的伟大复兴事业保驾护航的特殊使命和重要作用。故进一步加强国防教育,不仅是我国国防建设的迫切需要,也是中国特色社会主义事业的重要组成部分。

三、国外国防教育的开展

在国际交往日趋密切、国际竞争日趋激烈的今天,世界各国都积极开展国防教育,增强国防实力。

(一) 国防教育制度保障法制化

第二次世界大战后,西方各主要国家出于对自身安全的考虑,纷纷把国防教育的法制建设如同战争动员的法制建设一样纳入国家法制总体建设规划之中。以美国为例,国会于1958年通过了《国防教育法》,对国防教育的目的、性质、任务、内容、形式、机构和经

费都作了明确规定。法国则通过制定《国防法》《国民兵役法》《特别征兵法》《国防组织法》等一系列法律对国防教育的组织和保障形式进行规定。瑞典《国防法》规定"瑞典的防御称为总体防御",包括国防、民防、经济防御和心理防御。心理防御委员会是专门负责国防意识教育的机构。此外,以色列、芬兰、俄罗斯、德国等国也通过制定完善的法律法规保障国防教育的正常实施。可见,利用法律、法令、条例、规则、规章等法律文件保障国防教育的正常实施,已经成为世界各国开展国防教育活动的共同选择。

(二) 国防教育领导机制健全化

国防教育事关整个国家的安危,涉及国家中的每一个国民,其实施是一个涉及政府、社会组织、国民个人的系统工程,单靠某一方面的力量来组织远远不够。俄罗斯的国防教育就是在中央政府的领导下,由学校、各主管部门以及各群众团体和协会共同协作完成的。瑞士在全国宣传国防教育和总体防御思想,把国防教育活动融入人们的生活当中,将国防忧患意识变为全民的意识,形成了全方位、多层次、高效率的国防教育组织领导机制。此外,美国、法国、英国、日本等国在国防教育的领导体制上也都强调由政府主导,社会各机构,如学校、社区共同组织实施。由此可见,建立以政府为主导,社会团体和组织为主要力量的组织领导体制是国外国防教育发展的趋势。

(三) 国防教育实施形式多样化

国防教育形式直接影响教育效果,各国日益追求多样化。主要形式有:第一,影视熏陶。越南、泰国、朝鲜等国每年都计划拍摄 5~10 部反映战争的影视,在全国各地和电视台上映,让民众接受教育。第二,馆日教育。美国、英国、保加利亚、阿尔巴尼亚等国定期组织民众到"圣地"参观,接受教育。以色列利用"哭墙"、纳粹大屠杀纪念馆等,教育人们不要忘记历史;每逢独立日、阵亡将士日、死难犹太人纪念日等,以色列都要举行各种活动。日本则利用民间传统节日多的特点,以军地交往的形式普及防卫思想和防卫技能。第三,宣扬英雄人物。美国、(原) 联邦德国、苏联利用牺牲的英雄人物和对国家有卓著贡献的人物名字命名城镇、街市、广场,甚至命名于正在服役的飞机、战舰。第四,举办军体竞技。法国、英国、(原) 民主德国、瑞士,每年均举行全国性射击比赛、军事越野或武装马拉松比赛。第五,加大国防宣传。美国、意大利、日本等国为吸引青年参军,广泛印发有关军队历史沿革、重大战役、战绩,著名将帅、战斗英雄的资料图片,反复宣传。可见,国防教育手段不断推陈出新,是激发国民精武热情的必然选择。

(四) 国防教育初始时间低龄化

美国国防教育从国民青少年时期开始,主要通过"童子军"组织来实现,"童子军"组织虽然不是正式的官方组织,但是由于其影响很大,有非常多的小学生参加,各地的军队、特种兵和空军飞行员常常作为志愿者领导和组织"童子军"的诸如军训等国防教育活

动。俄罗斯也是从国民的少年阶段就开始国防教育,俄罗斯目前共有16所少年军校,所有正规学员,都可不用参加考试而直接进入俄军相应的初级院校继续深造,毕业后成为少尉军官。在法国,每年4月8日,17岁以下的青年要到设在全国各地的2200个国家军事中心报到,参加武装部队举办的全民教育日活动,并规定只有获得军事中心颁发的证书才能参加高中毕业考试。世界军事强国不约而同地选择在国民少年时期就开始国防教育的实践,对于增强国民的国防意识和国防观念有着重要意义。

四、改革开放以来我国高校国防教育的发展

(一)发展历程

1. 以军事训练为主要形式的国防教育阶段:初步探索期:(1985年9月~2002年5月)

为贯彻新《兵役法》有关规定、顺应新时期军事战略的根本转变和国防现代化的现实要求,教育部等六部委联合下发《关于高等院校、高级中学进行军事训练试点问题的通知》,决定自1985年9月起在全国52所院校实施学生军训试点。1986年、1987年、1988年、1989年国家教委又四次下发文件,决定扩大试点范围。1994年,国家教委、总参谋部、总政治部制定印发《高等学校学生军事训练教学大纲》,明确了学生军训的指导思想、训练目的、训练内容、实施方法。2001年4月,我国颁布《国防教育法》,为学校国防教育的开展提供了法律保障。同年6月,国务院办公厅、中央军委办公厅下发《关于在普通高等学校和高级中学开展学生军事训练工作的意见》,要求从2001年起,全国各地各类高校均应开展学生军事训练,科学规划,统筹安排,将军训工作列入学校发展规划。这标志着高校国防教育工作从试点阶段正式迈入普及发展阶段。1985年9月至2002年5月是高校国防教育的初步探索期,这一时期的高校国防教育工作主要围绕学生军事训练展开,学生军训是高校国防教育的基本形式和途径。

2. 军事课教学与军事训练相结合的国防教育阶段:全面发展期(2002年6月至今)

2001年颁布的《国防教育法》明确要求高校"应当将课堂教学与军事训练相结合,对学生进行国防教育"。2002年6月,教育部、总参谋部、总政治部根据《国防教育法》《国防法》《兵役法》的精神,联合制定下发了《普通高等学校军事课教学大纲》,"军事课"的概念得以首次明确提出。2006年,为顺应国家安全环境与世界军事形势的变化、适应高校国防教育事业深入发展的需要,教育部又组织专家对2002年颁布的教学大纲进行了修订。2011年,中共中央、国务院、中央军委下发《关于加强新形势下国防教育工作的意见》,明确要求:"必须高度重视,采取有力措施,加强国防教育工作。"2002年6月《普通高等学校军事课教学大纲》的颁布实施,表明高校国防教育已从以军事训练为主要形式的阶段,正式迈入军事课教学与军事训练相结合的新阶段。

（二）历史经验

1. 国防教育是国家的事业和政府的责任

改革开放以来，我国高校国防教育的经验清楚地表明，国防教育是事关国家安全和利益、关乎民族凝聚力和公民国防精神的大事，是公民道德建设工程的组成部分，国防教育是国家的任务和事业，政府是第一责任人。《国防法》第42条规定："国务院、中央军事委员会和省、自治区、直辖市人民政府以及有关军事机关，应当采取措施，加强国防教育工作。"在各个历史阶段，国防教育都是国防建设的重要组成部分，也是国家教育事业的重要内容，我国国防教育的变革发展都是在国家政策指导和支持下进行的，只有国家充分重视和支持，高校国防教育才能获得更好更快的发展。

2. 坚持以马克思主义军事理论中国化最新成果为指导

国防教育必须坚持以马克思主义军事理论，尤其是毛泽东军事思想、邓小平新时期军队建设思想、江泽民国防和军队建设思想、胡锦涛国防与军队建设思想、习近平关于国防和军队建设与改革的重要论述等马克思主义军事理论中国化的成果为指导。马克思主义战争观、军队建设思想、暴力革命理论和作战指导理论是高校开展国防教育的理论基础，而马克思主义军事理论中国化最新成果则集中反映了经济社会发展和国家安全形势对国防建设的新要求，阐明了新形势下军事斗争与武装力量建设的特点规律，对我国高校国防教育具有更为直接和现实的指导意义。

3. 将国防教育纳入学校教学计划和人才培养环节

必须科学定位，立足于我国人才培养战略目标和加强国防后备力量建设的需要，将军事课与军事训练作为大学生的必修课纳入学校教学计划和发展规划，将国防教育作为学校人才培养的重要环节、素质教育的重要途径。不断促进国防教育与素质教育的深度融合发展，努力提升国防教育的综合育人功能。必须贯彻落实《国防教育法》《兵役法》等法规要求，严格按照教学大纲的规定开展军事课教学与学生军事训练，精心组织，全面筹划，保障学时、学分、教学经费、训练场地、训练器材，严格考勤与考核制度，成绩记入学生档案。

4. 不断完善高校国防教育工作运行机制和管理体系

改革开放以来，高校国防教育的实践经验表明，构建中国特色高校国防教育管理体系、完善高校国防教育工作运行机制是促进这一事业科学发展的关键。在30多年的发展历程中，国防教育管理体系、政策制度、运行机制和工作保障与时代要求和现实需要越相适应，这项工作的开展就越充满活力，其效果就越具有影响力、感染力、渗透力。总体而言，目前高校国防教育的组织管理体制、工作运行机制与新形势新任务的要求还不能完全适应。应进一步完善由教育部、总参谋部、总政治部共同负责，各级教育行政部门和军事部门协调指导，高校和承训部队共同组织实施的领导体系和运行机制，建立以教育部为主导、地方教育行政部门参与的国防教育协调机制，建立高校党政领导负责制，完善国防教育评估体系。

5. 高校主导，家庭、社会多渠道相结合

30多年来，高校在国防教育教师队伍建设、教材建设、教学内容和教学方法改革、机构建设等方面狠下功夫，积极开辟"第二课堂"，并切实加强与社会和家庭的联系，努力开发国防教育资源，不断整合教育力量，构建多渠道全方位可持续的大学生国防教育体系，取得了较为显著的成效。开展大学生国防教育，必须以高校为主阵地，坚持高校、家庭、社会相结合，形成多渠道同频共振的合力教育模式。

6. 坚持国防教育贴近学生、贴近时代

在高校军事课教学与军事训练的内容体系中，既有一以贯之、必须长期坚持的，也有发展变化、需要不断创新改革的。必须坚持与时俱进、贴近时代的原则，根据国际政治军事形势和我国面临的安全环境，不断改进国防教育内容、方式、方法。坚持与高校大学生的心理特点、生理特点相结合，与学校实际特色相结合，根据国防教育内容和目标选择丰富多元的教育载体、灵活多样的教育形式，大力推进国防教育创新发展。

7. 坚持抓好国防教育师资队伍建设

30多年来的经验反复证明，加强国防教育队伍建设是提升学生军训和军事课教学质量的关键，教师队伍的整体素质关系着国防教育事业的未来。自1985年开展学生军训试点以来，党和政府就一贯地重视高校国防教育师资队伍建设，1985年，教育部等六部委下发《关于高等院校、高级中学进行军事训练试点问题的通知》，要求试点高校"配备军事教员"，规定"高等院校教员与在校学生比例为1∶300，教辅人员与教员比例为1∶7"。2003年，教育部下发《关于做好普通高等学校公共体育、公共艺术、国防教育教师在职攻读硕士学位工作的函》，2007年，教育部等下发《学生军事训练工作规定》，规定普通高校"配备和聘任相应数量的专职军事教师"，"军事教师的专业技术职务评聘纳入学校教师正常的管理渠道"。2011年，中共中央等下发《关于加强新形势下国防教育工作的意见》，要求高等学校"加强国防教育的师资力量"。

8. 坚持国防教育课程体系建设与学科建设协调发展

坚持课程体系建设与学科建设协调发展，对于尚处于初创阶段、学科建设进展极为缓慢的国防教育学而言，是需要特别重视的问题，这一点也正是30多年来在高校国防教育实践中积累的基本经验。加强课程体系建设是国防教育育人价值得以实现的内生动力，而学科建设则是促进国防教育可持续发展的关键，高校国防教育要走上制度化、规范化的可持续发展轨道，必须在全面抓好课程体系建设、提高教学质量的同时，加强国防教育理论

体系、学科范式、专门人才、研究基地、研究资源、学术刊物等方面的建设。

9. 加强高校国防教育科学研究、教学研究

30多年来,高校国防教育是在不断研究新时期军事课教学与军事训练实践中的新情况、新问题,总结新经验的过程中发展起来的。为进一步加强和改进高校国防教育,必须继续运用这一经验,坚持对国防教育实践中出现的新情况、新问题(如"总体国家安全观"对军事课教学内容体系的改革要求、网络国防教育的实施路径等)进行深刻的理性分析,对新情况、新问题作出符合实践需要和时代要求的有价值的回答。

五、展望我国高校国防教育的未来

在未来的国防教育中,应当切实重视、倍加珍惜、自觉坚持30年来高校国防教育的宝贵经验和优良传统,着眼落实党的十八大报告提出的立德树人的任务,立足培养德、智、体、美全面发展社会主义建设者和接班人的目标,进一步加强和改进高校国防教育。应坚持以《国防教育法》为基本依据,以《普通高等学校军事课教学大纲》为准绳,加强考核评估,促进国防教育工作的均衡发展、科学发展;应在国防教育基本理论研究方面下足功夫,促进国防教育学科内在观念建制的成熟;应通过培训、讲座、参观、考察等多种措施进一步提高高校领导对学生国防教育工作的思想认识;应注重显性教育与隐性教育的结合互补,将外部教育与自我教育有机统一起来,大力提升军事课教学的德育功能和育人价值,全面拓展军事训练的深度和广度;应紧密联系国际国内安全形势的发展变化和社会主义现代化建设的实践进程,贴近时代要求和学生特点,丰富教育内容,创新形式路径;应积极探索新形势下高校国防教育的新办法、新手段、新载体,把思想引导、舆论宣传、军事实践、课程教学、活动培养、文艺熏陶、环境渲染等方法有机结合起来,切实增强国防教育的时代感和实效性;应完善国防教育教师队伍的培养机制,不断提升教师队伍的学历层次和综合素质,促进队伍的专业化发展;应进一步健全国防教育法规制度体系,完善高校国防教育组织机构。

大学生是中国特色社会主义建设事业的接班人,是实现"中国梦"的重要力量,高校国防教育通过传授国防知识,提高学生的国防技能,培养学生的国防意识,帮助大学生成长成才,为"中国梦"提供更为有力的保障。

第一章 中国国防

第一节 国防概述

一、国防的基本要素

国防是国家为防备和抵抗侵略，制止武装颠覆，保卫国家的主权、统一、领土完整和安全而进行的军事及与军事有关的政治、经济、外交、科技、教育等方面的活动。维护国家安全利益是现代国防的根本职能，捍卫国家主权、领土完整和防止外来侵略、颠覆是现代国防的主要任务。

（一）国防目的

国防目的主要是捍卫国家的主权，保卫国家的统一和领土完整，维护国家的安全。

1. 捍卫国家主权

捍卫国家主权是国防最根本的目的和任务。主权是国家存在的根本标志，如果一个国家的主权被剥夺，其他的一切，包括国家的独立、领土完整、传统的生活方式、基本的政治制度、社会准则和国家荣誉及尊严等，都无从谈起。

2. 保卫国家统一

国家统一是指国家中央政府对领土内一切居民和事务行使完整的管辖权，不允许另立政府或分割国家的管辖权。从国际法的角度来说，保卫国家统一、反对分裂，历来是一个国家的内部事务，决不允许外国干涉，这是一个原则性问题。

3. 保卫国家领土完整

领土是位于国家主权支配下的地球表面的特定部分，以及其底土和上空，是国家存在和发展的自然物质前提，是构成国家的重要的基本要素。国家主权与国家领土具有密切关系，领土既是国家行使其主权的空间，也是国家主权形式的对象，没有领土，主权就失去

了存在空间和形式对象。领土完整的含义是，凡属本国的领土，决不能丢失，决不允许被分裂、肢解和侵占，任何国家不得破坏别国的领土完整，任何集团或个人也不得进行分裂本国（或别国）领土完整的活动。国家的领土被侵占，主权必然要遭到侵犯，国防捍卫国家主权的独立，必然要保护国家领土的完整。

4. 维护国家安全

国家的生存和发展需要一个安全的内外环境。一个国家如果没有和平、稳定的状态，不仅难以建设和发展，而且生存也会受到威胁。一旦国家遭到外来侵略和颠覆，安全受到威胁，国防就必须履行自己的职能，抵御和挫败外来的侵略和颠覆，确保国家的和平、稳定状态；当国内敌对分子勾结外国敌对势力进行武装暴乱，危及国家安全时，国防力量就要采取措施，防止和平息这种内外勾结的暴乱，保卫国家安全。

（二）国防的主体

作为国防活动的实行者的国家是国防的主体。从国家的本质看，国家是阶级专政的工具，是统治阶级利益与意志的体现，实现这种利益与意志，必须通过国家权力。国防就是要维护国家的这种权力，同时，也只有依靠国家的这种权力才能使国防得以运转，只有国家才能领导和组织国防事业。也就是说，国防是国家的事业，是国家的固有职能。从国防的本义上看，国防既是国家的防务，也是全民族的防务，与国家的各个部门、各种组织以及全体公民都息息相关。国家从诞生之日起，都要建设边防，防备和抵御各种外来侵略，以保障国家安全，维系国家生存。

（三）国防对象

国防对象是指国防所要防备、抵抗和制止的行为。国防的对象有两类，侵略与颠覆。

1. 侵略

侵略包括武装侵略和非武装侵略，国家把抵抗武装侵略作为国防的首要任务，因为武装侵略对一个国家的生存构成的威胁最为严重。在现实国际关系中，还存在以使用武力为支撑的非武装侵略。非武装侵略以使用或威胁使用武力为要挟，把本国的意志强加于别国，限制别国正当权利的行使，或对别国进行经济制裁和经济掠夺。

2. 颠覆

颠覆是指推翻现政权。反颠覆是国家的大事，就我国来说，那些以推翻社会主义制度、推翻人民民主专政、分裂国家为目的的颠覆活动，严重危及我国国体和政体，对国家的主权、统一、领土完整和安全构成严重威胁，必须运用国家力量予以消除。颠覆活动如果具有武装颠覆的性质，如武装叛乱、武装暴乱等，则必须动用武装力量予以平息。

（四）国防的手段

国防的手段包括军事及与军事有关的政治、经济、外交、科技、教育等方面的活动。

1. 军事手段

军事手段是国防的主要手段：第一，军事手段是最具有威慑作用的手段，可以对各种可能的外来侵犯进行有效的阻止或遏制；第二，军事手段是唯一能够有效对付武装侵略的手段，它可以用军事力量所拥有的巨大的打击能力给侵略者造成物质和精神的严重损害，从而迫使其终止侵略活动，放弃侵略企图；第三，军事手段是解决国家之间矛盾冲突的最后手段，当国家之间主权、利益的矛盾积累一直激化到极限，就只有通过最高的斗争形式即战争进行解决。

2. 政治手段

国防对政治的重要性不言而喻：国防直接保卫的国家主权，是政治的第一内涵；国防直接保卫的国家领土，是政治的物质前提；国防直接保卫的国家安全利益与发展利益，是政治的根本追求；国家政权、政治制度也要靠国防力量来捍卫。政治对国防起着决定性的支配作用：国家的政治需要，决定国防的根本性质和基本类型；国家的政治指导思想和路线，决定国防的方向、方针和原则；国家的政治制度，决定国防的根本体制；国家的政治素质，制约国防的客观效应。构成国防手段的政治活动主要是政治制度、思想政治工作、政治宣传等。

3. 经济手段

经济是国防的基础：社会经济制度决定国防活动的性质；社会经济状况决定国防建设的水平。现代条件下，无论是国防建设还是国防斗争，都要广泛采用经济手段，主要包括国防经济活动、国民经济动员、经济战、经济制裁。

4. 外交手段

国防外交活动是指国家与国家之间为了国防目的而开展的外交活动，由于国防外交活动主要涉及军事领域，所以也称为军事外交。国防外交活动具有外交的一般特征，又具有区别于其他外交工作的特殊规律，是集外交与军事于一体的活动。国防外交活动范围很广、领域很多，活动的内容也十分丰富。从总体上讲，国防外交主要涉及国家与国家之间、军事集团与军事集团之间的军事政治关系、军队关系、军事战略关系、军事科技关系和军事经济关系等。

除了军事、政治、经济、外交以外，国防科技、国防教育，由于可以提高国家装备水平和战斗力以及软实力，也成为国防重要手段。

二、现代国防的基本特征

现代国防不再单纯依靠军事和战争手段，而是强调运用综合国力维护国家利益的行为，因此也称为"大国防"，其基本特征如下。

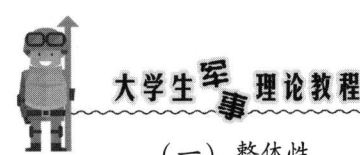

（一）整体性

随着经济的发展与科技的进步，国家安全的内涵不断扩展，现代国防更强调整体性防务：现代国防的职能正在由维护地缘明确的"硬疆界"，扩展到争取有利于己的"软环境"；由保卫本土不受侵犯，扩展到在全球或地区范围内争取政治、经济和安全秩序的影响力与主导权；由打赢战争，扩展到在战争和非战争状态下都能保证国家利益的实现。

（二）多元性

目前，国家利益的威胁来自诸多方面，除了兵戎相见的"硬对抗"外，还有各种"软伤害"式的威胁，如意识形态、文明冲突、信息攻击等。基于此，现代国防斗争不仅可以使用军事手段在战场上进行武力对抗，也可以通过政治对话、外交谈判、经济封锁、军备控制等非战争手段在更广阔的空间进行激烈的较量；既依靠国家的国防实力，也依靠国家的国防潜力。

（三）综合性

国家的综合国力是指国家的政治、经济、科技、军事、文化、外交、自然环境等综合力量的集合。现代国防力量是以综合国力为基础的综合国防力。尽管军事力量依然是国防力量的主体，但现代国防力量的构成不再局限于单一的军事力量，而是由多种因素交织构成的一种复合力量。

（四）协调性

现代国防建设是一个以科技为龙头、以经济为基础，通过总体性的战略运筹，谋求综合国防效益的有机系统，更重视整个系统的威力而不仅是某些单元的作用。因此，世界各国普遍着眼于从宏观规划上合理调整军队、准军事组织和后备役部队的比重，调整军队内部各军种、兵种的比重，以及在发展武器装备、改进编制体制、强化军事训练、完善战场建设等方面采取协调行动，发挥系统的整体效能。

（五）社会性

现代国防内涵的扩展使全面增强防卫能力必然涉及社会的各个领域和各条战线，因而国防事业的社会性在不断增强。依靠国家和社会的综合力量来建设国防，越来越受到各国的普遍重视，通俗来讲就是"全民皆兵"。

三、国防的类型

国家建立的国防系统是与本国的利益和战略需要相适应的。按照不同的国防概念和标准，当今世界各国的国防大致有四种类型。

（一）扩张型

扩张型国防是指某些经济发达的大国，为了维护本国在世界许多地区的利益，实行霸权主义侵略扩张政策，打着防卫的幌子，对别国进行侵略、颠覆和渗透，其特点是把本国的"安全"建立在别国屈服的基础上，把"国防"作为侵犯别国主权和领土、干涉他国内政的工具。

（二）自卫型

自卫型国防指在国防建设上以防止外敌入侵为目的，主要依靠本国的力量，广泛争取国际上的同情和支持，以达到维护本国安全、周边地区和世界和平与稳定，是一种具有防御特征的国防。

（三）中立型

中立型国防主要指中小发达国家，为了保障本国的繁荣和安全，严守和平中立的国防政策，制定了总体防御战略和寓兵于民的防御体系，总的宗旨是"人不犯我，我不犯人"。

（四）联盟型

联盟型国防即以结盟形式，联合一部分国家来弥补自身国防力量的不足。联盟型国防中，有扩张和自卫两种。从联盟国之间的关系看，可分为一元体系和多元体系联盟，前者有一个大国处于盟主地位，其余国家处于从属地位，这类联盟多有扩张趋势。后者基本处于伙伴关系，共同协商防卫大计，这种国防多有自卫趋势，属于"抱团取暖"。

第二节　我国国防的历史及其启示

中华大地几千年的文明长河中，经历了多次政权交替，进行了多次抵御外侮的斗争，国防也经历了高峰和低谷，留下了宝贵的国防遗产和深刻的历史教训。

一、我国国防历史回顾

（一）古代国防回溯

公元前21世纪，夏朝的建立标志着中国的奴隶社会的开始，奴隶社会一直到公元前221年秦朝的建立结束。

夏朝从征伐三苗开始，确定其统治地位，建立了世袭制度，开始了中国历史上的"家天下"局面。禹伐三苗，称其所率军队为"济济有众"，并严厉告诫所属军队要严格听从他的指挥。可见，当时已有强大的军队，并且有比较严密的组织，这一时期是中国古代国防历史的开端。

商汤灭夏以后，商朝的军队组织更为庞大，其中商王直接统辖的就有左、中、右"三师"。而且商朝后期，战车已成为作战的主力，青铜制的戈、矛、刀等武器已普遍使用。

公元前11世纪，周武王兴兵伐纣，灭商建西周。西周实行分封诸侯，扩充军队。王

室拥有"西六师"和"成周八师",人数达14万以上,分封的诸侯也都各自拥有一定的武装力量,战时听从周王调遣。到了春秋战国时期,社会生产力得到很大发展,"分土封侯制"更为盛行,各诸侯国之间不断发生战争和兼并。在这种情况下,战国七雄纷纷变法以加强国力,图谋霸主地位。齐国从"富国强兵"的目的出发,积极改革内政,在军事上实行"作内政而寄军令"的政、军合一制度,加强常备军士的控制与定期操练,最终收到"通货积财、富国强兵"的效果,使齐国在诸侯争霸中久立于不败之地。魏国任用吴起改革军制,建立了"武卒制",从而使魏国曾一度打败过秦国。后来,楚国也重用前来逃难的吴起进行重要的改革,使国力变得强盛,居然大败魏国,使各诸侯国为之震惊。赵国实施"胡服骑射",增加了战斗力,一时威名远播。秦国任用商鞅进行两次变法,其中有奖励军功、建立军功爵制的内容。秦国通过变法而由原来比较落后的弱国一跃为当时最先进的强国,为其统一中国奠定了坚实的基础。

秦朝是我国历史上第一个统一的中央集权的封建国家。秦灭六国之后,采取了一系列巩固统一的措施,设立三公九卿制度,推行郡县制,扩大军队,修治驰道,修筑长城,委派大将统帅中央常备军戍守边疆和驻守京师,解除边患。公元前211年,迁徙居民到边疆垦田生产,这对巩固国防具有重要的历史意义。公元前214年,征服越族,至此,秦朝疆域得到扩大,成为当时世界上最大的国家。

由于秦朝暴政,各地农民起义骤起,华夏大地战乱不断,最后,刘邦战胜项羽,建立了西汉。这一过程中,诞生了许多军事将领,其中韩信就是杰出的代表。

在西汉建立以后,不断经受来自北方匈奴的袭扰。开始,西汉以和亲换和平,至汉武帝时,国力大增,在汉武帝的统筹下,汉军对匈奴取得了大胜,赢得了战争的主动,扭转双方对峙的局面。其中卫青、霍去病作为抗击匈奴的名将彪炳千古,霍去病一句"匈奴未灭,何以为家",更是千百年来激励着人民抵抗外侮。

东汉末年,群雄并起,公元208年,爆发了历史上著名的赤壁之战,中国历史进入杀伐纷争的魏、蜀、吴三国时期。这一时期延续了几十年,其间各国因时势与环境的不同,更易兵制,互相争斗。魏军分中军、水军和屯田军三部分。这一时期,各国都强制实行军民分离的世袭兵役制,以此确保兵源。两晋时期虽有短期的统一,但内乱不断,民不聊生,国力衰弱,时局动荡。至于边防,统治者无暇顾及。

两晋之后,经过南北朝之变,隋文帝杨坚于公元581年建立了隋朝。隋朝统治时间极短,前后只有30年,期间也曾采取了许多加强国防的措施,如重新修建和加固长城,开凿御道,建造新兵器和修制战略地理图书等。

公元618年,唐朝灭隋,开始统一全国的战争,加强国防。唐太宗李世民在位时,制定了在行动上决不屈辱投降而以坚强的武备做后盾的总方针。从公元635年,派遣大将军李靖攻取了吐谷浑，开通了河西走廊，到公元648年灭龟兹，唐朝完全统辖了西域地区，有效地防御了外敌入侵，加强了西部边防，维护了唐朝的统一。由于重视经济发展和加强武备，唐朝一直延续了280年。

公元960年春，后周的禁军统帅赵匡胤发动"陈桥兵变"建立了北宋。从公元964年开始，北宋采取统一全国的军事行动。其战略部署是先消灭物产丰富的南方割据政权，然后北上削平北汉，收复幽云地区。对外则采取守势。但是，由于军事上实行"更戍法"和兵将分离的政策，致使军队指挥不灵，战斗力削弱。1127年，北宋终因统治阶级不思抗战、政治腐败、边防空虚而未能抵住金军的再次南侵，最终灭亡。

南宋高宗即位后，其军队曾两次大败金军。1140年初，抗金名将岳飞和韩世忠连克湖北、江苏、河南等广大地区，取得大捷，打得金军落荒而逃。但是，高宗与秦桧等一伙投降派强令岳飞班师回朝，葬送了爱国军民浴血抗金的胜利果实。到1279年，南宋终于灭亡，元朝统一了中国。

1271年，元朝开国后，在全国设立十大行省，加强中央集权，军事上实行军民异籍、军民分治的政策，兵役上实行举族皆兵制。

1368年，朱元璋称帝于南京，建立了明朝。1561年，民族英雄戚继光率领着由浙江义乌的农夫与矿工组成的"戚家军"，构筑水城，严格训练，终于九战九胜，彻底消灭了广东、福建的倭寇。到1566年，倭寇被彻底平定，海防恢复了安定。1567年，明政府为加强边防，调用戚继光镇守镇江。戚继光为明朝的边塞防御作出了卓越贡献。

1644年，清军入关，开始统一中国。康熙首先平定"三藩"之乱，然后攻克台湾，并三次亲征噶尔丹。此后，清政府又多次出兵准噶尔，到1757年，彻底平定了准噶尔上层反动分子的长期叛乱活动，从而巩固了新疆地区的边防。

18世纪70年代起，英国东印度公司企图以通商手段打入西藏，但由于六世班禅等爱国首领的反对，英殖民者未能得逞。1792年，清政府又粉碎了英殖民者唆使的廓尔喀（尼泊尔）的侵略行径。次年，颁布《钦定西藏章程》并派遣驻藏大臣加强管理，这使西藏的守卫力量大大加强。1820年，英侵略者又唆使张格尔窜入天山南路的维吾尔族居住地区，并随之而入喀什噶尔、英吉沙尔、叶尔羌等城。1827年，清军前去镇压，在人民的大力支持下，屡次打败叛军，最终俘获张格尔，粉碎了英殖民者的侵略阴谋。

17世纪中叶，英国开始海上走私，向中国大量输入鸦片，另外，还派遣了大批传教士，使他们成为侵华的内线和帮凶。清政府虽然加以防备，但屡禁不止。当林则徐领导中国人民开展禁烟运动时，英国侵略者则以此为借口，悍然发动了侵华的鸦片战争。

秦朝开始了封建社会时期。秦朝的国防，集中表现为"富国"和"强兵"、"农"和"战"的统一，汉朝进一步发展了"富国强兵"的思想，隋朝提出了"兵民合一"的思

想,唐朝有了明确的"居安思危"的国防意识,宋朝则采取"偃武修文"的政策,元朝的国防则表现为"思大有为于天下",明朝则以亲王守边,以纵深防御为重,清朝前期重视国防,励精图治。总之,自秦朝开始,万里长城成为国防的象征,以后天下的分合、朝代更替,无不与国防休戚相关。

古代国防的内容主要有两个方面:

一是国防工程建设。我国古代为抵御外敌的侵犯,巩固边海防,修筑了数量众多、规模庞大的国防工程,如长城、京杭运河等。我国古代的边防和海防,到了明朝就形成了比较有代表性的完整的边、海防体系。很多国防工程至今仍意义重大:如世界文化遗产的万里长城,具有漕运功能的京杭运河,灌溉天府之国成都平原的都江堰。

二是兵制建设。兵制就是古代的军事制度。它包括武装力量体制、军事领导体制、兵役制度等方面的内容。在武装力量体制上,分为京师兵、郡县兵、边兵。京师兵类似现在的野战部队或战略机动部队,由皇帝直接指挥调遣;郡县兵类似现在的地方部队,部署在各郡县,维护地方政权;边兵主要部署在边境地区,类似现在的海、边防守备部队。这种对军队进行中央部队、地方部队、边防部队三种基本类型的划分,一直沿用到今天。在军事领导体制上,秦朝设立了专门管理军事的机构,最高军事长官是太尉,隋朝设立了兵部。在兵役制度上,实行过民军制、征兵制、世兵制、府兵制和募兵制。

(二) 近代国防的反思

从1840年鸦片战争到1911年辛亥革命这70多年间,清政府与列强签订了大大小小数百个不平等条约,割让领土近160万平方千米,共赔款2700万元,白银7亿多两。当时,在1.8万多千米的海岸线上,大清国竟找不到自己享有主权的港口。国家有海无防,有边不固,绝大部分中国领土成了帝国主义的势力范围,中华民族的富饶国土支离破碎。

1911年爆发的辛亥革命,虽然推翻了清朝的统治,彻底废除了封建专制制度,建立了"中华民国",但并没有改变中国任人宰割的历史。帝国主义通过扶植各派军阀作为自己的代理人,加紧对中国的控制掠夺;各派军阀争权夺利,混战不已,中国国防形同虚设。

1931年9月18日,日本发动了"九一八"事变,东北大片国土迅速沦陷。1937年7月7日,日本发动"卢沟桥事变",进一步扩大了对中国的侵略,中华民族到了生死存亡的紧要关头。中国共产党高举团结抗日的旗帜,肩负起救民族于危难的神圣使命,领导全国各族人民进行了艰苦卓绝的八年抗战,终于取得了我国近代历史上第一次抗击外敌侵略的完全胜利。

反思我国近代国防,有几点因素招致深重苦难:

第一,政治腐败。清政府的闭关锁国使中国封建社会盛极而衰,封建制度的僵化更甚往朝,中国的封建社会病入膏肓。辛亥革命虽然结束了封建统治,但此后北洋政府、国民党政府失去民心，无法代表近代中国的国家利益，更不能代表最广大人民群众的利益，统治集团已无法对社会进行有效的控制。

第二，经济科技落后。国防力量是建筑在强大的社会经济科技基础之上的，近代中国经济和科技的衰落是中国国防在近代衰落的最根本原因所在。清朝时期，中国封建的小农经济在封建体制的重压之下已处于解体的边缘，根本无法与同期西方国家的工业革命相提并论，加之清政府对于军事科技发展的漠视，使近代中国在经济科技方面与西方的差距逐渐拉大。

第三，武备废弛。晚清及此后的北洋政府、国民党政府国防指导思想错位、军事思想落后、军队纪律松弛，也直接导致维护国家安全的核心力量基础——军事力量的薄弱。

（三）新中国国防建设的全面振兴

中华人民共和国成立以来，我国国防建设大致经历了四个阶段。

1. 初创阶段（1949年底至1953年）

这一时期，我国处在外御帝国主义侵略，内治战争创伤和恢复经济时期，国防建设主要完成了以下三个方面的任务：一是解放了全国大陆和除台湾、澎湖、金门、马祖之外的全部沿海岛屿，肃清了大陆上国民党的残余武装，平息了匪患，建立了边防和守备部队，加强了海防的守卫。二是取得了抗美援朝战争的胜利，打击了美帝国主义的嚣张气焰。三是建立了统一的军事领导机构和军事制度；建立了全军的领导机关和各级军事领导机构，加强了对全国武装力量的领导；建立了一支初具规模的海军、空军和各兵种部队，逐步开始从单一陆军向诸军兵种全面建设过渡；建立了100余所军事院校，为国防建设培养了大批现代化军事人才；统一了军队编制体制；建立了各项规章制度。

2. 全面建设阶段（1953年底至1965年）

1953年12月召开的全国军事系统党的高级干部会议，是军队建设和国防建设的一个里程碑。这次会议确定了我国国防建设的主要任务是防御帝国主义侵略，保卫社会主义建设，保卫亚洲与世界和平。制定了"积极防御"的战略方针，提出了实现国防现代化的重大战略措施，包括精简军队，压缩国防开支，加速发展工业，为国防现代化打基础；加强国防工程建设，在沿海、边防和纵深要地建设防御体系；实行义务兵、军官薪金、军衔三大制度；大办军事院校，重新划分战区，完善战略、战役指挥体系；加强动员准备，建立各级动员机构和动员制度。这一时期，国防现代化建设的全面发展，初步形成了中国特色的国防体系，并成功地爆炸了第一颗原子弹。

3. 曲折发展阶段（1965年5月至1976年10月）

这一时期为十年"文化大革命"时期，尽管有林彪、"四人帮"的干扰和破坏，毛泽东、周恩来等国家主要领导人仍然警觉地注意维护我国的安全，保持了军队的稳定，顶住

了霸权主义的压力。同时对发展国防尖端技术始终没有放松，因而保证了我国氢弹试验和人造卫星发射成功。

4. 国防建设新阶段（党的十一届三中全会至今）

十一届三中全会以来，邓小平根据国际形势的不断缓和，特别是世界和平力量的增长，提出了"和平与发展是当今世界两大主题"的观点，从而确定全党工作的着重点和国防建设指导思想实行战略性转变。在这一正确指导思想的指引下，我军现代条件下的作战能力和威慑能力有了新的提高，军队建设和国防建设也逐步走上了健康发展的轨道。

二、我国国防历史的启示

在中华民族数千年的悠久历史中，国防建设与国运兴衰有着密切的关系，国防历史蕴藏着丰富而又宝贵的经验教训。

（一）经济发展是国防强大的基础

强兵必先富国，经济实力是国防的物质基础。春秋时期，齐国的政治家管仲就提出"富国强兵"的思想，军事家孙子则更直接地指出："兵不强不可以摧敌，国不富不可以养兵，富国是强兵之本，强兵之急。"这一观点抓住了国防强大的根本所在。我国古代凡是有作为的政治家、军事家，无不强调富国强兵。秦以后的汉、唐、明、清各朝代前期也都注意劝课农桑、发展生产、休养生息，从而奠定了国防强大的基础，造就了国防史上的伟业。与此相反，以上各朝代的衰败，均是由于经济的衰败导致政治腐败和国防羸弱。

（二）政治开明是国防巩固的根本

政治开明是国防巩固的根本。纵观我国几千年来的国防史，凡是兴盛的时期和朝代，都十分注意修明政治，实行较为开明的治国之策。秦原为西陲小国，自商鞅变法以后，修政治，明法度，发展生产，国力日渐强大，为吞并六国奠定了坚实的基础。唐朝建立之初，满目疮痍，百废待兴，正是由于制定并实施了一系列开明的政治制度，国家很快从隋末的战争废墟中恢复过来，形成了国力昌盛、空前统一的大唐盛世。

（三）实力强大军队是国防的基本支柱

国防的基本支柱是常备军，而常备军的强大与否则是国防建设的象征。古今中外的国防历史告诉我们，没有一支实力强大的常备军，国家的主权和领土的完整就没有起码的保证。因此，建军之要既应把握数量，更要注重质量，尤其是和平时期，建立和保持一支训练有素、管理严格、装备精良的现代化军队，是国防建设的一个根本性问题。当然，注重军队建设的同时，还应储备足够数量的国防后备力量，教育人民群众增强国防观念，树立关心国防事业、支持军队建设、尊重军事职业的"大国防"意识。

（四）武器装备的优劣是决定国防强弱的重要因素

武器装备是影响战斗力的最重要的因素，对于战争的胜负起着关键性作用。近代中国屈辱的历史是一部"落后就要挨打"的史实，其中武器装备的落后即是重要原因。先进的武器装备，对于加快战争进程，改变交战双方力量对比，有效提高作战效能，最终赢得战争的胜利，具有重要作用。因此，在现代战争条件下，加快研制开发具有高技术性能的武器装备，已经成为现代国防建设十分重要的任务。

（五）国家的统一和民族的团结是国防强大的关键

从我国几千年的国防史中不难看出，凡是国家统一、民族团结的时期，国防就强大；凡是国家分裂、民族矛盾尖锐的时期，国防就孱弱、颓败。历史证明，只有维护国家的统一和民族的团结，才能团结全国各族人民共御外侮，打败外来侵略者，使中华民族永远自立于世界民族之林。

第三节　国防法规

国防法规对于人们的行为具有指引、评价、教育、预测、强制的功能，对于国防活动具有保证执政党和国家对国防的统一领导，保障国防现代化建设，巩固和提高武装力量战斗力，维护军队和军人合法权益等作用。在我国构建社会主义和谐社会的新形势下，在依法治国的大环境中，国防法规对于加强国防和武装力量建设，做好新时期军事斗争准备，发挥着越来越重要的作用。

一、国防法规的基本概念

国防法规是指国家为了加强防务，尤其是加强武装力量建设，用法律形式确定并以国家强制手段保证其实施的行为规则的总称。国防法规是国家法律的重要组成部分，是加强国防和武装力量建设的基本法律依据，是调整国防领域中各种关系，坚持依法治军，全面提高部队战斗力的重要保证，也是做好战争准备，赢得战争胜利的根本保证。

二、国防法规体系

（一）国防法规体系的层次

根据我国国防立法的权限和法律规范的效力等级，国防法规体系按纵向划分有五个层次。

1. 宪法中的国防条款

《中华人民共和国宪法》中的国防条款在国防法规体系中居于最高的地位。它主要包括：武装力量的领导体制、性质、任务、建设方针和活动的根本准则；军队在国家政治制

度中的地位；公民在国防建设中的基本权利和义务；国防建设的领导和管理体制；全国总动员、局部动员和宣布战争状态的制度；国家和社会对伤残军人及军人家属的优抚政策；军事审判机关和军事检察机关的设置等。

2. **基本国防法律**

基本国防法律由全国人民代表大会制定。如《中华人民共和国国防法》《中华人民共和国兵役法》以及《中华人民共和国刑法》分则中的第七章和第十章等。

3. **专项国防法律**

专项国防法律由全国人民代表大会常务委员会制定。如《中华人民共和国国防动员法》《中华人民共和国国防教育法》《中华人民共和国人民防空法》《中华人民共和国军事设施保护法》等。

4. **国防法规**

国防法规包括国务院单独或与中央军委联合制定的国防行政法规，如《国防交通条例》《民兵工作条例》《中国人民解放军现役士兵服役条例》等。也包括中央军委单独制定的军事法规，如《中国人民解放军内务条令》《中国人民解放军纪律条令》《中国人民解放军队列条令》等。

5. **国防规章与地方性国防法规和规章**

国防规章是包括中央军委各总部、各军兵种、各军区制定的军事规章，国务院各部委单独制定或与军委有关总部联合制定的国防行政规章；有立法权的地方权力机关和行政机关制定的地方性国防法规和规章。

（二）国防法规体系的内容

依据国防活动的领域，在横向关系上可以将国防法规分为国防领导、武装力量建设、国防建设事业、军事刑事等方面的国防法律制度。

1. **国防领导方面的法律制度**

国防领导方面的法律制度，是关于我国国防领导体制、国家机构在国防活动中的领导职权等方面的法律规范的总和，是国防法律制度中最重要的组织制度。它主要包括：国家最高军事统帅、国防决策机构、国防行政领导机构、国防指挥机构、国防协调机构、国防咨询机构的设置、职权划分和相互关系等制度。根据我国宪法和国防法的规定，在现行的国防领导体制中，由全国人民代表大会及其常委会、中华人民共和国主席、国务院和中央军事委员会共同行使领导职责。中央军事委员会是我国武装力量的领导机关。

2. **武装力量建设方面的法律制度**

武装力量建设方面的法律制度，是关于武装力量的性质、任务、建设目标、建设原则、体制规模以及兵役制度的法律规范的总和，它主要包括：武装力量体制、兵役制度、

军队体制编制、军事训练制度、军队行政管理制度、军队武器装备管理制度、军队政治工作制度、军队后勤制度、人民武装警察部队方面的制度、优抚与退役安置制度等。

3. 国防建设事业方面的法律制度

国防建设事业方面的法律制度，是关于国家在调整国防建设活动中的各种社会关系的法律规范的总和。主要有国防科研生产法律制度、国防动员法律制度、国防教育法律制度、军事设施保护法律制度、人民防空法律制度、安全防卫法律制度、对外军事关系方面的法律制度等。

4. 军事刑事方面的法律制度

军事刑事方面的法律制度，是规定军职人员违反职责犯罪和其他公民危害国防利益犯罪及其刑事处罚的法律规范的总和。它以刑法、军事刑事法规、规章、司法解释等形式规定了军职人员违反职责犯罪和其他公民危害国防利益犯罪的种类、适用法律，以及处罚原则、处罚种类、诉讼程序和执行方式等。

三、公民的国防权利和义务

公民的国防权利，是指由国家宪法、法律赋予公民在国防活动中所享受的权益或资格。国家从法律和物资上保障公民享有这种权利。公民的国防义务，是指宪法和法律规定的公民在国防活动中对国家必须履行的某种责任。这种责任是根据国家和人民的根本利益确定的，并由国家运用法律的强制力保证它的实现。公民的国防权利和义务在每部法律中都有规定，但下述公民基本的国防权利和义务只在宪法和国防法中予以规定。

（一）公民的国防权利

1. 对国防建设提出建议的权利

《国防法》第54条关于"公民和组织有对国防建设提出建议的权利"这一规定，是公民依宪法享有对国家事务的建议权在国防建设方面的体现。我国现行《宪法》第41条规定："中华人民共和国公民对于任何国家机关和国家工作人员，有提出批评和建议的权利"。公民的批评和建议权，是我国公民对国家和社会行使监督权的形式之一，充分体现了我国人民当家做主的社会主义性质。

2. 制止、检举危害国防行为的权利

《国防法》第54条规定："公民和组织有对危害国防的行为进行制止或者检举的权利"。这一规定，是对宪法关于公民有维护国家安全、荣誉和利益的义务和关于公民检举权规定在国防方面的体现。

3. 在国防活动中因经济损失得到补偿的权利

《国防法》第55条规定："公民和组织因国防建设和军事活动在经济上受到直接损失

的，可以依照国家有关规定取得补偿。"这一规定，体现了我国一切为了人民利益的社会主义的本质，既保护了公民的经济权利，又有利于调动公民依法积极参加国防建设和军事活动。但是，这种补偿，与公民在民事活动中享有的损害赔偿是不同的，它仅限于公民在国防活动中直接的经济损失，而不包括间接的经济损失和非经济的损失。同时，对直接经济损失的偿付，视情况可以是全部的，也可以是部分的。

(二) 公民的国防义务

根据我国国防法的规定，我国公民的国防义务主要包括兵役义务，接受国防教育的义务，保护国防设施的义务，保守国防秘密的义务，支持国防建设、协助军事活动的义务等。

1. 兵役义务

兵役义务是公民最重要的一项国防义务。我国《宪法》第55条规定："保卫祖国、抵抗侵略是中华人民共和国每一个公民的神圣职责。依照法律服兵役和参加民兵组织是中华人民共和国公民的光荣义务。"根据宪法的这一基本指导思想，《兵役法》又进一步规定："中华人民共和国公民，不分民族、种族、职业、家庭出身、宗教信仰和教育程度，都有义务依照本法服兵役。"根据我国兵役法，公民履行兵役义务主要有服现役、服预备役和接受军事训练三种形式。

2. 接受国防教育的义务

接受国防教育作为公民的一项义务，是指每一个公民都要按照国家的规定，通过一定的形式，接受国防教育，增强国防观念，并把它当作自己的光荣职责。具体地说，我国公民有义务接受国防理论、军事知识、国防法制、国防历史、国防精神、国防体育等内容的教育。对拒绝接受国防教育的义务主体，要视情况追究法律责任，我国多个省、自治区、市的国防教育条例等地方性法规都明确规定，对不接受国防教育的重点对象，要进行批评教育；批评教育不改的，要强制其接受教育，或给予行政处分。

3. 保护国防设施的义务

国防设施，是指国家直接用于国防目的的建筑、场地和设备。国防设施是国防的物质屏障，在战时，它是打击敌人、抵抗侵略的重要依托；在平时，它具有制约敌对力量的威慑作用。我国公民对国防设施要履行不同的保护义务。

4. 保守国防秘密的义务

国防秘密，是指关系到国家防卫安全与利益，依照法定程序确定，在一定时间内或只限一定范围的人员知悉的军事或与军事有关的政治、经济、外交、科技、文化等方面的事项。根据我国国防法的规定，公民应当遵守保密规定，不得泄露国防方面的国家机密，不得非法持有国防方面的文件、资料和其他秘密物品。

5. 支持国防建设、协助军事活动的义务

国防建设和军事活动都离不开公民的支持，有些国防活动如部队的机动、训练、演

习、执勤等，还需要公民的积极协助。平时的活动是这样，战时的作战行动更需要公民的支持和协助。因此，国防法规定，公民和组织应当支持国防建设，为武装力量的军事训练、战备勤务、防卫作战等活动提供便利条件或者其他协助。

第四节　国防建设

一、国防政策

国防政策是国家进行国防建设和使用国防力量的准则。中国国防政策的目标是把捍卫国家主权安全、领土完整，保障国家发展利益和保护人民利益放在高于一切的位置，努力建设与国家安全和发展利益相适应的巩固国防和强大军队，在全面建设小康社会进程中实现富国和强军的统一。我国的国防政策是党中央、国务院、中央军委以国家利益为出发点，根据国家的发展战略和安全战略，适应国际形势的发展变化，结合中国的军事、政治、经济等方面的客观实际制定的。我国《国防法》对国防政策的内容，进行了系统的表述。目前，我国的国防政策可以归纳为以下几点。

（一）维护国家安全统一，保障国家发展利益

防备和抵抗侵略，确保国家领海、领空和边境不受侵犯。反对和遏制"台独"分裂势力及其活动，防范和打击一切形式的恐怖主义、分裂主义和极端主义。人民解放军坚决履行历史使命，为中国共产党巩固执政地位提供重要的力量保证，为维护国家发展的重要战略机遇期提供坚强的安全保障，为维护国家利益提供有力的战略支撑，为维护世界和平与促进共同发展发挥重要作用，不断提高应对多种安全威胁、完成多样化军事任务的能力，确保能够在各种复杂形势下有效应对危机、维护和平，遏制战争、打赢战争。

（二）实现国防和军队建设全面协调可持续发展

坚持国防建设与经济建设协调发展的方针，把国防和军队现代化建设融入经济社会发展体系之中，使国防和军队现代化进程与国家现代化进程相一致。全面加强军队的革命化、现代化、正规化建设，科学统筹中国特色军事变革与军事斗争准备、机械化建设与信息化建设、诸军兵种作战力量建设、当前建设与长远发展、主要战略方向建设与其他战略方向建设。深化体制编制和政策制度调整改革，注重解决体制机制上制约军队发展的深层次矛盾和问题，着力推进军事组织体制创新和军事管理创新，提高军队现代化建设的效益。

（三）加强以信息化为主要标志的军队质量建设

实施科技强军战略，依靠科技进步加快战斗力生成模式的转变。坚持以信息化为主

导，以机械化为基础，推进信息化、机械化复合发展，实现军队火力、突击力、机动能力、防护能力和信息能力整体提高。提高武器装备和国防科技的自主创新能力，力争在一些基础性、前沿性、战略性技术领域取得重大突破。加紧构建适应信息化战争需要的联合作战指挥体制、训练体制和保障体制，加强诸军兵种的综合集成建设。实施人才战略工程，培养大批适应军队信息化建设、胜任信息化条件下作战任务的高素质新型军事人才。提高训练的科技含量，创新训练内容、方式和手段。

（四）贯彻积极防御的军事战略方针

创新发展人民战争的战略思想，坚持军事斗争与政治、经济、外交、文化、法律等领域的斗争密切配合，综合运用各种手段和策略，主动预防、化解危机，遏制冲突和战争的爆发。逐步建立集中统一、结构合理、反应迅速、权威高效的现代国防动员体系。以联合作战为基本作战形式，发挥诸军兵种作战特长。陆军逐步推进由区域防卫型向全域机动型转变，提高空地一体、远程机动、快速突击和特种作战能力。海军逐步增大近海防御的战略纵深，提高海上综合作战能力和核反击能力。空军加快由国土防空型向攻防兼备型转变，提高空中打击、防空反导、预警侦察和战略投送能力。火箭军逐步完善核常兼备的力量体系，提高信息化条件下的战略威慑和常规打击能力。立足于打赢信息化条件下的局部战争，着眼维护国家主权、安全和发展利益的需要，做好军事斗争准备。

（五）坚持自卫防御的核战略

中国始终奉行在任何时候、任何情况下都不首先使用核武器的政策，无条件地承诺不对无核武器国家和无核武器区使用或威胁使用核武器，主张全面禁止和彻底销毁核武器。中国坚持自卫反击和有限发展的原则，着眼于建设一支满足国家安全需要的精干有效的核力量，确保核武器的安全性、可靠性，保持核力量的战略威慑作用。中国的核力量由中央军事委员会直接指挥。中国发展核力量是极为克制的，过去没有，将来也不会与任何国家进行核军备竞赛。中国的核战略贯彻国家的核政策和军事战略，根本目标是遏制他国对中国使用或威胁使用核武器。

（六）营造有利于国家和平发展的安全环境

按照和平共处五项原则开展对外军事交往，发展不结盟、不对抗、不针对第三方的军事合作关系。参与国际安全合作，加强与主要大国和周边国家的战略协作和磋商，开展双边或多边联合军事演习，推动建立公平、有效的集体安全机制和军事互信机制，共同防止冲突和战争。支持按照公正、合理、全面、均衡的原则，实现有效裁军和军备控制，反对核扩散，推进国际核裁军进程。遵守《联合国宪章》的宗旨和原则，履行国际义务，参加联合国维和行动、国际反恐合作和救灾行动，为维护世界和地区和平稳定发挥积极作用。

二、国防领导体制

国防领导体制是指国防领导的组织体系及相应制度。它包括国防领导机构的设置、职权划分、相互关系等。它是国家政权组织形式和机构的重要组成部分。一般设有最高统帅、最高国防决策机构、国家行政机关中管理国防事务的部门、武装力量领导指挥系统等。根据《宪法》和《国防法》的规定，中华人民共和国的国防领导职权由以下机构行使。

（一）中共中央的国防领导职权

中国的武装力量受中国共产党领导。党的中央军事委员会和国家的中央军事委员会的组成人员和对军队的领导职能完全一致。中央军委实行主席负责制，中央军委主席即为全国武装力量的统帅。

（二）全国人民代表大会及其常务委员会的国防职权

全国人民代表大会选举中央军委主席，根据中央军委主席的提名，决定中央军委其他组成人员的人选，决定战争与和平的问题，并行使宪法规定的国防方面的其他职权。全国人民代表大会常务委员会在全国人民代表大会闭会期间决定战争状态的宣布，决定全国总动员或者局部动员，并行使宪法规定的国防方面的其他职权。

（三）国家主席在国防方面的职权

国家主席根据全国人民代表大会及其常务委员会的决定，宣布战争状态，发布动员令，并行使宪法规定的国防方面的其他职权。

（四）国务院在国防方面的职权

国务院领导和管理国防建设事业，编制国防建设发展规划和计划，制定国防建设方面的方针、政策和行政法规，管理国防经费和国防资产，领导和管理国防科研生产，领导和管理国民经济动员工作和人民武装动员、人民防空、国防交通等方面的有关工作，领导和管理拥军优属和退役军人安置工作，领导国防教育工作，与中央军委共同领导人民武装警察部队、民兵的建设和征兵、预备役工作以及边防、海防、空防的管理工作，并行使法律规定的与国防建设事业有关的其他职权。国务院设有国防部以及其他与国防建设事业有关的部门。

（五）中央军事委员会在国防方面的职权

中央军事委员会领导和统一指挥全国武装力量，决定军事战略和武装力量的作战方针，领导和管理人民解放军的建设，向全国人民代表大会或者全国人民代表大会常务委员会提出议案，制定军事法规，发布决定和命令，决定人民解放军的体制和编制，任免、培训、考核和奖惩武装力量成员，批准武器装备体制和发展规划、计划，并行使法律规定的其他职权。

在中央军事委员会之下，设有人民解放军总部机关，即中国人民解放军总参谋部、总政治部、总后勤部、总装备部。各总部既是中央军事委员会的工作机关，又是全军军事、政治、后勤、装备工作的领导机关。总参谋部负责组织领导全国武装力量的军事建设，组织指挥全国武装力量的军事行动；总政治部负责全军党的工作，组织进行政治工作；总后勤部负责组织领导全军后勤工作；总装备部负责组织领导全军装备工作。

为了加强对国防的领导，国务院和中央军事委员会还建立了协调会议制度。《国防法》规定，国务院和中央军事委员会可以根据情况召开协调会议，解决国防事务的有关问题。会议议定的事项，由国务院和中央军事委员会在各自的职权范围内实施。

三、新中国国防建设取得的主要成就

新中国成立后，在党中央和中央军事委员会的领导下，适应国家根本利益的需要，遵循独立自主、自力更生的方针，学习和借鉴其他国家的先进技术，经过60多年的努力，国防建设取得了举世瞩目的成就。

（一）现代化合成军队的建设

军队是国防力量的主体，我国根据国防的实际需要和国家的基本承受能力，建设了一支诸军兵种相结合的具有现代作战能力的革命化、现代化、正规化的军队。

新中国成立时，人民解放军只是单一陆军，没有空军，没有海军。陆军也基本上是步兵，炮兵和装甲兵部队极为有限，军队武器装备基本上是在抗日战争和解放战争中缴获的日军和国民党军队的武器装备，性能落后，型号繁杂，威力较小。新中国成立初期，人民解放军在这样的基础上迅速发展起来，建立了海军、空军等军种和陆军的炮兵、装甲兵、工程兵、铁道兵等技术兵种部队，并都形成了作战能力，空军和陆军各技术兵种都有部队参加了抗美援朝战争。

1966年，我国组建了战略导弹部队——第二炮兵。此后，随着军事技术发展，又相继组建了电子对抗部队和陆军航空兵部队。经过多次精简整编和60多年的现代化建设，人民解放军已经规模适度，结构明显优化，现代化水平和作战能力大为提高，形成了陆军、海军、空军、火箭军（原第二炮兵）等诸军兵种合成的强大人民军队。此外，还建立了中国人民武装警察部队，建立了民兵与预备役相结合的后备力量体制。

（二）国防科技与工业的发展

新中国成立时，国防工业的基础也极为薄弱，整个工业水平和技术水平低，不能生产坦克、大炮、飞机、舰艇等武器装备。新中国的国防工业就是在这样的基础上建立和发展起来的。到20世纪50年代末，中国就建成了包括兵器工业、航空工业、船舶工业、电子工业等一大批军工骨干企业，初步形成了自己的国防工业体系，先后仿制飞机、坦克成

功。其间,决策研制导弹、原子弹。1964年10月至1970年4月,第一颗原子弹爆炸、首次导弹核武器发射、第一颗氢弹爆炸和第一颗人造地球卫星发射先后试验成功。改革开放后,制定了"863"工程计划,军队信息化建设在指挥自动化建设基础上,已由分领域建设为主转为跨领域综合集成为主的全面建设,军事综合信息网已开通,一体化联合作战指挥控制系统建设取得进展。地地洲际导弹试验、潜地导弹发射成功,导弹核潜艇建成下水,通信卫星、实用通信广播卫星、气象卫星先后发射成功。21世纪以来,我国航天事业迅猛发展,"神舟"系列飞船、"天宫"系列空间实验室令世界瞩目。与此同时,航空母舰"辽宁号"下水,标志我国海防力量发展的新开端。今天,中国人民解放军的武器装备,除空军一部分飞机和海军一部分舰艇是购买的外,陆军和火箭军武器装备基本实现自行研制。

(三) 军事人才队伍的全面建设

新中国成立时,人民解放军队伍中除有极少量知识分子和懂技术的干部外,总体文化素质很低。从新中国成立初期起,全军即逐渐建立了正规的各级各类军事指挥院校和专业军事技术学校,培养军事指挥和专业军事技术干部。改革开放后,中共第十二次全国代表大会通过的《中国共产党章程》明确规定"努力实现干部队伍的革命化、年轻化、知识化、专业化"。此后,军队各级领导班子的历次调整,严格按"四化"要求选配干部。20世纪90年代末,建立了依托普通高等院校教育培养军队干部制度。21世纪以来,中央军事委员会和各总部出台一系列政策法规,采取措施大力加强军事人才队伍建设,以建设指挥官队伍、参谋队伍、科学家队伍、技术专家队伍和士官队伍"五支队伍"为重点,造就大批适应信息化建设、胜任信息化条件下作战任务的高素质新型军事人才。

四、武装力量建设

我国《宪法》第29条规定:"中华人民共和国的武装力量属于人民。它的任务是巩固国防,抵抗侵略,保卫祖国,保卫祖国人民的和平劳动,参加国家建设事业,努力为人民服务。"武装力量是国家各种武装组织的统称。它是国家政权的重要组成部分,是一个国家或民族生存与发展的基本保障。目前,世界各国武装力量的构成一般采取以军队为主体、多种武装组织相结合的形式。中华人民共和国的武装力量,由中国人民解放军、中国人民武装警察部队和民兵组成。

(一) 中国人民解放军

中国人民解放军诞生于1927年8月1日,是中国共产党缔造和领导的人民军队,是中华人民共和国武装力量的骨干,是抵抗侵略、保卫祖国、维护国家主权和安全的主要力量。中央军事委员会通过总参谋部、总政治部、总后勤部、总装备部对全军实施统一领导和指挥。

中国人民解放军由现役部队和预备役部队组成。现役部队是国家的常备军，由陆军、海军、空军、火箭军（原第二炮兵）组成，主要担负防卫作战任务。预备役部队，是国家平时以现役军人为骨干，以预备役军官、士兵为基础，按统一编制为战时能迅速转为现役部队而组建起来的部队。它是中国人民解放军的重要组成部分，是具有一定战斗力的准正规部队，是战时首批动员的后备力量。

中国人民解放军分为东部战区、南部战区、西部战区、北部战区、中部战区，共五大军区级，归中共中央军委建制领导。五大战区作为本战略方向的唯一最高联合作战指挥机构，按照平战一体、常态运行、专司主营、精干高效的要求，履行联合作战指挥职能，担负应对本战略方向安全威胁、维护和平、遏制战争、打赢战争的使命。

1. 陆军

陆军主要担负陆地作战任务，目前没有设置独立的领导机关，由四总部行使领导机关职能。

（1）陆军概述

陆军，是以步兵、装甲兵、炮兵为主体，主要在陆地上执行作战任务的军种，是地面战场上决定胜负的主要力量。它具有强大的火力、突击力和快速的机动能力，既能独立作战，又能与海军、空军和火箭军实施联合作战。新中国陆军建于1927年8月1日，在整个革命战争年代，陆军一直是我军武装力量的主体，为新中国的成立立下了汗马功劳。新中国成立后，我国陆军又为保卫祖国边疆的安全和维护世界和平再立新功。

（2）陆军的编成及装备

我国陆军由步兵（摩托化步兵、机械化步兵、山地步兵）、装甲兵（坦克兵）、炮兵（炮兵—火箭兵）、防空兵、陆军航空兵、工程兵、防化兵、通信兵、电子对抗兵等兵种和专业部（分）队组成，下面介绍几种主要兵种及其武器装备。

步兵是徒步或搭乘装甲输送车、步兵战车实施机动和作战的兵种，是地面作战的主要力量。步兵的武器装备比较简单、轻便，保障相对容易，具有近战、夜战和独立作战的能力。其主要装备有枪、手榴弹、火箭筒和火炮等。

装甲兵是以坦克及其他装甲战车、保障车辆为基本装备，执行地面突击任务的兵种，是现代陆军的重要突击力量。装甲兵集强大火力、快速机动力和良好防护力于一身，其主要装备有坦克、步兵战斗车、装甲运输车和其他保障运输车辆。

炮兵由压制炮兵、反坦克炮兵、战役战术导弹部队和侦察、通信等专业部（分）队组成，是陆军的重要组成部分和主要的火力力量。炮兵具有强大的火力、较远的射程、良好的射击精度和较强的机动能力，能突然迅速和连续不断地对地面、水面目标进行火力打击，杀伤敌人有生力量，摧毁敌军各种装备和工程设施。炮兵主要装备有加农炮、榴弹炮、加农榴弹炮、火箭炮、迫击炮等，近年来陆续列装了远程多管火箭炮、大口径自行加榴炮等一批先进武器装备和新型弹药。

防空兵是以高射炮、地空导弹武器系统为基本装备，执行对空作战任务的兵种。目前装备有各种高炮、性能先进的野战防空导弹、新型雷达和情报指挥系统。

陆军航空兵是以直升机为主要装备，为陆军部队空中机动提供保障、实施机降作战和支援地面作战的兵种，是陆军主战兵种之一。它具有较强的攻击火力、广泛的机动能力和快速反应能力，能够迅速地从各个方位、在敌人意想不到的时间和地点集中兵力兵器，达成作战行动的突然性。其主要装备有攻击直升机（也称武装直升机）、运输直升机和其他专用直升机。

2．海军

中国人民解放军海军组建于 1949 年 4 月 23 日，从此担负起了保卫我国海防的繁重任务，为维护我国的领海主权作出了重大贡献。

（1）海军概述

海军是以舰艇部队为主体，主要在海洋执行作战任务的军种。它具有在水面、水下和空中作战的能力，既能单独在海上作战，又能与陆军、空军和火箭军实施联合作战。目前，我国海军已成为一支装备复杂、技术密集、多兵种合成、初具现代化作战能力的近海防御力量。

（2）海军的编成及装备

海军由水面舰艇部队、潜艇部队、航空兵、陆战队、岸防部队和各种专业勤务部队组成。

水面舰艇部队是以水面舰艇为基本装备，在水面执行作战任务的兵种。它主要分为战斗舰艇和辅助舰船两大类，具有在中、近海区独立作战和协同作战的能力。其主要装备有驱逐舰、护卫舰、导弹艇、鱼雷艇、猎潜艇以及担负各种保障任务的勤务舰船。

潜艇部队是海军兵力中进行水下战斗活动的主要兵种，是海战场的重要突击力量。其中携带战略导弹的核潜艇是国家战略核反击力量的重要组成部分。潜艇部队能单独或协同其他军兵种完成多种战役战斗任务。其主要装备有各种类型潜艇和各式弹药等。

海军航空兵是在海战时执行空中作战任务的海军兵种。它能单独或协同其他军兵种完成多种战役战斗任务。它由航空兵部队和防空部队组成。海军航空兵和空军航空兵相比，有着它不同的特点。海军装备的飞机除岸基飞机外，还有舰载机和水上飞机。其主要装备有歼灭机、强击机、轰炸机、直升机、运输机、侦察机、加油机、水上飞机和各式弹药等。

陆战队是一支诸兵种合成的能实施快速登陆和担负海岸、海岛防御或支援任务的两栖作战部队，是应付局部战争和军事冲突的拳头，又是联合进攻行动的"尖刀"。中国海军陆战队自1953年组建陆战第1团，1980年5月成立陆战第1旅以来，目前已发展成由两栖侦察兵、陆战步兵、装甲坦克兵、炮兵、导弹兵、空降兵、防化兵、通信兵、工程兵等诸兵种合成的能快速反应的两栖作战力量。陆战队主战装备以国产武器为主，包括59式坦克、63式和ZTS63A式两栖坦克、两栖装甲输送车、自行式和牵引式火炮、反坦克导弹、防空导弹和气垫登陆船、运输直升机等。

岸防部队是部署在沿海重要地段，以火力参加对海防御作战的海军兵种。海军岸防兵能充分利用岛、岸的有利条件，预先构筑多种阵地，储备大量作战物资，进行持久作战，是近岸坚守防御战中的主要兵力之一。其装备主要是岸舰导弹和岸炮。

海军陆战队是海军担负登陆作战任务的兵种。它是由陆战步兵、装甲兵、炮兵、工程兵、通信兵、侦察兵、防化兵等诸兵力合成的两栖作战部队，是海军对岸作战的一支重要力量。它的编成与武器装备基本与陆军相同。为适应两栖作战需求，其武器装备均适应于陆、海两用。

3. 空军

人民解放军空军成立于1949年11月11日，其最高领导和指挥机关为军委空军，空军在国土防空、抗美援朝、援越抗美等作战中取得了辉煌战绩，为保卫祖国领空和社会主义建设作出了重大贡献。

（1）空军概述

空军是以航空兵为主体的、空防合一的、以航空空间为主战场的军种。它是空中进攻地空防御的主要力量。它有高速机动、远程作战和猛烈突击的能力。既能协同陆军、海军作战，又能单独作战，其作战行动对战争的进程和结局能产生重大影响。

（2）空军的编成及装备

空军由航空兵、高射炮兵、地空导弹兵、雷达兵、空降兵等兵种及其他专业部（分）队组成。

航空兵是装备军用飞机、在空中执行作战任务的兵种，是空军的主体。按照装备飞机机种的不同，又可分为歼击、轰炸、强击、侦察、运输等航空兵。空军航空兵，除侦察航空兵外都是按师、团、大队、中队编成，侦察航空兵则是按团、大队、中队编成。根据航空兵总体上担负的任务和各种不同的性能和特点，歼击、轰炸、强击、侦察、运输航空兵所担负的任务又各有侧重。高射炮兵是以高射炮为基本装备、遂行防空作战任务的兵种，是国土防空的重要力量。它具有迅猛的火力和较强的机动能力，能在昼夜间各种气候条件下持续地进行战斗，特别对中低空目标，更能发挥其战斗威力。它由师（旅）、团、营、连、排、班编成。地空导弹兵是装备地空导弹（也称防空导弹）武器系统、执行防空作战

任务的兵种。它具有较强的战斗力、较高的射击精度和一定的机动能力,能在昼夜间各种气候条件下进行作战任务。雷达兵是依靠雷达获取空中情报的兵种,是国土防空预警系统的主体和指挥、引导的主要保障力量。它具有全天候搜索、测定和监视目标的能力。其主要装备雷达被誉为"千里眼"。空降兵是以伞降方式或机降方式投入地面作战的兵种。它具有作战空间范围大、全方位机动能力强、行动隐蔽速度快、作战样式多等特点,是一支具有空中快速机动、能实施远程奔袭、全纵深作战的突击力量。空降兵的武器装备主要有步兵轻武器、轻型雷达干扰机、各型降落伞等。

4. 火箭军

中国人民解放军火箭军的前身是第二炮兵,成立于1966年7月1日,由毛泽东主席批准,周恩来总理亲自命名,始终由中央军委直接掌握,是中国实施战略威慑的核心力量,主要担负遏制他国对中国使用核武器、遂行核反击和常规导弹精确打击任务。这支具有战略意义的部队从诞生伊始便肩负着保障中华民族根本生存利益的重任,对于觊觎中国的敌人而言,第二炮兵堪比古希腊神话中的"达摩克利斯"之剑,有极大的震慑作用。

在2015年12月31日之前,中国人民解放军由陆军、海军、空军三个军种和第二炮兵一个独立兵种组成,第二炮兵虽然与陆、海、空三军同为正大军区级,但是相比陆、海、空三军的军种身份,第二炮兵的兵种身份还是有所不同的。但是,作为直属中央军委掌控的战略部队,第二炮兵除了身穿陆军制服外,实际上和陆军集团军没有关联。

2015年12月31日,中央军委举行仪式,将第二炮兵正式命名为"中国人民解放军火箭军"部队,并授予军旗,第二炮兵也由原来的战略性独立兵种,上升为独立军种。从"第二炮兵"到"火箭军",这反映了中国核力量的发展历程。

2015年12月31日,中国人民解放军陆军领导机构、中国人民解放军火箭军、中国人民解放军战略支援部队成立大会在八一大楼隆重举行。中共中央总书记、国家主席、中央军委主席习近平向陆军、火箭军、战略支援部队授予军旗并致训词。

火箭军由地地战略导弹部队和常规战役战术导弹部队组成。地地战略导弹部队是装备地地战略导弹武器系统,执行核威慑和战略核反击任务的部队,它由中程、远程和洲际导弹部队,工程部队,作战保障、装备技术保障和后勤保障部队组成;常规战役战术导弹部队是装备常规战役战术导弹武器系统,执行常规导弹突击任务的部队。由近程、中近程常规导弹部队以及工程部队、专业技术保障部队组成。

火箭军目前的装备有"东风"系列多种型号的地地战略导弹和战役战术常规导弹,包括近程导弹(射程在1000千米以内)、中程导弹(射程在1000~3000千米)、远程导弹(射程在3000~8000千米)、洲际导弹(射程在8000千米以上)。这些导弹射程远,威力大,命中精度高,突防能力强,可以固定发射,也可以机动发射,可陆基发射,也可以海

基发射,具有较强的生存能力。

(二) 中国人民武装警察部队

中国人民武装警察部队,是以武装的形式执行国内安全保卫任务的现役部队,是中华人民共和国武装力量的重要组成部分,是保卫社会主义现代化建设的一支重要力量,是人民民主专政的重要工具之一,其主要职能是:

第一,维护国家主权和尊严。武警部队主要是通过执行边境武装警卫勤务、边防检查勤务、安全检查勤务、海上巡逻勤务来履行这一职能。

第二,维护社会治安。作为公安机关的一部分,人民武装警察部队担负着用公开武装的形式预防和镇压敌对势力的破坏,应付各种紧急意外情况,维护社会治安的任务。

第三,保卫党政领导机关、重要目标和人民生命财产的安全。主要通过执行警卫勤务、守卫勤务、消防勤务、反恐怖任务来实现。

中国人民武装警察部队依其任务不同分为三类:

第一类,内卫部队(由各省总队和机动师组成),这是武警部队主要组成部分,受武警总部的直接领导管理。其主要任务,一是承担固定目标执勤和城市武装巡逻任务,保障国家重要目标的安全;二是处置各种突发事件,维护国家安全与社会稳定;三是反恐怖任务,主要是反袭击、反劫持、反爆炸;四是支援国家经济建设和执行抢险救灾任务。

第二类,边防、消防和警卫部队,这是列入武警序列由公安部门管理的部队。其中,边防部队主要担负边境检查、管理和部分地段的边界巡逻以及海上缉私等任务;消防部队主要担负防火灭火任务;警卫部队主要担负党和国家领导人、省市主要领导及重要来访外宾警卫任务。

第三类,黄金、水电、交通和森林部队。这是列入武警序列受国务院有关业务部门和武警双重领导的部队。其中,黄金部队主要担负黄金地质勘察、黄金生产任务;水电部队主要承担国家能源重点建设项目,包括大中型水利、水电工程以及其他建设任务;交通部队主要担负国家交通重点建设项目,包括公路、港口及城建等施工任务;森林部队主要担负森林的防火、灭火、遗迹维护、林区治安以及保护森林资源的任务。

中国人民武装警察部队的武器装备轻便、精良,以步兵轻武器为主,兼有少量重型武器和特种武器。中国人民武装警察部队有自己的服装式样、识别标志和军衔等级。

(三) 中国民兵

民兵是不脱离生产的群众武装组织,是我国武装力量的重要组成部分,是人民解放军的助手和后备力量。民兵工作在国务院、中央军委领导下,由总参谋部主管。民兵在军事机关的指挥下,一般不脱离生产,平时其成员各司其业,定期进行必要的军事训练;战时担负配合常备军作战、独立作战、为常备军作战提供战斗勤务保障以及补充兵员等任务。

按照《兵役法》的规定，凡年满18岁至35岁符合服兵役条件的男性公民，除征集服现役者外，编入民兵组织服预备役。民兵分为基干民兵和普通民兵。28岁以下退出现役的士兵和经过军事训练的人员，以及选定参加军事训练的人员，编为基干民兵。其余18岁至35岁符合服预备役条件的男性公民，编为普通民兵。根据需要，也可吸收女性公民参加基干民兵。农村的乡镇、行政村，城市街道和具有一定规模的企事业单位，是民兵的基本组建单位。基干民兵单独编组，在县级行政区内的民兵军事训练基地集中进行军事训练，目前编有应急分队和高炮、高机、便携式防空导弹、地炮、通信、防化、工兵、侦察等专业技术分队。

第五节　国防动员

国防动员，也称战争动员，简称动员，是国家或政治集团由平时状态转入战时状态时，统一调动人力、物力、财力为战争服务所采取的措施。动员是国防活动的重要组成部分，动员准备的完善程度是国防强弱的标志之一。

一、国防动员的分类

国防动员根据动员规模和范围的不同，可分为总动员和局部动员；根据动员的不同阶段，可分为早期动员、临战动员、战争初期动员和战争中后期动员；根据动员方式的不同，可分为秘密动员和公开动员。

（一）总动员和局部动员

总动员也称全面动员，是在国家全面遭到敌人大规模武装入侵时，在全国范围内进行的扩及全体武装力量、国民经济的各个部门以及社会的各个领域的动员，这时国家政治经济体制转入战争状态。一切为了战争，一切为战争服务。如我国的抗日战争、苏联卫国战争的动员都是总动员。局部动员是指在局部地区遭受敌国入侵或战争威胁时，仅限于部分地区和部门的动员，涉及的只是某些军区或部队以及国民经济的某些部门，整个国家的政治经济体制并不根本改变。

（二）早期动员、临战动员、战争初期动员和战争中后期动员

早期动员是在预见到敌人确实有发动战争的企图，并已有某些征候时实施的，是在平时状态下进行的。临战动员，又称应急动员，是在战争临近的情况下进行的，其目的是力争以最快的速度，使整个国家或局部地区进入战时状态。战争初期动员是指从战争爆发起到完成第一步战略任务为止的一段时间的战争动员。其主要任务是补充战争初期的消耗，完成扩充组建部队，为转入反攻或保持持续进攻的能力准备兵员和其他方面的条件。战争

中后期动员是指在战争进程的中后期所进行的动员,其任务是继续扩大和补充部队,增加军工生产,弥补战争消耗,保证把战争继续进行下去,直到最后胜利。

现代战争由于大量高技术武器装备投入战场,使得战争的节奏加快,进程缩短,已经不像传统机械化战争一样表现出明显的四个阶段性,呈现出首战即决战的特性,要求动员保障趋向一次性到位,对动员工作提出了更高的要求。

(三)秘密动员和公开动员

秘密动员是在不公开颁布动员令和不公开宣传的情况下采取秘密方式进行的,目的是达成动员的突然性,夺取军事行动的先机之利,同时在政治上避免给敌人以发动战争的口实。秘密动员通常在战前实施。秘密动员的主要措施是保密和实施战略伪装。公开动员通常是在战争爆发后以各种方式公开进行的,也可在战争征候十分明显时进行。公开动员既可对本国人民起到巨大的动员作用,又可对敌人起到一定的震慑作用。

二、国防动员的内容

国防动员的内容十分广泛,主要包括武装力量动员、政治动员、国民经济动员、人民防空动员和交通战备动员。

(一)武装力量动员

武装力量动员,是指国家为了适应战争的需要,将军队及其他武装组织由平时体制转为战时体制所采取的措施,它在国防动员中居于核心地位。武装力量动员是战争初期夺取战略主动权和取得战争胜利的关键环节,对战争的进程和结局都有着极其重要的影响,特别是对战时军队扩编和战略展开,掩护国家转入战时体制、粉碎敌人的战略突袭,具有重要意义。

武装力量动员通常包括现役部队动员、预备役部队动员和民兵动员。现役部队动员,是指将人民解放军各军兵种部队和武装警察部队从平时编制转为战时编制,按动员计划进行扩编,达到齐装满员,并按照国家战略计划实施战略展开。预备役部队动员,是指将预备役部队成建制地转服现役。民兵动员主要是指组织发动民兵担负参战支前任务。

(二)政治动员

政治动员,是国家为进行战争而开展的宣传、教育、组织工作和外交活动。政治动员是国防动员的一项重要内容,并为其他领域的动员活动提供思想和组织保证。政治动员对于充分调动和发挥本国军民的精神力量,尽可能地争取国际社会的同情和支持,瓦解敌方的战斗意志,具有重要作用。

政治动员在平时主要表现为国防教育,其内容主要包括国防理论、国防知识、国防历史、军事技能和国防法规等方面的教育。国防教育的对象为全民,重点是国家机关工作人员、武装力量组成人员和青年学生。

政治动员的目的是对全体军民进行爱国主义和革命英雄主义教育,使之增强国防观念,坚定打败敌人、夺取胜利的决心和信心。在新组建的军事组织中,建立健全党、团组织,使之发挥战斗堡垒作用。在整个军事活动的过程中,还应按照国家政策对军人及其家属实行优待和抚恤,这可以起到激励将士奋勇杀敌、勇立战功,引导全社会拥军优属、为夺取战争胜利做贡献的作用。

(三) 国民经济动员

国民经济动员,是指国家将经济部门、经济活动和相应的体制从平时状态转入战时状态所采取的措施,是战争动员的基础。其目的是充分调动国家经济能力,提高生产水平,扩大军品生产,保障战争的需要。通常包括工业、农业、物资、交通运输、财政金融、邮电通信、卫生力量等方面的动员。

国民经济动员的主要做法是:①根据战争需要,调整军工生产在国民经济中所占的比例,重新分配人力、物力、财力,统筹安排军需民用。②动员生产线启封并投入军品生产,充分发挥军工厂的生产能力;改组民用工业结构和产品结构,扩大军工生产。③搬迁、疏散可能遭到战争破坏的重要工厂和战略物资,加强重要经济目标的保护。④调整科学技术研究机构及任务,加速研制新式武器装备。⑤加强交通运输管理,保障军队作战和军事运输的需要。⑥调动医疗卫生、防疫、商贸等各行各业的力量为战争服务。⑦改组农业,提高农业产量,加强粮食生产、储备和食品加工,保障军民粮食和食品的供给。⑧加强经济资源的开发、利用和管理,扩大生产,厉行节约,保障战争的需要。

(四) 人民防空动员

人民防空动员(有的国家称为民防动员),是国家为适应战争需要,发动和组织人民群众防备敌人空袭,减少空袭损失,消除敌空袭后果所进行的活动。其主要任务是:依据国家有关法律法令,动员社会力量,进行防空设施建设,组建防空专业队伍,普及防空知识教育,组织隐蔽疏散,配合防空作战,消除空袭后果。目的是保护居民、经济设施及其他重要目标安全,减少国家及人民群众生命财产的损失,保存战争潜力。

在现代战争中,远距离精确打击成为一种重要的作战样式,大中城市和经济基础设施面临的空袭威胁日益严重。人民防空动员对于减轻空袭危害,减少人民群众生命财产损失,保持后方稳定,保存战争潜力,具有重要的作用。

人民防空动员主要包括人防预警动员、群众防护动员、重要经济目标防护动员、人防专业队伍动员等。世纪之交的几场局部战争表明,空袭经济目标、摧毁国防潜力对战争的进程和结局具有决定性影响,搞好重要经济目标防护动员十分重要。

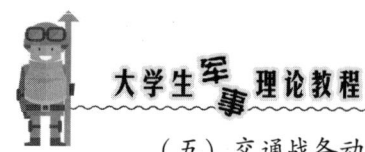

（五）交通战备动员

交通战备动员，是国家采取紧急措施，使交通和邮电通信系统由平时状态转入战时状态，统一组织铁路、公路、水路、航空、管道、民间动力和邮电通信力量为战争服务的活动。交通战备动员又分为交通动员和邮电通信动员两部分。其基本任务是动员一切可以动员的交通和通信保障力量，采取一切措施，保证交通运输和邮电通信的稳定与畅通，保障战争需要。

交通运输动员主要包括铁路、公路、水路和航空等运输方式的动员。战时交通运输动员行动主要包括实行交通管制，动员民用运力，组织交通线的防护等。通信动员，是指国家为了适应战争需要，统一组织调动通信资源和力量，综合运用多种通信手段，保证通信联络安全、稳定、畅通所进行的活动。在信息化条件下，战时指挥协同的通信量大大增加，通信动员的任务十分繁重。主要任务包括：对国家通信网络实行统一管制，征集和调用民用通信资源和力量，组织通信防卫，抢修抢建通信线路和设施，确保军队指挥顺畅、军地联络通畅。通信动员涉及面广、内容复杂，通常由军队通信部门、地方通信部门和通信动员部门共同组织实施。

三、国防动员的组织实施

国防动员的组织实施，通常按照进行动员决策、发布动员令、充实动员机构、修订动员计划和落实动员计划等步骤进行。

（一）进行动员决策

进行动员决策，是战争动员实施过程中首先需要解决的问题。只有实施了动员决策，整个国家的政治、军事、经济、文化和外交等部门和领域才能相应的转入战时体制，进行动员的各项活动。我国《国防法》规定，全国人民代表大会常务委员会依照宪法规定，决定战争状态的宣布，决定全国总动员或者局部动员。

进行战争动员决策的关键，是正确分析判断敌情，尽早洞察敌国的战争企图，从而视情况确定动员实施的时机、规模和方式等。

（二）发布动员令

动员令是宣布全国或部分地区、某些部门转入战时状态的命令。动员令的发布，关系战争的胜负和国家的命运，各国大都由最高权力机关或国家元首、政府首脑发布。我国《国防法》规定，中华人民共和国主席根据全国人民代表大会的决定和全国人民代表大会常务委员会的决定，宣布战争状态，发布动员令。

发布动员令的方式，分为公开发布和秘密发布两种。公开发布动员令，一般是在战争即将或已经爆发的情况下，运用一切宣传工具和通信手段，把爆发战争的真实情况和战略态势告诉全体军民。秘密发布动员令，一般是在战争已不可避免但尚未爆发的情况下施行，通常执行严格的保密限制，只秘密通知政府有关部门和军事机构等。

（三）充实动员机构

动员机构是指平时负责动员准备、战时负责动员实施的组织领导机构。一旦实施战争动员，和平时期的动员机构，无论在人力上还是物力上，都难以适应需要，必须及时调整和加强。一是要扩大组织，增加人员。二是要增加支出，保障需要。与此同时，还要赋予其应有的职权，使其具有较高的权威性。战争动员事关国家安危，责任重大，如果权力有限，指挥无力，处处受制，就难以完成繁重的动员任务，影响战争的顺利进行。

（四）修订动员计划

战争动员计划，是实施战争动员的依据。在面临战争的情况下，由于国际战略环境和国内条件都发生了变化，事先制订的动员计划难免与战争的实际情形不完全吻合，所以要及时予以修订。

（五）落实动员计划

落实动员计划，是使计划见之于行动，实施战争动员的关键环节。动员令发布之后，负有动员任务的地区和部门，应根据修订的动员计划，迅速转入战时体制。各行业以及社会生活的各个方面，都应以保障战争胜利为轴心迅速进行调整。其中，武装力量要迅速转入战时状态。现役军人一律停止转业和退伍，停止探亲和休假，外出人员立即归队。预备役部队应迅速集结、发放武器装备，并抓紧时间进行训练，准备承担作战任务。民兵应做好应征准备，同时启封武器装备，成建制进行训练，并准备承担各项任务。地方政府要根据上级下达的动员任务，积极实施动员行动。各行业、各阶层都要动员起来，落实战争动员任务，为赢得战争胜利贡献力量。

第六节　党的十八大以来国防和军队建设

党的十八大以来，习近平主席以政治家、战略家的高瞻远瞩和深谋远虑，着眼坚持和发展中国特色社会主义、实现中华民族伟大复兴的中国梦，围绕强军兴军提出了一系列重大战略思想、重大理论观点，作出一系列重大决策部署，科学阐明了国防和军队建设中根本性方向性全局性的重大问题，把党的军事指导理论发展到一个新高度，为加快推进国防和军队现代化提供了根本依据，引领国防和军队建设实践进入新的发展时代。

一、强军新目标，兴军新征程

习主席站在时代发展和战略全局的高度，鲜明提出建设一支听党指挥、能打胜仗、作

风优良的人民军队这一党在新形势下的强军目标。强军目标重要思想,是习主席国防和军队建设重要论述的核心思想,揭示了强军梦的本质属性,拎起了国防和军队建设的总纲,为推进国防和军队建设指明了方向。

强军目标丰富发展了党的军事指导理论,具有重大理论价值和实践指导意义。习主席主持中央军委工作不久,就郑重提出党在新形势下的强军目标,而后又作出一系列重要论述并强力推进。这一强军目标,是总结我们党建军治军成功经验、适应国际战略形势和国家安全环境发展变化、着眼于解决军队建设所面临的突出矛盾和问题提出来的,是对我军建设目标任务的新概括新定位,反映了党的历史任务的新要求,展现了党建设强大人民军队的决心意志,成为引领我军建设发展的奋进旗帜,开辟了马克思主义军事理论发展新境界。实现强军目标是伟大而艰巨的事业,需要全军官兵不懈奋斗、共同奋斗。全军官兵牢记职责、敢于担当,围绕强军兴军的"总布局""路线图",以强烈的政治自觉、历史自觉和实践自觉,坚定强军信念,献身强军实践,开创了国防和军队建设的崭新局面。

强军目标明确了加强军队建设的聚焦点和着力点,使我军履行使命任务的能力不断提升。习主席指出,听党指挥是灵魂,能打胜仗是核心,作风优良是保证。建军治军抓住了这三条,就抓住了要害,就能起到纲举目张的作用。我军作为执行党的政治任务的武装集团,是要随时准备打仗的,必须紧紧抓住能打仗、打胜仗这个强军之要,确保部队招之即来、来之能战、战之必胜。近年来,全军各级坚决贯彻习主席重要指示要求,坚持全部心思向打仗聚焦、各项工作向打仗用劲,牢固树立战斗力这个唯一的根本的标准,认真贯彻新时期军事战略方针,围绕提高军事斗争准备的针对性实效性,建设保障打赢现代化战争、服务部队现代化建设、向信息化转型的后勤,大力发展高新技术武器装备,着力提高军事训练实战化水平,坚持在近似实战环境中摔打磨砺部队,加强战斗精神培育,我军信息化条件下威慑和实战能力显著提高,军事斗争准备迈上新台阶。

强军目标凝聚了强军兴军的强大意志力量,部队全面建设不断深入发展。习主席指出,要把强军目标要求贯彻到部队建设各领域全过程,使之成为推动部队各项工作的根本遵循和强大动力。目标昭示方向、引领发展。强军目标体现了党和人民建设强大军队的夙愿,得到了部队上下的广泛认同,熔铸起全军官兵团结奋斗的信念根基和思想基础,为加强部队全面建设、深化部队改革创新注入了强大正能量。实现强军目标的基础在基层,活力也在基层。全军深入学习习主席重要论述,按照全面进步的要求抓基层打基础,自觉强化强基固本思想,着力增强基层党组织的创造力凝聚力战斗力,积极培养能够担当强军重任的新型高素质军事人才,切实打牢实现强军目标的坚实基础,有力推动了贯彻落实强军目标向基层拓展、向末端延伸。

二、抓思想政治，谱写新篇章

习主席亲自决策召开古田全军政治工作会议并发表重要讲话，着力研究解决党从思想上政治上建设军队的重大问题，明确提出"十一个坚持""四个牢固立起来""五个着力抓好"，确立了新的历史条件下思想建党、政治建军方略。

毫不动摇坚持党对军队的绝对领导，官兵听党话、跟党走的思想根基更加牢固。党对军队的绝对领导是思想政治建设的根本，关系我军性质和宗旨、关系社会主义前途命运、关系党和国家长治久安。长期以来，敌对势力极力鼓吹"军队非党化、非政治化"和"军队国家化"，妄图动摇党对军队绝对领导的制度根基，把我军从党的旗帜下拉出去。习主席明确指出，在这个重大原则问题面前，各级必须头脑清醒、态度鲜明、立场坚定。全军部队落实"绝对"标准铸牢军魂，着眼"四有"要求狠抓军魂培育，把党领导军队一系列制度贯彻到部队建设各领域和完成任务全过程，坚持党指挥枪的原则，与党中央、中央军委和习主席保持高度一致的信念更加坚定，行动更加自觉。

大力恢复和发扬我党我军优良传统，政治工作威信威力逐步提高。在实现强军目标的进程中，政治工作应该发挥什么样的作用，怎样发挥作用，一直是习主席思考的重大政治问题。习主席强调，坚持从思想上政治上建设部队，是我军建设的一条基本原则，是能打仗、打胜仗的政治保证。这些年来，我军思想政治建设不断发展进步，但也存在和积累了诸多问题。为传承红色基因、强固政治根基、强化根本职能，习主席明确提出军队政治工作的时代主题，强调加强和改进新形势下我军政治工作，最紧要的是把理想信念、党性原则、战斗力标准和政治工作威信四个带根本性的东西在全军牢固立起来，为政治工作围绕时代主题发挥生命线作用提供了科学指南和根本遵循。全军政治机关和政治干部队伍切实贯彻落实古田政治工作会议精神，努力增强履职本领，坚持依法指导，推进手段创新，政治工作不断适应新时代、走出新路子，焕发出强大活力和勃勃生机。

正风肃纪清理纠治沉疴积弊，风清气正的政治生态加速形成。我军在长期艰苦的革命、建设和改革历史进程中，形成了一系列体现人民军队性质宗旨的优良作风。但由于各种复杂因素的影响，我军优良作风在一段时间内受到严重侵蚀，甚至形成了令人忧虑的沉疴积弊。习主席从坚持人民军队根本性质和宗旨的高度，深刻指出作风问题决定着军队的发展方向，决定着军队的生死存亡，强调军队不能自毁长城，军中决不能有腐败分子藏身之地。习主席着眼解决军队建设思想、政治、组织、作风、制度等方面出现的突出问题，提出一系列重大举措，为政治工作解决时代性问题、推动政治工作创新发展指明了方向。贯彻习主席重要指示，全军坚持把改进工作作风作为推进各项工作的突破口，把整风整改贯穿学习贯彻全过程，以"三严三实"教育为载体，加强教育清理规范，纠治官兵身边的

不良倾向和歪风邪气，认真做好思想整顿、用人整顿、组织整顿和纪律整顿，部队上下呈现出浴火重生、整装出发的新气象。

三、全面深化改革，擘画新愿景

习主席从加快推进强军进程、更好赢得我国军事发展优势、抢占世界新军事革命制高点的战略高度，发出了深化国防和军队改革的时代号令。

系统规划深化改革的总体布局，确保国防和军队改革正确方向，把国防和军队改革作为单独一部分写进党的十八届三中全会《中共中央关于全面深化改革若干重大的问题决定》。这在国防和军队建设顶层设计历史上还是第一次。习主席以国家战略大视野一体推进国防和军队改革，对改革研究论证、方案拟制、任务部署等实施强有力的领导指导，既为深化国防和军队改革提供了有力支撑，又保证了国防和军队改革的正确方向。

重塑军队组织形态体系，推进领导掌握部队和高效指挥部队有机统一。军队领导管理体制和联合作战指挥体制，是军队管理和作战的"中枢神经"，在军队组织体制中处于主导地位。我们既要看到国防和军队建设取得的巨大成就，也要看到一些制约军队建设发展的突出矛盾问题一直没有从根本上得到解决。为切实解决这些体制性障碍、结构性矛盾、政策性问题，确保党对军队的绝对领导，确保军委主席负责制的有效落实，这次改革对领导管理体制和联合作战指挥体制进行一体设计，调整军委总部体制、实行军委多部门制，组建陆军领导机构、健全军兵种领导管理体制，重新调整划设战区、组建战区联合作战指挥机构，健全军委联合作战指挥机构，形成了军委管总、战区主战、军种主建的领导管理和作战指挥新格局。

优化规模结构和部队编成，推动军队由数量规模型向质量效能型转变。军队规模结构和部队编成，是实现人与武器装备有机结合、生成和提高部队战斗力的关键因素。习主席强调，深化国防和军队改革，要把优化结构、完善功能作为一个重点。这轮改革裁减军队员额30万人，精简机关和非战斗机构人员，调整改善军种比例，优化军种力量结构，根据不同方向安全需求和作战任务改革部队编成，推动军队规模更加适度，功能更加完善，结构更加合理，编成更加科学。中央军委决定将第二炮兵更名为火箭军，按照核常兼备、全域威慑的战略要求，有效增强可信可靠的核威慑和核反击能力，加强中远程精确打击力量建设，增强战略制衡能力；成立陆军领导机构，明确了新形势下陆军建设的战略定位，赋予陆军新的重大使命和更高标准要求，为建设一支强大的现代化新型陆军指明了前进方向；新成立战略支援部队，使之成为维护国家安全的新型作战力量，成为我军新质作战能力的重要增长点。

完善相关领域政策制度，提高国防和军队建设质量和效益。深化国防和军队改革需要

与之相适应的政策制度,调整完善军事人力资源政策、构建加速推进军事人才现代化的政策制度体系是其中关键环节。这次改革,着眼于开发管理用好军事人力资源,出台了一系列政策制度,目的就是推动人才发展体制改革和政策创新,构建军队院校教育、部队训练实践、军事职业教育三位一体新型军事人才培养体系,努力形成人才辈出、人尽其才的生动局面。

党的十八大以后,习主席把军民融合发展上升为国家战略,要求从影响大国兴衰的高度正确看待和处理经济建设与国防建设的关系。贯彻落实军民融合发展战略,深化国防和军队改革采取了一系列重大战略举措,推进跨军地重大改革任务,推动经济建设与国防建设协调发展、平衡发展、兼容发展。

四、强调法治化,展现新气象

站在新的历史起点上,习主席就强军兴军进行了一系列战略思考,深刻阐明了依法治军、从严治军的战略地位、根本原则和目标任务,科学回答了中国特色军事法治建设一系列重大理论和现实问题。

提升战略层次,搞好军队法治建设顶层设计。军队越是现代化,越是信息化,越要法治化。依法治军、从严治军,是增强我军凝聚力战斗力和有效履行我军使命任务的坚强保证,是实现强军目标的现实需要、基础所在、责任所系。党的十八大以来,习主席多次强调依法治军从严治军是强军之基,是我们党建军治军的基本方略,并就军事法治建设作出一系列重要论述,引领我军在法治轨道上朝着强军目标阔步前进。党的十八届四中全会决定,把依法治军从严治军上升为党的意志,纳入法治中国建设总体布局,军队法治建设进入快车道、迈向新境界。这次深化国防和军队改革,组建新的军委政法委,调整军事司法体制,按区域设置军事法院、军事检察院,为加强军委对军队政法工作的领导,深入推进依法治军从严治军,提供了坚强组织保障。

适应现代军队建设和作战要求,构建完善中国特色军事法治体系。习主席深刻指出,厉行法治、严肃军纪,是治军带兵的铁律,也是建设强大军队的基本规律。党的十八大以来,《军队党组织发展党员工作规定》《军队领导干部秘书管理规定》《作战部队指挥军官任职资格规定》《重大军事活动保密规定》等一系列法规制度相继出台,聚焦战斗力、服务战斗力、保障战斗力,打出了依法治军从严治军的组合拳。习主席亲自决策起草,亲自审定《关于新形势下深入推进依法治军从严治军的决定》,并对有关重大问题提出明确要求,推动形成系统完备、严密高效的军事法规制度体系、军事法治实施体系、军事法治监督体系、军事法治保障体系,有力提升了国防和军队建设法治化水平。

培育法治文化,按照法治要求推动治军方式转变。法律必须被遵守,法治必须被信仰，否则就形同虚设。习主席明确提出要强化全军法治信仰和法治思维，让法治精神、法治理念深入人心，让全军官兵信仰法治、坚守法治，要求全军按照法治要求转变治军方式，努力实现"三个根本性转变"。强调依法治军关键是依法治官、依法治权，必须突出领导干部这个关键，加强对领导干部的监管，切实给部队立起坚定的信心和正确的导向。全军深入开展法治教育训练，引导官兵确立法治思维、强化法治素养、立起法治规矩、提高法治能力，把培养法治精神作为强军文化建设的重要内容，各级按照法治要求想问题、做决策、办事情，指挥方式、运转方式和推动工作方式实现了历史性转变，依法治军从严治军融入部队、落到实处，人民军队正沿着全面法治化轨道阔步前进在强军兴军的征途上。

辽宁号航空母舰

辽宁号航空母舰简称"辽宁舰"，是中国人民解放军海军第一艘可以搭载固定翼飞机的航空母舰，中国海军001型航空母舰的首舰。辽宁舰是在苏联海军的库兹涅佐夫元帅级航空母舰第二艘——瓦良格号航空母舰的基础上发展而来的，在总体设计上沿袭了原来的设计特点，其舰型特点、尺寸、排水量、动力装置等都与库兹涅佐夫元帅级基本相同，在上层建筑、防空武器、电子设备、舰载机配备等方面有较大改进。

20世纪80年代中后期，瓦良格号航空母舰建造于乌克兰，恰逢苏联和东欧剧变，建造工程因而中断，完成度为68%。1995年，俄罗斯决定将瓦良格号航空母舰从俄罗斯海军编制退出，并且作为偿还债务的替代品送交乌克兰。

1999年，中国购买了瓦良格号航空母舰，历经坎坷，于2003年3月4日抵达大连港。2005年4月26日，瓦良格号航空母舰于大连造船厂的干船坞开始改造。解放军的目标是对此艘未完成建造的航空母舰进行更改制造，及将其用于科学研究、实验及训练用途。2012年9月25日，改造成功的航空母舰正式更名为"辽宁号"，交付予中国人民解放军海军。

辽宁舰舰长304米，舰宽70.5米，航母吃水深度10.5米，标准排水量57000吨，满载排水量67500吨。从底层到甲板共有10层，甲板上的岛式建筑也有9层之多，分别是消防、医务、通信、雷达等部门和航母战斗群的司令部。航母由4台蒸汽轮发动机驱动，总计20万马力，最高航速可高达32节，在航速30节时续航力为4000海里，在航速20节时续航力可达12000海里；舰上的电力系统可提供14000千瓦的电力，燃油储量为7800吨，航空汽油储量为5800吨。舰首使用滑跃式起飞甲板，舰艇中部设有4道飞机降落阻拦索及1道应急阻拦网。舰桥岛式建筑位于飞行甲板右侧，前后各有一台甲板/机库升降机。

辽宁舰的编制等级为正师级，编制员额1000余人。首批舰员中，具有本科以上学历的军官达到98%以上，其中具有硕士和博士学位的有50余人。与其他国家的航空母舰一样，辽宁舰上有5%为女性人员。由于航母上载舰员人数众多，其各种生活配套设施也十分完备，设有餐厅、超市、邮局、洗衣房、健身房、垃圾处理站，最大限度地保障官兵的生理和心理健康。

辽宁舰的出现，开启了我国海军发展的新纪元。

歼-20隐身四代战机

歼-20是中国成都飞机工业集团为中国人民解放军研制的第四代双发重型隐形战斗机，用于接替歼10、歼11等第四代空中优势战机，该机将担负中国未来对空、对海的主权维护任务。首架工程验证机于2011年1月11日在成都实现首飞。2014年11月19日下午编号2015号歼-20进行飞行。

一、研制历程

歼-20是成都飞机工业集团为中国人民解放军空军研制的中国第四代（欧美标准，俄罗斯标准为第五代）双发重型隐形战机。其采用了单座、双发、全动双垂尾、DSI鼓包式进气道（蚌式进气道）、上反鸭翼带尖拱边条的鸭式气动布局。歼-20的机头、机身呈菱形，垂直尾翼向外倾斜，起落架舱门采用锯齿边设计，机身深墨绿色涂装，远观近似于黑色。歼-20预期将在2017～2019年投入使用，2020年后逐步形成强大战斗力。首架原型机于2010年10月14日完成组装，2010年11月4日进行首次滑跑试验。2011年1月11日12时50分，歼-20在成都实现首飞，历时18分钟。2014年3月1日，中国最新版2011号歼-20隐形战斗机原型机成功首飞，伴飞的是1架歼10S战机。12点30分左右2011号歼-20战机成功降落。

歼-20是由中国成都飞机设计研究所设计、中国成都飞机工业集团制造的用于接替歼-10、歼-11等第三代空中优势/多用途歼击机的未来重型歼击机型号，该机将担负我军未来对空、对海的主权维护。按中国和北约标准，该机为"第四代歼击机/战斗机"，其目的是适合中国空军2020年以后的作战环境需要。

二、格斗功能

歼-20的自主格斗功能采用了飞发一体化控制技术，也就是说发动中国歼-20隐形战机加入了飞行自动控制系统中。歼-20是依靠一系列先进的气动布局来提升机动能力的。

歼-20在信息化能力上领先F-22，歼-20全身布满相控阵天线（主翼、尾翼、机头及机身多侧），具备全息感知能力，在全息感知系统的支持下，依靠飞发一体化控制技术，歼-20可实现多机自动组网、任务自动分配和自主格斗功能。这种技术从多

机组网，任务加入与分配，到自主格斗，依靠的是系统的信息化能力和战斗战术解决方案。

三、隐身设计

对于外军研制隐形战机的经验，隐形能力和气动外形往往不能兼备，普遍认为"鸭式"布局会影响战机的隐身效果，所以外军已装备或在研的隐身战机都无"鸭式"布局先例。但用常规眼光来看，"J-20"战机空中机动时前端鸭翼的偏转，以及机尾固定的腹鳍，都会在飞机前方和侧面形成较大的雷达反射面。或许这也是"J-31"保持常规气动布局的原因。

也有部分军事专家曾有观点认为歼-20作为重型空优战机，"鸭式"布局在平飞时鸭翼可能不会偏转，故而不影响其隐身能力。但当空中机动时，战机相互间的距离双方雷达都可准确捕捉到对方，而这时战机的隐身能力已没有战机的机动性重要，故此时鸭翼对隐身能力的影响也可忽略不计。

四、飞机特点

（一）机动性

歼-20的精心设计气动布局有效弥补中国发动机的先天不足。歼-20的基本布局继承于歼-10，而歼-10就是一种机动性、敏捷性和大仰角能力非常突出的战机。可以预计，歼-20继承了歼-10的高速瞬盘角速度，并进一步放宽了静稳定度，同时采用了独一无二的"鸭翼边条前后襟翼全动尾翼"的综合气动布局来提高飞控能力。

（二）超音速性能

美国设计隐形战机时，通过评估认为"鸭翼"布局会降低飞机的隐身性能，所以所有美制隐形战机都未采用"鸭翼"布局，牺牲了一定的气动性能。俄罗斯T-50的机身设计扁平而宽大，这种构型的亚跨音速升阻比较好，但是超音速下会有巨大的阻力，所以限制了最高空速。歼-20机身令人容易想起米格-31、米格-1.44甚至歼-8、苏-15这种追求速度的截击机造型，或者从某种意义来说，这就是20世纪70年代所设计的2.6倍音速的歼-9的重生。

思考题

1. 国防的基本含义是什么？
2. 国防的基本特征有哪些？
3. 中国国防历史对我们有何启示？
4. 简要介绍国防动员的内容。

第二章 军事思想

第一节 军事思想概述

一、军事思想的基本内涵

军事思想是军事科学体系的重要部分，内容丰富广博，人类自有阶级、战争以来，军事领域的一切问题，都是军事思想研究的对象。

（一）军事思想的含义

军事思想是关于战争、军队和国防的基本问题的理性认识，是对长期军事实践的经验总结和理论概括，是军事科学的重要组成部分。军事思想来源于人类的军事实践，又反作用于人类的军事实践，对于军事实践具有宏观和根本的指导作用，同时伴随着战争和军事实践的发展而发展。

（二）军事思想的内容

军事思想是以战争、军事这一特殊社会现象作为基本研究对象的，从总体上考察和回答军事领域的普遍性、根本性问题，揭示战争的本质、规律以及指导战争的规律等。军事思想的内容可以分为两个层次：一是军事哲学问题，主要包括战争观、军事问题的认识论和方法论；二是军事实践的指导问题，主要包括军事斗争的指导方针和原则、军队和国防建设的指导方针和原则等。

（三）军事思想的特点

1. 鲜明的阶级性

军事思想来源于社会实践，在阶级社会中，人们为了各自阶级的利益所奉行和推崇的军事思想，必然反映各个阶级对战争和军事问题的认识和立场。这就使得不同的军事思想具有鲜明的阶级性。

2. 突出的时代性

军事思想是一个历史范畴，它总是处在人类社会发展的一定历史阶段上，是特定社会条件下的产物。不同的历史时期，生产力的发展水平不同，科学技术的进步程度不同，装备的发展阶段不同，人们的物质文化生活水平不同，再加上认识能力的差异，就使得不同时期的军事思想具有自己鲜明的特征。

3. 明显的继承性

战争的最大特征是暴力冲突，最大特性是非胜即败，因此，战争活动来不得半点虚假和不按规律办事。因此，历史上前人认识的许多军事原则、概念和范畴，只要是正确反映了军事活动的一般规律的，总是为后人毫不吝啬地继承和发扬。可以说，军事思想的每一次发展，都是对过去军事思想的继承和发展。当然，这种继承和发展都离不开扬弃，是对以往正确理论的继承和发展。

二、军事思想发展简史

人类对军事问题的认识，大致经历了古代军事思想、近代军事思想和现代军事思想三个阶段。

（一）古代军事思想

1. 中国古代军事思想

中国古代军事思想经历了产生、成熟、发展的历史过程。

（1）中国古代军事思想的初步形成（夏、商、西周时期）

公元前21世纪至公元前8世纪，我国先后建立了夏、商、西周三个奴隶制王朝。这是中国奴隶社会从确立、发展到鼎盛的整个历史阶段，也是我国古代军事思想的初步形成时期。这个时期军队数量不多，没有专职的指挥将领；除甲士有铜兵器外，许多徒（步）兵仍使用木、石兵器；作战方式基本上是以密集队形进行集团肉搏、正面冲杀。商代以后逐渐以车兵为主，作战中形成以车兵为核心的方阵队形。由于对战争客观规律认识的局限，战争受迷信的影响极大，经常以占卜、观察星象等来决定战争行动，产生了以天命观为中心内容的战争指导思想。军队的治理以"礼"和"刑"为基础。"礼"主要适于上层的贵族和军官，讲究等级名分、上下有序；对下级和士兵的管理主要靠严酷的刑罚，即"刑"。这个阶段已产生了一些萌芽形态的兵书。商代甲骨文、商周的金文中就有大量关于军事活动的记载。西周时期已出现《军志》《军政》等军事著作。

（2）中国古代军事思想趋向成熟（春秋、战国时期）

公元前770年到公元前221年，即春秋战国时期，是我国从奴隶制向封建制的过渡时期，是我国古代政治、经济、文化、科技大发展的一个历史阶段，也是古代军事蓬勃发展的时期。这个时期，铁质兵器逐步成为主战兵器，军队的结构出现了很大变化，步兵取代

车兵成为主要兵种,骑兵在中原地区也成为重要的作战力量;战争规模扩大,作战方式增多,战略战术有了新的发展,战争指导更加注重军事与政治、外交相结合的谋略运用。丰富的军事实践,使人们对战争有了较为全面而深刻的认识,产生了《孙子》《吴子》《孙膑兵法》《六韬》等一大批优秀的军事理论著作。春秋末期孙武所著的《孙子兵法》是这一时期军事论著的杰出代表,标志着封建地主阶级军事思想的成熟。它所阐述的许多观点,揭示了战争的基本规律,对当代军事活动仍具有重要的启迪和指导作用。

(3) 中国古代军事思想进一步丰富与发展(公元前221年至1840年鸦片战争之前)

这个时期的战争主要有五种类型:一是王朝更迭战争;二是割据与统一战争;三是国内各民族之间的战争;四是农民战争;五是沿海抗倭战争。尽管有些王朝为防内乱,禁锢兵书,但频繁而又规模巨大的战争促进了军事思想的进一步丰富与发展,军事思想逐步形成体系,并有分科迹象。宋神宗元丰年间汇编的《武经七书》是中国古代军事论著的典范,被指定为武学教材。这一时期,从全局谋划战争的战略思想更加丰富。随着热兵器使用于战场,也出现了与热兵器作战相适应的军事思想。例如,在作战方法上,出现了火力准备、火力突袭和拦阻射击等战法和灵活机动的疏开式战斗队形,军队指挥和军事训练也产生了相应的变化。但总的来看,对火器的作用认识不够,仍拘泥于冷兵器时代的指导思想。

2. 西方古代军事思想

公元前8世纪至公元5世纪是西方的奴隶社会时期。在这个时期,古希腊、古罗马等奴隶制国家为了扩张领土、建立霸权、掠夺奴隶和财物,频繁发动战争。在长期的战争实践中,涌现出许多著名的将领和统帅,产生了丰富的古希腊和古罗马的军事思想。

古希腊的军事思想主要散见于希罗多德的《希腊波斯战争史》、修昔底德的《伯罗奔尼撒战争史》、色诺芬的《远征记》、艾涅的《战术》以及普鲁塔克、伯里克利、亚历山大等人的历史著作和军事实践中。他们的军事思想概括起来主要有:认识到战争是由根本利害矛盾引起的;战争的目的是征服,谋求城邦、国家利益和霸主地位;战争的胜败取决于政治、军事、经济和精神等条件,作战前必须对双方的军力、财力、人力等方面的长处和短处进行认真的分析与对比;注意激励军队的士气,立足以优势力量建立己方胜利的信心,采取出乎敌人意料的行动使之惊慌失措;等等。

古罗马的军事思想体现在恺撒的《高卢战记》、阿里安的《亚历山大远征记》、弗龙蒂努斯的《谋略》、奥尼山得的《军事长官指南》、韦格蒂乌斯的《论军事》及历史学家波里比阿、阿里安、塔西佗、普鲁塔克等有关罗马历史的著作中。许多军事家如迦太基统帅汉尼拔,古罗马统帅费边、恺撒,古罗马帝国的第一个皇帝屋大维等在军事实践中也体现了重要的军事思想。通过比较可以看出,古罗马军事思想源于古希腊而又有所发展,主要表现在:进一步认识到战争有正义与非正义之分;把军事作为实现政治目的的工具,而政治又是配合军事行动、达成军事目的的手段;通过外交广泛联盟,孤立对手,恩威并

举,从而实现自己的目的;主张以进攻为主、防御为辅;在被迫处于防御地位时,也总是通过向敌后等薄弱处进攻,力求改变攻防态势,变防御为进攻;主张建立一支忠于自己的部队,以金钱、土地、建筑、妇女等物质利益保证部队的忠诚,以精神鼓励、严格的纪律保持部队的战斗力。

从公元476年古罗马帝国灭亡到1640年英国资产阶级革命,为欧洲的中世纪。在这长达1100多年的"黑暗"时代,由于封建割据的庄园经济、宗教思想和经院哲学的禁锢,极大地限制了军事思想的发展。直到封建社会后期,随着中国火药、火器的传入及始自意大利文艺复兴的影响,外国古代军事思想才有了缓慢发展。主要军事代表人物有查理大帝、瑞典国王和统帅古斯塔夫二世等,代表作有古罗马皇帝毛莱斯基的《战略学》、李欧的《战术学》、意大利马基雅维里的《战争艺术》(《论军事学术》)、普鲁士弗里德里希二世的《战争原理》《军事典范》等。此时的军事思想可概括为以下几个方面:战争被披上宗教的外衣,掩盖统治集团间的利益争夺;宣扬战争是人类天性中的一部分,是原始罪恶之果,也是教会权力的支柱;在战争中丧失生命的人,可以进入天国,赎免一切罪恶(这其实是对战争认识的倒退);重视军队建设,把军队看成国家的重要工具;对雇佣兵制的弊端有了初步认识,主张实行义务兵役制;初步涉及战略学、战术学概念。另外,还认识到制海权的重要性,认为控制了海洋就可以赢得和守住巨大的海外领土。

(二) 近代军事思想

1. 中国近代军事思想

1840年鸦片战争后,中国逐步沦为半封建半殖民地社会,当时清政府中的有识之士就看到了武器装备对于战争胜负的重要性,便从西方引进先进技术来开办工厂,制造机械。因此,当时的军事学术主要是介绍武器性能和操作使用。中日甲午战争后,清政府意识到仅靠坚船利炮而作战思想落后亦不能赢得战争,于是又师承西方学习军事理论,翻译西方的重要军事论著,如《大战学理》(克劳塞维茨的《战争论》)等。国人撰写的代表作有:《兵学新书》《军事常识》《兵镜类编》等。主要的军事观点有:师夷长技,重整军备;依靠民众,积极备战;避敌之长,求吾之短;以弃为守,诱敌入险。

1911年辛亥革命的胜利,推翻了清王朝的封建专制统治,实现了"恢复中华、建立民国"的目标,但并没有使中国真正走上民主共和之路。帝国主义乘中国政局混乱,加紧对中国的侵略扩张,一些政治家和军事理论家对战争问题进行了认真的思考,对国防的基本理论也进行了比较深入的研究。代表性的军事理论家及著作有:蒋百里的《国防论》、高明的《国防论集》、杨杰的《国防新论》、董问樵的《国防经济论》等。在反帝救国现实需要的驱动下,民国时期的军事思想有了飞跃性的发展,不仅形成了基本完整的国防理论体系,而且对国防的各个领域都进行了专门的研究。

2. 西方近代军事思想

1640年英国资产阶级革命至俄国十月革命，为世界近代史。此时，西方走向资本主义并向帝国主义发展。外国近代军事思想可划分为两大体系，即资产阶级军事思想和无产阶级军事思想。

（1）资产阶级军事思想

资产阶级军事思想形成于17世纪中叶至19世纪中叶，这一时期的军事思想主要表现在：反对战争认识问题上的不可知论，提出军事科学的概念；军事科学包括战略与战术两个重要组成部分；主张探讨战争的本质、规律，研究军队、装备、地理、政治和士气等因素在战争中的作用；重视对战史的研究；认为战争无非是政治通过另一手段的继续，是迫使敌人服从己方意志的一种暴力行为，具有必然性和偶然性，是政治的工具；认识到民众武装在战争中的重要作用，但民众武装不是万能的，使用要有条件；重视建立一支反映资产阶级利益的部队；重视和平时期军队建设和战争准备，以随时应对战争；认识到新发明对于军队的组织、武器装备和战术的影响，装备的变化必然引起战术的变化；认识到作战中士气的作用，因而把思想教育训练放在重要位置；认为海权是推动国家以至历史发展的决定因素，控制了海洋就控制了整个世界；树立歼灭战思想，军事行动的目的是在不设防的野战中消灭敌人的军队，而不是占领敌人的领土和要塞；与歼灭战相适应，大多数军事家都强调进攻，认为只有进攻才能消灭敌人；认识到防御不能是单纯的防御，而是由巧妙的打击组成的盾牌；认为在主要方向和重要时刻集中兵力，而快速机动则是集中兵力的重要途径；认为作战应确立打击重心、保持预备队等。

（2）无产阶级军事思想

无产阶级军事思想的主要代表是马克思、恩格斯和列宁。马克思、恩格斯所处的时代是自由资本主义高度发展并开始走向反动的时代，无产阶级登上历史舞台；列宁生活于帝国主义时期的无产阶级革命时代。他们坚持唯物论，用唯物辩证法研究军事，吸收资产阶级军事思想的有益成分，因而能对战争一系列重大问题有深刻认识。其军事思想主要内容包括：认为战争和军事是一个历史范畴，随着私有制和阶级的产生而产生、消灭而消亡。战争是政治通过另一种手段的继续，要反对非正义战争，拥护正义战争。在帝国主义阶段，帝国主义是战争根源，无产阶级必须用暴力推翻资产阶级建立自己的统治。以组织城市工人武装起义为中心，先占领城市，夺取国家政权。无产阶级夺取政权、巩固政权都必须有自己的新型军队。无产阶级代表人民利益，有能力、有条件把人民武装起来实行人民战争，并强调军队与人民群众相结合。认识到科学技术的进步必然引起战略战术的变革，战争的奥妙在于集中兵力，主张积极防御、主动进攻、慎重决战、灵活机动。

(三) 现代军事思想

1. 中国现代军事思想

自俄国十月革命及五四运动后至今,中国经历了半殖民地半封建社会,进入社会主义初级阶段。中国无产阶级在长期的革命战争和国防建设实践中,吸收古今中外军事思想的精华,逐渐形成一系列优秀的军事思想。

2. 西方现代军事思想

第一次世界大战的实践表明,军队对经济的依赖性增大,国家的综合实力成为决定战争胜负的主要因素,新式武器的发明对战争的重要影响也充分显示出来。战后,西方国家的军事家纷纷预测未来战争可能出现的作战样式和作战方法,许多军事理论是围绕某种主战兵器及相应作战力量的运用而展开的。

(1) "空中战争"理论

又称"空军制胜论",意大利的杜黑、美国的米切尔、英国的特伦查德被认为是这一领域的先驱,特别是杜黑在其著作《制空权》中对这一理论的论述较为细致。其主要观点有:由于飞机的广泛使用,将出现空中战争。空中战争的胜负决定战争的结局,为此要建立与海军、陆军并列的独立空军。夺得制空权是赢得战争的必要条件,空军的首要任务是夺取制空权。空中战争是进攻性的,空军的核心是轰炸机部队,要对敌国纵深政治、经济、军事目标实施战略轰炸,迫其屈服。

(2) "机械化战争"理论

又称"坦克制胜论",英国的富勒、奥地利的艾曼斯贝格尔、法国的戴高乐、德国的古德里安是这一理论的倡导者。其主要内容是:装甲坦克是战争的决定性力量,是陆军的主体。大量地集中使用坦克和航空兵,实施突然有力的突击,可以迅速突破对方主要集团的防线,深入敌纵深,摧毁一个战备不足的国家。主张军队改革,建立少而精的机械化部队,包括机械化补给和战斗机械化。

(3) "总体战"理论

德国的鲁登道夫在其著作《总体战》中提出的主要理论观点是:现代战争是总体战,它既针对军队,也针对平民,战争具有全民性,强调民族的团结在战争中的重要性;主张实行国民经济军事化;要建设好一支平时就准备好的军队;重视统帅在总体战中的作用;战争的突然性意义重大,力求闪击对方。

(4) "核武器制胜"理论

第二次世界大战后至1991年苏联解体的"冷战"时期,霸权主义成为局部战争的根源,高技术在战争中逐步运用,世界处在核阴影之中,美国和苏联两霸动辄进行核恫吓。此阶段,军事理论研究往往围绕着核武器及高技术展开,如美国就以核实力确定军事

战略。在杜鲁门时期,美国核力量处于绝对优势,就提出遏制战略,对苏联及其他社会主义国家实施核讹诈。朝鲜战争后,为以最小的代价取得最大的威慑力量,提出大规模报复战略等。在处于核优势时期,美国认为自己能打赢全面核战争,就主张削减常规力量,重点发展核武器和战略空军。在苏联打破其核优势、局部战争不断发生时,美国则认为核战争会造成灾难性后果,核时代的战争必然是有限核战争,或核威慑条件下的有限常规战争。主张在确保核威慑的前提下,不断发展常规力量,确保打赢各种形式的有限战争。

第二节 毛泽东军事思想

毛泽东军事思想揭示了中国革命战争和国防现代化建设的客观规律,是具有中国特色的发展了的马克思主义军事理论体系。毛泽东军事思想是我军克敌制胜的法宝,创造性地丰富和发展了马克思主义军事理论,在世界上有广泛而深远的影响。

一、无产阶级的战争观

(一)精辟地概述了战争的根源、实质和形式

毛泽东继承和发展了马克思主义关于战争理论的学说,总结了古今中外一切战争和中国革命战争的经验,对战争下了一个科学的定义:"战争是从有私有财产和有阶级以来就开始的,用以解决阶级和阶级、民族和民族、国家和国家、政治集团和政治集团之间,在一定发展阶段上的矛盾的一种最高的斗争形式。"这一定义,对战争的根源、实质和形式作了精辟的概括。首先,它指明了战争的根源是私有财产和阶级,说明战争是一个历史范畴,结论是只要人类存在私有制和阶级,就有发生战争的土壤。其次,揭示了战争的本质是解决阶级之间、民族之间、国家之间和政治集团之间矛盾的一种最高斗争形式。最后,它明确了战争的表现形式是一种暴力行为。

(二)科学完整地阐述了战争与政治的关系

毛泽东指出,"战争是政治的继续"。在这一点上说,战争就是政治,战争本身就是政治性质的行动,自古以来没有不带政治性的战争。同时还指出,战争有其特殊性,在这一点上,战争不等于一般的政治。政治发展到一定阶段,再也不能照旧前进,于是爆发了战争,用于扫除政治道路上的障碍。政治是不流血的战争,战争是流血的政治。由此得出,战争是从属于政治,为政治服务的,是为了达到政治目的的一种手段;战争又不等于一般的政治,当使用经济、外交和文化等手段达不到政治目的时,就采用了战争的方式去扫除政治道路上的障碍,于是和平转为战争;当经过战争达到了政治目的之后,战争便告结束,战争又转化为和平。

（三）准确地说明了战争与经济的关系

毛泽东认为，革命战争的出发点和目的，其最终原因都是经济原因，都是为了解放生产力、发展生产力和改变生产关系。就革命战争自身而言，经济是革命战争的物质基础。在井冈山斗争时期，毛泽东就把"有足够给养的经济力"作为工农武装割据的存在和发展的最主要条件之一；并规定，打仗除了要消灭敌人外，还有一个重要任务是筹款子。毛泽东强调："只有开展经济战线方面的工作，发展红色区域的经济，才能使革命战争得到相当的物质基础，才能顺利地开展我们军事上的进攻，给敌人的'围剿'以有力的打击；才能使我们有力量去扩大红军……也才能使我们的广大群众都得到生活上的相当的满足，而更加高兴地去当红军，去做各项革命工作。"

（四）指出了人与武器的关系

"武器是战争的重要因素，但不是决定的因素，决定的因素是人不是物。力量对比不但是军力和经济力的对比，而且是人力和人心的对比。军力和经济力是要人去掌握的。"毛泽东的这一论述，科学地阐明了人和武器在战争中的不同地位及其辩证统一的关系。

"人是决定的因素"是指在战争全体上，对战争的胜负经常地、长期地、普遍地起作用的因素。它包括人力、人心和人的主观能动性。人力是物质力量，人心和能动性是精神力量；人既有物质的属性，又有精神的属性，是物质和精神的统一体。

"武器是重要的因素"是指武器是构成军队战斗力的要素之一，对战争的进程和胜负有着重大影响，是取得战争胜利的不可缺少的条件；没有武器不可能进行战争，当然也就没有战争的胜利。

（五）阐明了战争的目的

毛泽东指出，我们研究和进行战争的最终目的是消灭一切战争，实现人类永久和平。这是区别我们共产党人和一切剥削阶级的界限。消灭战争是同彻底消灭阶级、消灭剥削、消灭国家，最终实现共产主义的伟大目标紧密联系在一起的。在阶级社会中，阶级之间的战争产生于阶级剥削和阶级压迫。民族之间、国家之家和政治集团之间的战争，也总是与阶级斗争紧密联系在一起的。因此，消灭战争的方法只有一个，"就是用战争反对战争。用革命战争反对反革命战争，用民族革命战争反对民族反革命战争，用阶级革命战争反对阶级反革命战争"，以求得国家的和平、世界的和平、人类永久的和平。

二、认识论和方法论

（一）研究和指导战争必须认识和把握战争规律

研究和指导战争的基本方法是如何认识和掌握战争规律。毛泽东指出"战争的规律——这是任何指导战争的不能不研究和不能不解决的问题"，因为，"不知道战争的规

律,就不知道如何指导战争,就不能打胜仗"。研究战争规律,既要研究战争的一般规律,也要研究战争的特殊规律。毛泽东指出,"我们不但要研究一般战争的规律,还要研究特殊的革命战争的规律,还要研究更加特殊的中国革命战争的规律。"研究和认识战争规律的目的在于正确指导战争。战争规律是发展变化的,一切战争指导规律都依照历史的发展而发展,依照战争的发展而发展。战争指导者为了正确地指导战争,不但要研究战争的客观规律,还必须研究基于战争客观规律之上的战争指导规律。

(二)认识和掌握战争规律的基本方法

首先,应着眼于特点和发展。所谓着眼特点,就是研究和把握战争的一般和特殊的规律,尤其要把握战争的特殊规律。所谓着眼发展,就是对战争的认识,要随着时代的发展、科技的发展、战略战术和作战方式的发展、武器装备的发展以及时间、地域、性质上的差异而发展,制定正确的战争指导策略。其次,要立足全局,掌握重要关节。立足全局是指战争指导者必须把自己的主要精力放在战争全局上,全面考虑战场形势,客观分析敌我,关照好各局部情况,把战争全局中的各个局部和阶段周密地组织和衔接起来,以达成总的战略目的。掌握关节就是抓主要矛盾和矛盾的主要方面的原理在战争指导上的运用。抓住和解决了关节问题,就可以带动全局的发展。再次,要做到"知己知彼"。这是正确解决主观和客观之间的矛盾,认识战争规律和应用这些规律作战行动的必要前提。最后,要善于学习,勇于实践。学习军事和战争,除了在书本上汲取古今中外的先进军事理论和有益经验外,更重要的是从战争中学习战争,从战争中总结自己的战争经验,认识战争规律,提高军事理论水平。

(三)尊重战争的客观规律,充分发挥主观能动性

毛泽东指出,军事家不能超过物质条件许可的范围企图战争的胜利,然而军事家可以而且必须在物质条件许可的范围内争取战争的胜利。毛泽东明确指出了实施正确指导战争的两个基本条件,即取胜的物质条件和取胜的主观条件。物质条件是作战双方的政治、经济、军事、自然诸条件等,它是实施正确指挥的物质条件。离开一定的客观条件奢谈战争的胜利,那是战争的唯心论者。然而,在客观条件具备时,战争指导者不发挥主观能动性去实施正确的指挥,也就不可能把战争胜利的可能性变成现实性。但是,充分发挥主观能动性,必须建立在实事求是的基础上,这里的关键是发挥主动,力避被动,把科学态度与斗争胆略、智慧和勇敢紧密结合起来。

三、人民军队思想

(一)确立了中国共产党对军队的绝对领导地位

早在井冈山和中央苏区时,毛泽东就指出:"我们感觉无产阶级思想领导的问题,是

一个非常重要的问题。"认为军队中存在的机会主义、盲动主义、地方主义、单纯军事观点、极端民主化、非组织观念、绝对平均主义、流寇思想等都是非无产阶级思想,是对军队的腐蚀剂,并对其表现、根源和危害,以及纠正方法都作了系统说明。1927年9月底,毛泽东在"三湾改编"中,根据斗争的实际情况就设立了党代表制度,规定了班有党员,排有党小组,连有党支部,营团有党委,使起义军从一开始就置于中国共产党的绝对领导之下。

(二) 规定了全心全意为人民服务是这支军队的唯一宗旨

毛泽东指出:"我们的共产党和共产党所领导的八路军、新四军,是革命的队伍。我们这个队伍完全是为着解放人民的,是彻底地为人民的利益工作的。"在井冈山斗争时期,毛泽东就指出:"要教育我们军队的士兵明确为人民去打仗。"在古田会议决议中,毛泽东又指出:"红军打仗,不是单纯地为了打仗而打仗,而是为了宣传群众、组织群众、武装群众,并帮助群众建立革命政权才去打仗的,离开了对群众的宣传、组织、武装和建设革命政权等目标,就失去了打仗的意义,也就失去了红军存在的意义。"在1945年4月党的七大报告中,毛泽东对我军的宗旨作了最完整的概括:"为着广大人民群众的利益,为着全民族的利益,而结合,而战斗。紧紧地和中国人民站在一起,全心全意地为中国人民服务,就是这个军队的唯一的宗旨。"

(三) 制定了服从于人民根本利益的铁的革命纪律

中国共产党领导的人民军队是为了维护人民群众的根本利益而建立、而战斗的,为了保证完成党的任务,就必须有铁的纪律作保证。毛泽东在红军初创时期,就要求部队对待群众说话和气、买卖公平、不拉夫、不打人、不骂人。1927年10月,毛泽东制定了"三大纪律、六项注意"。1930年,在瑞金又把"六项注意"改为"十项注意"(增加了洗澡避女人、大便找厕所、不搜俘房腰包、进出要做宣传工作四项)。1947年10月10日,重新颁布了"三大纪律、八项注意"(一切行动听指挥、不拿群众一针一线、一切缴获要归公、说话和气、买卖公平、借东西要还、损坏东西要赔、不打人骂人、不损坏庄稼、不调戏妇女、不虐待俘虏)。这种纪律是从人民的根本利益出发的,它是人民军队完成各项任务、提高战斗力的重要保证。

(四) 实行了军队内的民主主义

毛泽东把群众路线系统地运用于军队建设的各个方面,成功地建立了有领导的民主制度,实行政治民主、军事民主、经济民主和保证了官兵一致、上下一致。毛泽东在《井冈山的斗争》中写道:"红军的物质生活如此菲薄,战斗如此频繁,仍能维持不敝,除党的作用外,就是靠实行军队内的民主主义。官长不打士兵,官兵待遇平等,士兵有开会说话的自由,废除烦琐的礼节,经济公开……中国不但人民需要民主主义,军队也需要民主义。军队内的民主主义制度,将是破坏封建雇佣军队的一个重要武器……同样一个兵,昨天在敌军中不勇敢,今天在红军中很勇敢,就是民主主义的影响。"

(五)坚持"官兵一致、军民一致和瓦解敌军"的政治工作三原则

毛泽东为人民军队创立了无产阶级的政治工作三原则。第一,官兵一致的原则。这就是在军队中肃清封建主义,废除打骂制度,建立自觉纪律,实行同甘共苦的生活,因此全军是团结一致的。第二,军民一致的原则。这就是秋毫不犯的民众纪律,宣传、组织和武装民众,减轻民众的经济负担,打击危害军民的汉奸卖国贼,因此军民团结一致,到处受到人民的欢迎。第三,瓦解敌军和优待俘虏的原则。我们的胜利不仅依靠我军的作战,而且依靠敌军的瓦解。

(六)确定了人民军队的建设方向

毛泽东指出,我们的国防将获得巩固,不允许任何帝国主义者再来侵略我们的国土。在英勇的经过了考验的人民解放军的基础上,我们的人民武装力量必须保存和发展起来。我们将不但有一个强大的陆军,而且有一个强大的空军和一个强大的海军。要求军队不断加强正规化、现代化建设,不断用现代化的武器装备和新的技术装备部队提高战斗力。人民军队要不断加强教育训练,全面提高指战员的军政素质。人民军队要加强军事科学研究,注重把自己的战争经验上升为理论,批判地接受古今中外军事思想的有益成分,发展中国现代的军事科学。

四、人民战争思想

毛泽东人民战争思想的基本含义是:从广大人民的利益出发,在中国共产党的领导下,以人民军队为骨干,充分依靠和动员人民群众,建立农村革命根据地,实行主力兵团与地方兵团相结合,正规军与游击队和民兵相结合,武装斗争与非武装斗争相结合,并使武装斗争与各种斗争形式紧密配合的全面彻底的人民战争。

(一)中国革命斗争的主要形式是武装斗争

毛泽东指出,"革命的中心任务和最高形式是武装夺取政权,是战争解决问题。这个马克思列宁主义的革命原则是普遍的、对的,不论在中国还是在外国一概都是对的";"在中国,离开了武装斗争,就没有无产阶级的地位,就没有人民的地位,就没有共产党的地位,就没有革命的胜利"。中国革命的中心任务和最高形式是发动人民群众武装夺取政权。由武装的革命反对武装的反革命,这是半殖民地半封建的中国取得革命胜利的唯一正确的道路。当然,坚持武装斗争是中国革命的主要形式。但是,并不排除其他的斗争,如政治的、经济的、文化的、外交的等斗争形式。只有把武装斗争同其他形式的斗争直接或间接地配合起来,形成全国的人民战争,才能最大限度地发挥人民战争的威力,孤立和打击敌人。

(二) 坚决依靠人民群众进行武装斗争

马克思主义的历史唯物论认为：历史是人民创造的，人民群众是历史的主人。毛泽东指出，"战争的伟力之最深厚的根源，存在于民众之中"；"革命战争是群众的战争，只有动员群众才能进行战争，只有依靠群众才能进行战争"。这是毛泽东人民战争思想的理论基础。毛泽东人民战争思想的实质就是在革命战争中实现彻底的群众路线，一切为了人民，坚决依靠人民，充分动员人民，把人民组织武装起来进行人民战争。同时，革命的正义性是实行人民战争的政治基础。一切进步的正义战争，代表了人民群众的利益，能够得到人民群众的积极拥护和参加，一定能取得最后胜利。

(三) 建立一支以农民为主体的人民军队

人民军队是实行人民战争的骨干力量。中国共产党人从中国社会和中国革命的特点出发，把创建新型人民军队作为中国革命的首要问题。1926年，毛泽东就提出了建立农民自己的武装的思想。经过"三湾改编"和古田会议，毛泽东从根本上解决了把一支以农民为主体的军队建设成一支新型人民军队的一系列理论、路线和原则问题。这支人民军队自创建开始就在中国共产党的绝对领导下，以全心全意为人民服务为宗旨，具有高度的政治觉悟，开展强有力的政治工作；这支军队与人民紧密地团结在一起，由小到大、由弱到强，在几十年的艰苦卓绝的斗争中，为全国人民夺取政权和巩固无产阶级专政作出了巨大贡献。

(四) 建立巩固的革命根据地

革命根据地是实行人民战争的依托，是进行人民战争的战略基地。建立巩固的革命根据地，军队就能有备战和训练的基地，休养生息的良好环境；建立有利的战场，能提供必要的人力、物力、财力以利长期坚持战争，同时也能广泛地组织人民群众开展多种形式的对敌斗争。有了革命根据地，才能形成人民战争，才能积蓄力量、发展力量并夺取革命的最后胜利。

在经济落后的中国，毛泽东根据半殖民地半封建中国的经济发展的不平衡性，创造性地提出了建立巩固的农村革命根据地，以农村包围城市，最后夺取城市的伟大理论，并付诸实践。当全国处于一片白色恐怖之中时，毛泽东就提出了要"上山"，要"当革命的山大王"。起义失败后，毛泽东毅然决然地率队上山，建立了井冈山革命根据地，并把在井冈山燃起的星星之火形成了燎原之势，波浪式地向全国推进，逐步夺取全国的胜利。

(五) 建立最广泛的统一战线

实行人民战争必须团结一切可以团结的阶级、阶层和社会集团，利用一切可以利用的矛盾，结成最广泛的统一战线，最大限度地孤立和打击最主要的敌人。

五、人民战争的战略战术思想

（一）"保存自己，消灭敌人"的战争目的

毛泽东指出："战争最直接的军事目的就是'保存自己，消灭敌人'。""保存自己，消灭敌人"是战争的基本原则。毛泽东指出："一切军事行动的指导原则，都根据一个基本的原则，就是尽可能地保存自己的力量，消灭敌人的力量。"一切技术的、战术的、战役的、战略的原理，都离不开"保存自己，消灭敌人"这个原则。它普及于战争的全体，贯彻于战争的始终。

（二）积极防御的战略指导思想

毛泽东对待防御的根本主张是"承认积极防御，反对消极防御"。

1. 充分准备

毛泽东指出："'凡事预则立，不预则废'，没有事先的计划和准备，就不能获得战争的胜利。"历史经验证明，战争准备的程度直接影响着战争的主动与被动、胜利与失败。

2. 后发制人

战略上的后发制人是指不首先挑起战争，战略上不打第一枪。而一旦敌人挑起了战争，就应依据具体情况，采取相应的军事行动，去努力争取战争的胜利。这是积极防御战略的基本指导原则。战略上坚持后发制人，从根本上说，是由革命战争的政治性质所决定的。

3. 攻防结合

要把战略上的防御与战役战斗上的进攻、战略上的内线作战与战役战斗上的外线作战有机地结合起来。要做到防中有攻，同时，要适时地将战略防御导向战略反攻和进攻。毛泽东指出，"全战略的决定关键，在于随之而来的反攻阶段之能不能取胜"；"所谓积极防御，主要的就是指这种带决战性的战略反攻"。

4. 持久胜敌

即在敌强我弱、举国迎敌的条件下，坚持持久战。通过持久战，不断消耗敌人的力量，转变敌我力量对比，扭转战争形势，最后战胜敌人。战略上的持久战与战役战斗上的速战速决是辩证统一的。实行战略上的持久战，必须坚持战役战斗上的速决战。

（三）歼灭战的作战方针

毛泽东明确指出："我军作战的基本的方针是歼灭战。击溃战对于雄厚之敌不是基本上决定胜负的东西；歼灭战，则对任何敌人都会立即起到重大的影响。"他还形象地比喻说："对于人，伤其十指不如断其一指；对于敌，击溃其十个师不如歼灭其一个师。"

歼灭战是实现战争目的的最有效手段。它能有效地达到"保存自己，消灭敌人"的战争目的；能极大地打击敌人的士气，鼓舞我军斗志；能大量利用敌之人力、物力资源，补

充、发展、壮大自己的力量。

实行歼灭战方针,并不排斥消耗战。毛泽东认为,歼灭战与消耗战是相辅相成、相互转化和辩证统一的。因此,注重歼灭战并不意味着消耗战全无意义而可以忽视甚至排斥它。

(四)运动战、阵地战、游击战的作战形式

运动战是正规兵团在长的战线和大的战区内进行战役和战斗的外线速决进攻战的作战形式。其特点是"正规兵团,战役和战斗的优势兵力,进攻性和流动性"。运动战是大量歼灭敌人和决定战争命运的主要作战形式。

阵地战是军队依托阵地进行防御或对据守阵地之敌实施进攻的作战形式。其特点是:作战线相对稳定,准备充分,各种保障比较严密,是消耗敌人和歼灭敌人的重要作战形式。

游击战是分散流动的作战形式。其特点是:具有更大的主动性、灵活性、进攻性、速决性和流动性,是从战略、战役和战斗上配合正规战不可缺少的作战形式。

运动战、阵地战、游击战尽管各有其不同的特点和作用,但在实现战争目的这一点上则是完全一致的。三者是相辅相成、互为作用的统一整体。毛泽东十分注重三种作战形式的巧妙结合,他指出:"我们从来就主张运动战、阵地战、游击战三者的配合。"

(五)"集中优势兵力,各个歼灭敌人"的作战法则

毛泽东一贯重视集中兵力,并指出"这是我们制胜敌人的根本法则之一"。在解放战争中,毛泽东代表中央军委专门发出"集中优势兵力,各个歼灭敌人"的作战指示。

在战场上,"集中优势兵力,各个歼灭敌人":一是要集中兵力于主要作战方向,反对军事平均主义;二是要拣弱的打,先弱后强,再及其余;三是要采取围攻部署。毛泽东认为,每战必须集中数倍于敌的兵力,形成四面包围态势,才能使敌人陷入完全孤立而无法逃脱的境地,以利于我军聚而歼之。

第一,根据国家安全利益的需要,以积极防御的战略方针为指导,从国际形势和我国的具体情况出发,确立国防建设的目标和方针。

第二,国防建设必须与国家经济建设相适应,必须服从和服务于国家经济建设大局,军队要积极参加、支援国家经济建设,使国防建设和经济建设协调发展。

第三,国防建设必须以现代化建设为中心,这是现代战争的必然要求,也是我军向高级阶段发展的必由之路。国防现代化的最主要标志是武器装备的现代化、高科技化。

第四,国防建设必须坚持独立自主、自力更生的方针。我们希望并争取外援,但我们不依赖外援。国防建设的现代化必须放在自己力量的基点上,自力更生地解决军队现代化建设所需的武器装备,建设具有中国特色的国防。

第五,搞好军队体制改革和精简整编,实行精干的常备军与强大的后备力量相结合。加强军队的法制建设,保持武装力量的高度统一和集中。

第六,努力做好工作,避免或推迟世界大战的爆发,保持和平的国际环境和稳定的国内政治局面。国防建设要走军民兼容、平战结合、寓兵于民的道路,加强全民战备教育,提高全民的国防观念。发展军事科学,发挥先进的军事理论在国防建设中的先导作用。

第七,坚持共产党对军队的绝对领导,不断加强和改进思想政治工作,保持无产阶级军队的性质。把教育训练摆到战略地位,努力提高部队的战斗力,建设一支具有中国特色的现代化、正规化、革命化军队。

第八,加强战略后方和战场建设;加强国防后备力量建设;坚持现代条件下的人民战争,立足现有装备战胜优势装备的入侵之敌。

第三节 邓小平新时期军队建设思想

邓小平新时期军队建设思想,是以邓小平为代表的中国共产党人关于和平与发展时代中国军事的科学理论体系,是毛泽东军事思想在新的历史条件下的继承和发展,是新时期军队和国防建设的理论基础和指南。

一、无产阶级战争观的新拓展

(一) 霸权主义是当代战争的根源

邓小平提出霸权主义是当代战争的根源。第一,提出了现代战争的引发机制虽然仍取决于社会制度或阶级属性,但更多的是直接取决于各国的对外政策。任何社会制度的国家只要推行霸权主义,都可以成为战争的策源地。第二,社会主义只是社会主义社会发展中的一个阶段,不是完善的阶段;它在某些国家中尚残留着大国沙文主义、民族利己主义等思想;它的民主与法制尚不健全,在一定程度上形成了上层集团的权势地位和特殊利益。这些因素容易造成某些社会主义国家在对外政策上推行霸权主义,走上为牟取本国的私利而控制别国,甚至发动侵略战争的道路。第三,霸权主义有超级大国霸权主义和地区性的霸权主义之分。但其本质是一致的,只是前者实力强,后者实力弱;前者在世界上称霸,后者在地区内称霸;前者往往指挥后者,后者听从前者。地区霸权主义也是引发现代战争的重要根源。第四,霸权主义的温床没有铲除,仍然可以产生新的霸权主义国家或国家集团,突出表现为国际事务中的"强权政治"。

(二) 世界战争是可以避免的

在世界大战问题上,邓小平研究了军事活动的历史和现状,得出了一个新的结论:如果工作做得好,世界大战是可以避免的。这是邓小平对世界军事运动的新趋势的基本判

断。近年来,国际军事运动的新趋势在于:一是世界大战不再以少数几个大国的意志为转移,而是取决于战争力量与和平力量新的对比,目前的特点是和平力量的发展超过了战争力量的发展;二是无论局部战争还是武装冲突,都越来越多地受到国际政治、经济、外交等多种因素的制约。

邓小平关于世界大战是可以避免的论断向我们指明:大战可以避免不是无条件的,而是有条件的,主要条件就是"如果我们搞得好",就是要"争取"。一句话,就是要使和平力量不断发展,阻止霸权主义全球战略部署的完成。大战可以避免,绝不是说小战也不会发生。因此,不能笼统地说现在是战争转化为和平,从而放松对一切战争的警惕性。

(三) 战争不是解决国家、民族、阶级间利益矛盾的唯一手段

邓小平针对新的现实指出:维护世界和平,应当放弃使用暴力解决国家间冲突和争端的方式,代之以政治解决。冲突双方应互相克制,求同存异,灵活地通过协商、对话等一系列政治方式,加以和平解决。邓小平认为,国家间的利益冲突、领土争端和历史遗留的许多问题,都应当本着双方受益、合情合理的原则化解"热点",同时还主张加强联合国调解和仲裁国际争端的功能。邓小平还成功地运用了"一国两制"的和平方式,解决了香港、澳门回归祖国的问题,为国际争端的和平解决做出了典范。

二、现代条件下的人民战争

(一) 坚持现代条件下的人民战争

邓小平在继承毛泽东人民战争思想的同时,又结合新的历史条件,强调要坚持"现代条件下的人民战争",丰富和发展了毛泽东人民战争的思想。以毛泽东为代表的老一辈无产阶级革命家、军事家所创立的人民战争思想,充分体现了马克思列宁主义唯物史观和群众路线,对无产阶级的军事斗争和军队建设具有长远、稳定和普遍的指导意义。对此,邓小平多次强调:我们的战略是毛主席制定的,毛主席的战略就是人民战争,现在我们还是坚持人民战争。

(二) 现代条件下的人民战争要有新发展

邓小平一方面强调在新的历史条件下坚持毛泽东人民战争思想,使之发扬光大;另一方面又坚定地认为,"真正的马克思列宁主义者必须根据现在的情况,认识、继承和发展马克思列宁主义。"所以,他十分注意观察和预测时代条件发生的种种变化,强调现代条件下的人民战争要有新发展。他反复指出,现在的人民战争与过去不同,装备不同,手段也不同,条件不同,人民战争的表现形式也不同,过去是正规军、游击队和民兵三结合,现在是野战军、地方军和民兵三结合,并发展为人民解放军、武装警察部队、预备役部队和民兵三结合。

（三）探索现代条件下的人民战争的新内涵

邓小平对现代条件下的人民战争的新内涵有如下探索：一是应将无产阶级夺取政权为主要目标的人民战争，发展为捍卫国家领土和主权完整的人民战争。二是要把以阶级和意识形态冲突为主导因素的人民战争，发展成为维护国家利益而进行的人民战争。三是要把准备举国迎敌的人民战争，发展为在局部方向、局部地区使用局部力量，进行以有限目的和规模为主的人民战争；四是要由以"小米加步枪"对付"飞机、坦克加大炮"式的人民战争，发展成为以现代化的武器装备对付现代技术特别是高技术装备之敌的人民战争。他同时指出，以上这些想法都是对毛泽东人民战争思想在新形势下的发展问题所进行的思考，这些思考表明，毛泽东人民战争思想还是一个开放的体系，是一个不断发展的体系。

三、新时期人民军队建设

（一）建设一支现代化、正规化的革命军队

1981年9月，邓小平明确提出："必须把我军建设成一支强大的现代化、正规化的革命军队的伟大目标。"现代化、正规化、革命化是互相联系、互相促进，缺一不可的。革命化体现人民军队的本质、军队的政治素质和传统作风；正规化体现军队组织、管理和军制水平；现代化体现军队的武器装备、指挥、作战和协同等方面适应现代高技术战争的能力。"三化"不是并列的，而是以现代化为中心。以现代化为中心，就是要建设一支现代化的合成军队。这支合成军队不仅需要按照正规的编制体制将各类人员和武器装备加以科学组合和配备，还需要在正规的教育训练中提高协调行动的能力，建立有序、高效的组织指挥系统。

（二）要有合理的编制体制

邓小平不仅反复强调编制体制改革的必要性、重要性，而且从提高战斗力的目的出发，提出了以下军队编制体制改革的基本原则：一是"精兵"原则，即减少军队数量，提高质量。二是提高效能的原则，即合并机构，精简机关。三是合成原则，即调整军队编组，组建陆军集团军。四是平战结合的原则，即区别情况，组建不同类型的常备军。五是有利于人才成长的原则，即建立干部退休制度，提拔新生力量。

（三）把教育训练提高到战略地位

邓小平说："战略要研究的问题，不仅是作战问题，还包括训练。要把训练放在战略问题的一个重要位置上。"通过教育训练可以提高干部、考验干部，继承和培养我军的优良传统和作风，提高军队的作战本领，强化部队的战备意识，发现部队工作的薄弱环节并对其加强强化，考核军队的编制体制等。邓小平把教育训练视为军队在和平时期的基本军事实践活动，视为军队所有活动中最基本、最基础的活动，是起根本的、决定作用的具有战略意义的活动。

(四) 加强和改进新时期政治工作

新时期，邓小平关于加强和改进我军政治工作的理论，主要表现在以下几个方面：

第一，为适应军队建设的新形势和新情况，必须保证人民军队的性质，忠于党、忠于国家、忠于人民，保证我军政治上永远合格，这是军队政治工作的根本任务。

第二，坚持用马克思列宁主义、毛泽东思想和新时期"一个中心和两个基本点"教育统一全军的思想，把忠实维护国家建设和改革开放，反对资产阶级自由化和"和平演变"作为政治工作的重点。

第三，把培养有理想、有道德、有文化、有纪律的"四有"军人列为政治工作的目标。

第四，坚持党对军队的绝对领导，发挥军队党组织的战斗堡垒作用和党员的先锋模范作用，坚决贯彻全心全意为人民服务的宗旨，这是政治工作的核心内容。

第五，树立永远是战斗队的观念，加强精神文明建设，把发扬"五种革命精神"作为政治工作的着眼点。

第六，把在实践中继承和创新，充分发挥政治工作的优势，作为政治工作的动力。要使我军政治合格，还必须在军队中坚决贯彻全心全意为人民服务的宗旨。

四、中国特色的国防建设

(一) 国防建设必须服从国家经济建设大局

邓小平以他战略家的眼光和胆略，通过对战争与和平的分析指出，战争的危险仍然存在，但和平力量的发展超过了战争力量的发展，世界大战至少在20世纪末打不起来，我们有可能争取到一个较长时期的和平环境。我们要充分利用大仗一时打不起来的这段和平时期，放心大胆地、一心一意地搞现代化建设。为此，邓小平多次号召全军要服从国家经济建设这个大局。他要求全军和从事国防事业的各个部门要正确认识和处理国家经济建设与国防建设的关系，指出国防建设的规模、质量和速度总要受国家经济实力的制约。在现代条件下，国家的防御能力和军队的发展比以往任何时候都更加依赖和取决于经济、科学技术和现代工业。振兴国防首先要振兴国家经济。国家建设搞好了，经济实力增强了，军队和国防现代化才有坚实的基础。

(二) 军民兼容、平战结合发展国防工业

邓小平说："国防工业设备好，技术力量雄厚，要充分利用起来，加入到整个国家建设中去，大力发展民用生产。"1979年，中央军委、国务院制定了"军民结合、平战结合、以军为主、以民养军"的发展国防科技和国防工业的方针。1982年，邓小平将其中的"以军为主"改为"军品优先"，从而使这一方针更加具体化。在这一方针的指引下，国防科技和国防工业改革产品结构,发挥军事工业设备和技术上的优势,积极为民用工业的技术改造作贡献,挖掘军事工业的生产潜力,生产民用工业品,为城乡人民服务,成为促进经济建设和科学技术发展的一支重要力量。

(三) 引进技术与自力更生相结合来发展国防科技

邓小平强调:"过去也好,今天也好,将来也好,中国都必须发展自己的高科技,在世界高科技领域里占有一席之地。"他主张"在国民经济不断发展的基础上,改善武器装备,加速国防现代化",并提出了一系列新时期发展国防科学技术的方针、原则。邓小平说:"关起门来搞建设是不能成功的,中国的发展离不开世界。当然,像中国这样大的国家搞建设,不靠自己不行,主要靠自己。但是,在坚持自力更生的基础上,还需要对外开放,吸收外国的资金和技术来帮助我们发展。"独立自主、自力更生,是从中国的实际出发,依靠群众进行革命和建设的必然结论。

第四节　江泽民论军队和国防建设思想

江泽民在领导国防和军队建设的伟大实践中,着眼时代特点、社会历史条件和我国安全环境的发展变化,创造性地坚持和运用毛泽东军事思想、邓小平新时期军队建设思想,研究新情况,解决新问题,总结新经验,探索新规律,对加强我国国防和军队建设提出了一系列新思想、新观点、新论断。

一、确立新时期的军事战略方针

(一) 新时期军事战略方针依然是积极防御

在新的历史条件下,江泽民对积极防御的战略思想又有了新的发展。江泽民强调,现代局部战争受政治、经济、外交因素的制约大,军事行动只是整个政治、外交斗争的一个组成部分,军事战略指导一定要有政治头脑、政策观念和大局意识。军事上打与不打,打到什么程度,要达成什么目标,都要按照"有理、有利、有节"的原则进行,牢牢掌握斗争的主动权。同时,军事斗争要积极配合政治、外交和经济斗争,以维护世界和平和地区稳定,努力改善国家的安全环境。

(二) 贯彻新时期战略方针要实行"两个根本性转变"

1995年12月,中央军委提出贯彻新时期战略方针、实行"两个根本性转变"的思想。即在军队建设上,逐步实现我军由数量规模型向质量效能型、由人力密集型向科技密集型转变;在军事斗争准备上,要从打赢一般条件下的局部战争转到打赢现代技术特别是高技术条件下的局部战争上来。两个转变的实质,就是把提高战斗力的重点转到依靠科技

进步的轨道上来。现代战争特别是高技术局部战争的一个显著特点，就是知识和技术高度密集，要求军人必须具备现代科学技术知识，军队必须是高质量和科技密集型的。

（三）新战略方针对我军建设的根本要求是"打得赢""不变质"

1998年3月18日，江泽民再次指出，贯彻新时期战略方针，当前和今后一个时期，我军主要是抓好两大课题的研究：一是研究现代技术特别是高技术条件下仗怎么打的问题；二是研究在对外开放和发展社会主义市场经济条件下兵怎么带的问题。江泽民提出的这两大课题，实际上就是"打得赢，不变质"的问题。"打得赢"和"不变质"的关系，就是现代化与革命化的关系。现代化是中心，革命化是前提和保证，二者统一于贯彻新时期战略方针、加强军队建设的全部实践之中。

二、走中国特色的精兵之路

（一）始终不渝地坚持党对军队的绝对领导

人民军队如何在市场经济条件下确保人民军队的本色，是新的历史条件下军队建设亟待解决的重大问题。江泽民担任中央军委主席后，结合新的历史条件，明确提出要从"军魂"的高度坚持党对军队绝对领导的思想；按照"三个代表"要求加强军队党的建设；把思想政治建设摆在全军各项建设的首位。

（二）按照"五句话"总要求全面加强部队建设

1990年12月，江泽民在全军工作会议上，提出了"五句话"的总要求，这就是"政治合格、军事过硬、作风优良、纪律严明、保障有力"。"五句话"既规定了军队建设的方向，又明确了军队质量建设的标准。"五句话"既是推动我军质量建设，全面提高战斗力的总要求，又是实现军队建设总目标的基本依据。

（三）贯彻科技强军战略，加强军队质量建设

江泽民国防和军队建设思想中有一个非常重要的思想，就是科技强军的思想，也就是科学技术是非常重要的战斗力，要向科学技术要战斗力，要依靠科技进步，才能真正实现军队和国防建设现代化。它深刻揭示了世纪之交军队的国防建设的根本，揭示了国防建设和军队建设的根本规律就在于依靠科技进步，这可以说是我军实现建设跨世纪军队，实现国防建设现代化建设的根本之路。

（四）完成双重历史任务，实现跨越式发展

1997年底，江泽民在提出国防和军队建设发展战略时，首次提出"我军建设跨越式发展"问题。江泽民指出，面对世界新军事革命的挑战，我军建设必须实行跨越式发展。在这个重要的战略思想中，江泽民提出了我军机械化和信息化建设的双重历史任务，为新形势下我国国防和军队建设赶超世界先进水平指明发展方向。

三、建设强大的现代化国防

(一) 要加快国防科技和武器装备现代化建设

江泽民明确提出了要加快国防科技和武器装备现代化的思想。这个思想分以下几个层次：一是必须把国防科技发展和军队装备建设放在突出地位，争取尽快使我军主战装备上一个台阶；二是提高武器装备的科技水平，要有制敌的"撒手锏"；三是改进武器装备，提高武器装备的配套能力，就是尽快使我国的国防和武器装备实现现代化。

(二) 要建立科学的编制体制

军队的编制体制是军队建设的重要内容，是影响战斗力的重要因素。江泽民指出，在现代战争中，兵不在多而在精，加强军队建设不能只在数量上打主意，也不能单纯靠部队的数量来解决问题，要靠压缩规模、优化结构、理顺关系，把编制体制搞得更科学，把部队搞得更精干，进一步提高战斗力，也就是向精兵、合成、高效方面发展。

(三) 实现国防和军队现代化建设"三步走"的发展战略

江泽民和中央军委提出了国防和军队现代化建设要分"三步走"的发展战略：

第一步，到2010年，努力实现新时期战略方针提出的各项要求，为国防和现代化建设打下坚实的基础；

第二步，到2020年使国防和军队现代化建设有一个较大的发展；

第三步，再经过30年的努力，到21世纪中叶，实现国防和军队现代化。

这个"三步走"的发展战略，指明了我军现代化建设的发展阶段和要达到的目标。

四、以新的战略思维维护国家安全

(一) 维护国家安全要有国际战略

江泽民作为党的第三代领导核心，以新的战略思维，在实践中进一步发展了邓小平的国际战略思想：一是在国际政治舞台上要充分发挥和维护联合国的地位与作用；二是要同世界大国发展和保持良好的关系；三是要通过强边固防，营造安全稳定的周边环境；四是要确立和建设有效的亚太安全合作机制。

(二) 维护国家安全要文攻武备

江泽民"文攻武备"的战略思想主要体现在坚持实现国家统一的基本方针上，指出对台湾问题我们的基本方针也是"和平统一""一国两制"，但决不承诺放弃使用武力。"和平统一""一国两制"，基本方针是"文"，决不承诺放弃使用武力是"武"。只有文攻武备、文武双全，才能使推进国家统一、维护国家安全具有根本保障。

第五节 胡锦涛国防和军队建设思想

胡锦涛国防和军队建设思想,是以胡锦涛同志为核心的党中央在新形势下对毛泽东军事思想、邓小平新时期军队建设思想和江泽民论军联和国防建设思想的新发展,是科学发展观在军事领域的生动体现,是在新的起点上全面开创国防和军队建设新局面的科学指南。

一、用科学发展观统领国防和军队建设

(一)把科学发展观作为加强国防和军队建设的重要方针

党的十六大以来,党中央提出以人为本、全面协调可持续发展的科学发展观,丰富了马克思主义理论。在科学发展观的指导下,中国经济社会进入了一个健康发展的新阶段。国防和军队建设是社会主义现代化建设的重要组成部分。胡锦涛指出,实现国防建设和经济建设协调发展,就是要使国防和军队发展战略与国家发展战略相适应。要做到这一点,我们就必须依据科学发展观的要求,站在国家战略的高度,考虑和设计国防和军队发展战略,把国防和军队现代化建设融入国家现代化建设的战略全局之中,使国防和军队现代化进程与国家现代化进程相一致。胡锦涛还指出,我们要坚持以科学发展观为指导,全面、系统、深入地研究军队建设的阶段性特点,把军队建设的基础和现状搞清楚,把影响和制约军队建设的重点难点问题搞清楚,把军队建设的发展方向和主要任务搞清楚,不断深化对军队建设规律的认识,正确解决军队建设发展中的深层次矛盾和问题,把军队建设切实转入科学发展轨道,使我军建设发展始终充满生机和活力。

(二)坚持全面、协调、可持续发展

军队建设要坚持全面、协调、可持续发展,以提高部队战斗力为根本出发点和落脚点,全面加强革命化、现代化、正规化建设,使军事、政治、后勤、装备建设相互配合、相互促进、共同进步;必须下功夫解决军队内部存在的某些结构失调、关系不顺的问题,进一步优化结构,理顺关系,加强体系建设,提高整体效能;必须大力加强科学管理,切实转变传统的管理模式,不断提高国防和军队现代化建设的质量和效益,走出一条投入较少、效益较高的国防和军队现代化建设路子。

(三)坚持以人为本

对军队来说,坚持以人为本,就是要始终坚持人民军队的宗旨,全心全意为人民服务,坚决维护人民群众的根本利益。在军队建设中,必须充分尊重官兵的主体地位和创造精神,心系基层、情系官兵,切实维护官兵权益,不断改善官兵的物质和文化生活条件。

军队建设贯彻以人为本,要符合军队作为武装集团的特殊性,适应遂行作战任务的要求。要把爱护官兵生命与培育战斗精神统一起来,继承和发扬我军大无畏的英雄气概和英勇顽强的战斗作风,大力提倡为了人民的利益勇于牺牲奉献,做到一不怕苦、二不怕死。要把关心官兵个人发展与从严治军统一起来,严格制度、严格纪律、严格训练、严格管理,做到令行禁止。要把尊重官兵权益与确保一切行动听指挥统一起来,教育广大官兵正确认识军人的义务和权益,自觉为祖国、人民和军队多做贡献。

二、有效履行新世纪新阶段人民军队的历史使命

2004年12月24日,胡锦涛同志在军委扩大会议上向全军提出了新世纪新阶段我军历史使命。这一历史使命可以概括为"三个提供、一个发挥",即为党巩固执政地位提供重要的力量保证;为维护国家发展的重要战略机遇期提供坚强的安全保障;为国家利益提供有力的战略支撑;为维护世界和平和促进共同发展发挥重要作用。后来,胡锦涛又反复强调,人民解放军的全部工作,都要围绕有效履行这一历史使命来展开,各项建设都要围绕提高履行历史使命的能力来进行。

(一) 为党巩固执政地位提供重要的力量保证

进入21世纪新阶段,我党作为执政党,既面临难得的发展机遇,也面临严峻的挑战。国际国内敌对势力相互勾结、相互呼应,他们的最终目的,就是颠覆我们党的执政地位,颠覆人民民主专政的国家政权,推翻中国的社会主义制度。因此,必须把坚持党对军队的绝对领导的根本原则和制度,加强军队的革命化、现代化、正规化建设作为党执政的一项重要战略任务抓紧抓好,确保我军能够经受住各种斗争任务和各种复杂环境的考验,始终成为党巩固执政地位的中坚力量。

(二) 为维护国家发展的重要战略机遇期提供坚强的安全保障

战略机遇期是指国际国内各种综合因素对一个国家的历史命运全局性、长远性、决定性影响的某一历史阶段,是为一个国家经济社会提供发展机会和环境条件的特定历史时期。抓住机遇促进发展,对全面建设小康社会、加快推进社会主义现代化至关重要。维护和利用好战略机遇期,就要维护国家安全、捍卫国家主权和领土完整,为国家发展创造和平的国际环境。军队要把国家主权和安全放在第一位,履行好国家主权的神圣职责,为创造一个有利于全面建设小康社会、加快推进社会主义现代化的长期安全环境做出应有的贡献。

(三) 为国家利益的拓展提供有力的战略支撑

国家利益,是一个国家生存与发展需求的总和,是国家与国家之间交往的最高原则和核心价值,包括国家领土、国家安全、国家主权、国家发展、国家稳定和国家尊严等丰富内容。随着信息化和经济全球化时代的到来,我们的国家利益逐渐超出传统的领土、领海

和领空范围,不断向海洋、太空、电磁空间扩展和延伸。这一发展和变化,使国家利益的内涵和构成增添了许多新的内容。国家利益是军队使命所系、职责所在。随着时代的进步和国家利益的发展,我军的历史使命也必然随之延伸。这就要求我们必须拓宽国家安全战略和军队战略的视野,不仅要关注和维护国家生存利益,还要关注和维护国家发展利益;不仅要关注和维护领土安全、领海安全、领空安全,还要关注和维护海洋安全、太空安全、电磁空间安全,为维护国家利益提供有力的战略支撑。

(四)为维护世界和平与促进共同发展发挥重要作用

今天,中国经济和世界经济总体上形成了一种"你中有我、我中有你"的局面。中国的发展离不开世界,世界的发展也离不开中国。中国的发展强大是不可阻挡的,但我们必须正确把握世界发展趋势,根据我们社会主义国家的性质,坚持走和平发展道路,高举和平、发展、合作的旗帜,坚持依靠自身力量独立自主地建设中国特色社会主义。同时,积极通过合作共赢的方式充分利用国外资源和市场,争取和平环境来发展自己,又以自身发展来维护世界和平。但也要看到,中国要实现和平发展,要维护国家安全和利益,要维护世界和平与促进共同发展,必须要有强大的军事实力做后盾,以便更好地履行维护国家安全、捍卫国家主权和领土完整的职责,发挥维护世界和平的积极作用。

三、将国防和军队建设纳入国家经济社会发展总体规划

(一)国防建设与经济建设一定要协调发展

胡锦涛指出,要在经济发展的基础上,努力建设一支同中国地位相称、同中国安全和发展利益相适应的军事力量,有效维护国家安全统一,确保全面建设小康社会的顺利推进。这是落实科学发展观的必然要求,也是在新世纪新阶段抓住战略机遇期,全面推进社会主义经济建设、政治建设、文化建设和社会主义和谐社会建设,实现全面建设小康社会宏伟目标的需要。

要正确贯彻执行国防建设与经济建设协调发展的方针,就必须正确认识和把握国防和军队建设服从服务于经济建设这个大局的辩证关系。从国家角度讲,要在经济发展的基础上,逐步增加国防投入,保障和促进国防和军队现代化建设的顺利进行。从军队角度讲,要坚决服从服务于国家经济社会发展的大局,为经济建设保驾护航。

胡锦涛指出,经过改革开放的发展,中国的经济实力上了一个大台阶,国防和军队现代化建设的物质技术基础明显加强。新世纪新阶段中国经济社会的不断发展,必将为国防和军队现代化建设创造更加有利的条件。

(二)军民结合、寓军于民

新中国成立以来,我们党在领导国防和军队建设中始终坚持人民战争的战略思想,致

力于探索军民结合、寓军于民发展国防和军队建设的路子,认识不断深化,实践不断拓展。当代科技革命、产业革命和新军事变革的发展,使国防经济与社会经济、军用技术与民用技术的结合越来越广、融合度越来越深。信息化战争呈现军民一体、前后方一体的趋势,信息化军队建设和作战,对经济、科技和社会的依赖性空前增强。新世纪新阶段,中国高新技术产业和社会信息化的迅速发展,对中国特色军事变革的影响和支撑也不断深入,因此,对军民结合、寓军于民的发展国防和军队建设提出了新要求,也提供了更加有利的条件,利用国家经济社会资源加快国防和军队的建设与发展的前景也更加广阔。胡锦涛指出,我们要认真总结自己的成功经验,借鉴国外有益经验,积极探索新形势下军民结合、寓军于民的新途径新方法,全面推进经济、科技、教育、人才等各个领域的军民融合。

军民结合、寓军于民,需要党和国家从经济社会发展全局通盘考虑,制定相应的法规政策和军民通用技术标准,要强化军民结合、寓军于民意识,建立军民结合、寓军于民的经济社会体系。胡锦涛指出,能利用民用资源的就不自己铺摊子,能纳入国家经济科技发展体系的就不另起炉灶,能依托社会保障资源办的事都要实行社会保障。要尽可能把国防科学技术研究纳入国家科学技术中长期发展规划,广泛吸纳成熟的民用技术,提高武器装备的创新发展能力。胡锦涛特别强调,要加大国民教育培养军事人才和从社会引进专业技术人才工作力度,更好地满足军队建设日益增长的高素质人才需求。国防动员是实现军民结合、寓军于民的重要组织形式和桥梁,要通过国防动员推进军队后勤保障和其他社会保障的社会化,大力加强民兵和预备役部队建设,突出抓好高新技术武器装备动员和综合保障动员建设,巩固军政军民团结,切实增强打赢信息化条件下的人民战争的整体实力。

第六节　习近平国防和军队建设重要论述

党的十八大以来,习主席着眼坚持和发展中国特色社会主义、实现中华民族伟大复兴,立足国家安全和发展战略全局,围绕强军兴军作出一系列重要论述,提出一系列重大战略思想、重大理论观点、重大决策部署,深刻阐明了国防和军队建设带根本性方向性全局性的重大问题,形成一个科学理论体系。

一、关于国防和军队建设的历史方位

习近平同志拓展丰富了我们党关于时代主题、我国发展重要战略机遇期的战略判断,指出当今世界国际战略格局、全球治理体系、全球地缘政治棋局、综合国力竞争发生重大变化;我国安全形势正在发生新的深刻变化,面临许多重大安全挑战,特别是海上安全威

胁日益突出；军事技术和战争形态出现革命性变化，围绕谋取军事优势地位、争夺军事战略主动权的国际竞争进一步加剧，等等。这深刻阐明了我国由大向强发展关键阶段的时与势、安与危，为新形势下加快推进国防和军队现代化提供了基本依据。

二、关于党在新形势下的强军目标

习近平同志创造性提出，建设一支听党指挥、能打胜仗、作风优良的人民军队这一党在新形势下的强军目标，强调听党指挥是灵魂，决定军队建设的政治方向；能打胜仗是核心，反映军队的根本职能和军队建设的根本指向；作风优良是保证，关系军队的性质、宗旨、本色。要发挥党委在实现强军目标中的核心领导作用，形成聚焦强军的工作导向、评价导向、激励导向，切实把强军目标要求贯彻到部队建设各领域全过程。坚持扭住党的组织抓基层，坚持扭住战备训练抓基层，坚持扭住官兵主体抓基层，坚持扭住厉行法治抓基层，推动强军目标在基层落地生根。教育引导官兵牢记强军目标，坚定强军信念，献身强军实践，形成同心实现强军梦的生动局面。强军目标是习近平同志国防和军队建设重要论述的核心思想，明确了加强军队建设的聚焦点和着力点，为在新的起点上推进国防和军队建设提供了根本引领。

三、关于贯彻新形势下军事战略方针

习近平同志着眼实现党和国家战略目标新要求，与时俱进创新军事战略指导。指出要有效履行新的历史时期军队使命任务，为全面建成小康社会、实现中华民族伟大复兴提供坚强保障；毫不动摇坚持积极防御战略思想，同时不断丰富和发展这一思想的内涵；将军事斗争准备基点放在打赢信息化局部战争上，突出海上军事斗争；加强现代战争作战指导，创新基本作战思想，实施信息主导、精打要害、联合制胜的体系作战，发挥人民战争的整体威力；优化军事战略布局，构建全局统筹、分区负责、相互策应、互为一体的战略部署和军事布势，等等。进一步丰富发展了积极防御战略方针的时代内涵，确立起新形势下统揽军事力量建设和运用的总纲。

四、关于正确把握军队建设发展战略指导

搞好国防和军队建设，首先要做好顶层设计。习近平同志着眼实现强军目标、建设世界一流军队而鲜明提出，在军队建设发展战略指导上要更加注重聚焦实战，强化作战需求牵引，确保部队建设发展经得起实战检验；更加注重创新驱动，把创新摆在军队建设发展全局的核心位置，下大气力抓理论创新、抓科技创新、抓科学管理、抓人才集聚、抓实践创新；更加注重体系建设，牢固确立信息主导、体系建设的思想，全面提高基于网络信息

体系的联合作战能力；更加注重集约高效，健全以精准为导向的管理体系，提高国防和军队发展精准度；更加注重军民融合，做到应融则融、能融尽融，加快把军队建设融入经济社会发展体系，等等。这是新发展理念在军事领域的运用和展开，把握了现代军队建设的普遍规律和我军转型跨越的特殊要求，为实现更高质量、更高效益、更可持续的发展立起了工作指针。

五、关于贯彻新的历史条件下政治建军方略

习近平同志亲自领导召开古田全军政治工作会议，阐明了新的历史条件下党从思想上政治上建设军队的重大问题。提出政治工作的时代主题，就是紧紧围绕实现中华民族伟大复兴的中国梦，为实现党在新形势下的强军目标提供坚强政治保证。强调要扭住坚持党对军队绝对领导这个根本不放松，坚决维护和贯彻军委主席负责制，强化政治意识、大局意识、核心意识、看齐意识，确保部队绝对忠诚、绝对纯洁、绝对可靠；抓整顿下大气力解决问题积弊，彻底肃清郭伯雄、徐才厚案件的影响，为推动全军重整行装再出发提供有利政治条件；把理想信念、党性原则、战斗力标准、政治工作威信四个带根本性东西立起来，培养有灵魂有本事有血性有品德的新一代革命军人，着力推动政治工作创新发展，等等。这确立了党在强国强军进程中政治建军的大方略，为发挥政治工作对强军兴军的生命线作用，确保我军始终在党的绝对领导下行动和战斗指明了方向和路径。

六、关于坚定自觉地抓备战谋打赢

习近平同志指出，必须坚持全部心思向打仗聚焦、各项工作向打仗用劲，牢固树立战斗力这个唯一的根本的标准，扎实做好各方向各领域军事斗争准备，大力提高军事训练实战化水平，确保部队招之即来、来之能战、战之必胜。着力提高联合作战指挥能力，努力建设绝对忠诚、善谋打仗、指挥高效、敢打必胜的联合作战指挥机构，构建平战一体、常态运行、专司主营、精干高效的战略战役指挥体系。全面建设现代后勤，加快构建适应信息化战争和履行使命要求的武器装备体系，提高国防科技创新对战斗力增长的贡献率，加强以联合作战指挥人才为重点的高素质新型军事人才队伍建设。这深刻揭示了我军的根本职能，明确了提高信息化条件下威慑和实战能力的着力重点和主要任务。

七、关于全面实施改革强军战略

习近平同志指出，深化国防和军队改革，是实现中国梦、强军梦的时代要求，是强军兴军的必由之路，也是决定军队未来的关键一招；要坚持用强军目标审视、引领、推进改革，通过改革把强军兴军的重大战略谋划和战略设计落实好；全面把握深化国防和军队改

革"六个着眼于"的战略举措,形成军委管总、战区主战、军种主建的格局,努力构建能够打赢信息化战争、有效履行使命任务的中国特色现代军事力量体系,完善中国特色社会主义军事制度;深入理解改革、坚决拥护改革、积极投身改革,坚决打赢这场攻坚战,等等。这明确了深化国防和军队改革的重大意义、指导原则、目标任务、实践要求,为我们推进改革提供了强大思想武器和行动指南。

八、关于深入推进依法治军

习近平同志指出,依法治军从严治军是强军之基,是全面推进依法治国总体布局的重要组成部分,是实现强军目标的必然要求;深入推进依法治军从严治军,必须贯彻"五个坚持"原则,构建完善的中国特色军事法治体系;强化全军法治信仰和法治思维,使全军官兵信仰法治、坚守法治;按照法治要求转变治军方式,努力实现"三个根本性转变";抓好军事法治建设重点任务落实,构建系统完备、严密高效的军事法规制度体系、军事法治实施体系、军事法治监督体系、军事法治保障体系,等等。这是对我们党依法治军理念与实践的丰富发展,明确了提高国防和军队建设法治化水平的实施路径,实现了我军治军方式的与时俱进。

九、关于全面加强军队党的建设

习近平同志指出,全面从严治党,核心是加强党的领导,基础在全面,关键在严,要害在治;军队守纪律首要的是遵守政治纪律、守规矩首要的是遵守政治规矩,并且标准要更高、要求要更严;增强党内生活的政治性时代性原则性战斗性,坚决反对党内生活好人主义和庸俗化倾向;坚持正确选人用人导向,把好干部选出来、任用好,建设能够担当强军重任的高素质干部队伍;践行"三严三实"常态化长效化,绝不让腐败分子在军队有藏身之地,营造政治上的绿水青山,等等。这明确了军队建设发展的核心问题,是实现强军目标的坚强思想和组织保证。

十、关于实施军民融合发展战略

习近平同志把军民融合发展上升为国家战略,规划了推动军民融合深度发展的路线图展开图。强调要加快形成全要素、多领域、高效益的军民融合深度发展格局,丰富融合形式,拓展融合范围,提升融合层次;强化大局意识、强化改革创新、强化战略规划、强化法治保障,努力形成统一领导、军地协调、顺畅高效的组织管理体系,国家主导、需求牵引、市场运作相统一的工作运行体系,系统完备、衔接配套、有效激励的政策制度体系,等等。这是对富国和强军的整体布局,为推进经济建设和国防建设协调发展、平衡发展、兼容发展开拓了广阔前景。

十一、关于军事辩证法

军事辩证法是党的军事指导理论的精髓。习主席着眼新的实践，就战争与和平、军事与政治、发展与安全、机遇与挑战、威慑与实战等做出一系列新阐述，丰富发展了马克思主义军事辩证法思想。强调能战方能止战，准备打才可能不必打，越不能打越可能挨打；坚持用全面的观点抓建设，注重体系建设，统一筹划和全面推进革命化、现代化、正规化建设；强化战略思维、辩证思维、创新思维、底线思维；实干兴邦、实干兴军，做出经得起实践、人民、历史检验的实绩，等等。这深刻揭示了新的时代条件下国防和军队建设规律、军事斗争准备规律、战争指导规律，为推进强军事业提供了科学的世界观和方法论指引。

孙子兵法

孙武，字长卿，人们尊称其为孙子或孙武子。春秋末期齐国乐安人，今山东惠民县人，约生于公元前533年。孙武因齐国内乱出奔到吴国，经吴国重臣伍子胥推荐以兵法十三篇呈见吴王阖闾。孙武善于用兵，被吴王重用为将，大败楚军，著有《孙子兵法》。《孙子兵法》史记为八十二卷，图九卷，现存仅有十三篇，共6076字。其他的如八阵图、战斗六甲兵法等已经失传。十三篇可分为四个部分：第一部分是《始计篇》《作战篇》《谋攻篇》；第二部分是《军形篇》《兵势篇》《虚实篇》《军争篇》《九变篇》；第三部分是《行军篇》《地形篇》《九地篇》；第四部分是《火攻篇》《用间篇》。

三十六计

"三十六计，走为上"，这是中国古代兵家的一句名言，也是在民间广为流传的一句俗语。实际上，三十六计是一部兵书，它被称为"秘本兵法"，其作者、成书的年代均无从考证，历代兵志也没有著录。到明末清初的时候，《三十六计》开始广为流传。《三十六计》全书按计名排列可分为六套计，每套六计，每计基本上都是以成语典故定名，易懂易记，便于传诵。即胜战计、敌战计、攻战计、混战计、并战计和败战计。前两套是处于优势运用之计，后两套是处于劣势运用之计。每套计又各分为六计，胜战计包括：瞒天过海、围魏救赵、借刀杀人、以逸待劳、趁火打劫、声东击西；敌战计包括：无中生有、暗度陈仓、隔岸观火、笑里藏刀、李代桃僵、顺手牵羊；攻战计包括：打草惊蛇、借尸还魂、调虎离山、欲擒故纵、抛砖引玉、擒贼擒王；混战计包括：釜底抽薪、浑水摸鱼、金蝉脱壳、关门捉贼、远交近攻、假途伐虢；并战计包括：偷梁换柱、指桑骂槐、假痴不癫、上屋抽梯、树上开花、反客为主；败战计包括：美

人计、反间计、空城计、苦肉计、连环计、走为上。"走为上"是三十六计的最后一计，也是最有名的一计。

钓鱼山之战

钓鱼山，位于重庆合川境内，是一座悬崖突兀、山势险峻的高山，因山边一石称钓鱼石而得名。1243 年，南宋为抵御蒙古军进攻，在此山筑城设防。

成吉思汗统一蒙古族以后，开始了大规模的对外扩张战争。他和他的子孙们向西攻占了中亚细亚和俄罗斯平原的广阔地区，一直打到多瑙河流域，逼近非洲。当时，他们想要占领欧亚非，征服全世界，但最终没有实现。南宋在四川省合川县钓鱼山的顽强抵抗及其大汗蒙哥被打死是他们计划失败的重要原因。

1253 年，蒙古军大肆进犯和围攻钓鱼山，结果，被南宋守将王坚击退。事后，王坚调集合川周围 17 万军民进一步加固钓鱼山城。

1258 年，蒙古大汗蒙哥亲率大军进攻钓鱼山城，但久攻不下。

1259 年 7 月，蒙古军主帅王德臣在进攻钓鱼山城时被城中发出的飞石击中，重伤而死。蒙哥得知，大为震怒，亲自督战，再攻山城。结果，他也在城下被飞石击中，死于军中。

蒙哥 1251 年即大汗位，他的死导致蒙古统治集团的混乱。当时，他的几个弟弟都带兵在外作战，为争夺汗位，他们都停止了进攻，已经占领了大马士革正准备进攻埃及的弟弟旭烈兀和正在湖北鄂州、湖南潭州进攻南宋的弟弟忽必烈及塔察尔都急急忙忙收兵回师。正在攻打莫斯科的蒙古军队也停止了前进。一时间，欧亚非的局势发生了急剧变化。如果不是南宋合川钓鱼山军民英勇抗击并打死了蒙哥大汗，蒙古军完全有可能一鼓作气打下莫斯科，攻克埃及，占领欧亚非。那样，蒙古军的战史就要重写，世界历史也要重写。

马拉松之战

公元前 492 年，爆发了世界历史上第一次欧亚两大国间的战争——希波战争。这场战争前后持续了将近半个世纪，结果是希腊城邦国家和制度得以幸存下来，而波斯帝国却从此一蹶不振。

古希腊是由几百个城邦组成，这些城邦都使用希腊语言，信奉同样的宗教，习俗相同，共同形成"希腊"。波斯则是古代西亚一个奴隶制国家，到大流士统治时期（公元前 522~前 486 年），波斯已成为世界古代史上第一个横跨欧、亚、非三洲的大帝国。

公元前 494 年，大流士攻占了位于小亚细亚半岛西部的希腊城邦——米利都，把整个城市烧成了一片焦土。两年后，大流士出兵向希腊本土发动了进攻，孰料天不作美，波斯海军在阿索斯海角遇到了大风暴，300 多艘战船撞毁，两万余人葬身鱼腹；陆军也遭到色雷斯人的袭击，不得不退回小亚细亚。

第一次远征不战而败，大流士并不甘心。公元前490年，他决定御驾亲征，率10万大军，横渡爱琴海，在距雅典城东北约40千米的马拉松平原登陆。

这是一场力量绝对悬殊的战斗。面对波斯的10万大军，雅典只有1万多名士兵。在这生死关头，雅典人同仇敌忾，积极准备迎战。元老院任命米太亚将军为总司令，率领1万名重装步兵赶往马拉松抵抗波斯大军。马拉松平原一面濒海，三面有山，地形狭长。雅典军队首先抢占了高处的战略要地，并封锁了波斯人通往雅典的道路。面对波斯人采取的精锐部队位于中央、较弱部队位于两翼的战斗阵形，米太亚采取了两翼布置重兵，中间用方阵重甲步兵抵挡波斯骑兵的进攻，然后两翼包抄的战术。

9月21日，黎明时分，米太亚下达了攻击命令。勇敢的雅典士兵列四排横队，在盾牌的掩护下向波斯军队发起了冲锋。在波斯人的反冲锋面前，希腊人且战且退，当波斯人冲进到山脚时，埋伏在山坡上的希腊精锐部队突然从两翼冲杀下来。波斯人在三面受敌的情况下和希腊军队短兵相接，而在近距离的肉搏战中，注重纪律和整体阵形的希腊方阵显然要比人数虽多但缺乏组织、单兵素质较低的波斯军队占了上风。

希腊重装步兵使用的青铜盾牌和铠甲也比波斯士兵的藤编盾牌在格斗时更有利于防护。在希腊人连续不断的攻击下，波斯大军一片混乱，士兵们无心恋战，竞相奔逃，付出惨重代价后才登上海边的渡船狼狈逃窜。马拉松一战，使波斯人丢下了6400具尸体和7艘战舰，而雅典一方仅损失了192人。

米太亚派斐力庇第斯把胜利的喜讯告诉雅典城的公民。这位长跑能手以最快的速度从马拉松跑到雅典，到达雅典广场时只喊了一句"我们胜利了"，就倒在了地上。早已聚集在广场等候消息的人群爆发出震耳欲聋的欢呼声，斐力庇第斯却因疲劳过度气绝身亡。为了纪念他，1896年在雅典举行的现代第一届奥运会上把马拉松到雅典的距离42.195千米作为一项长跑竞赛项目，命名为马拉松长跑。

战斗海豚部队史话

一、世界上第一支战斗海豚部队在苏联诞生

英国物理学家格雷提出，海豚的外形极佳，能够将水的阻力降到最低，而且在保持高速度（最高可达60千米/小时）的情况下，海豚消耗的能量比人或任何水中生物都要少。海豚能够迅速加速或骤然停止。在水中活动时，身体承受的实际阻力竟比其肌肉本身所能承受的力量高出数倍。这种矛盾现象当时被人们称为"格雷悖论"。解开海豚之谜能让人类收获良多。舰艇、鱼雷有可能变得速度更快、能耗更低、噪声更小，其战斗力也能成倍提高。

海豚似鱼非鱼，虽生活在水中却用肺呼吸。海豚被称为"海中精灵"，又被训练成

"海中特种兵"。美国和苏联训练的海豚尖兵,多为海豚中的一种———宽吻海豚。成年宽吻海豚的雌性身长为 2 米左右,体重近 200 公斤,雄性体长为 2.5～3 米,体重为 300 多公斤。宽吻海豚运动能力很强,游泳速度最高可以达到每小时 70 公里,能够全身跃出水面 1～2 米高。宽吻海豚智力也很出色,喜欢群居,同伴之间的感情很深,不会抛弃受伤的同伴,而是会全力保护它们。宽吻海豚耳聪目明,它的视网膜上有一层脉络膜层,具有强烈的反光性,能够在昏暗的水下环境中提高对物体的辨别力。同时它还能利用回声定位的方法在水下"航行"和觅食,即使在全盲的环境下海豚也能发现目标。因为这些特点,宽吻海豚与人类比较容易建立信任关系,并被训练完成各种任务。

苏联塞瓦斯托波尔军事水族馆于 1965 年夏季落成,并在 1966 年 2 月 24 日正式定编。这一天便是苏联首个"水族馆"诞生的日子,目的在于训练用于海底作战的"军用海豚兵",它当时的代号是"13132 - K"秘密部队。1973 年,苏联海军就在克里米亚塞瓦斯托波尔港训练海豚执行军事任务。苏联解体后,由于培训海豚开销巨大,乌克兰将这些驯化的海豚转为民用,许多海豚被卖给水族馆或世界各地的海上乐园。

二、在多次战争中为美军立下赫赫战功的"海豚兵"

美军从 20 世纪 30 年代末期开始研究利用海豚,取得不错的效果。1964 年越南战争期间,为对付频频攻击美方舰船的北越潜水员,美军加强了对基地和舰船的保卫,成立了特种部队来对付北越的蛙人。他们调来了 6 只"海豚兵"。受过训练的海豚能在 360 米外发现敌方潜水员,悄悄地逼近目标,将嘴上的空心尖管刺入敌人体内。尖管连接着高压二氧化碳气罐,膨胀开来的气体能让敌人的五脏六腑爆裂。这些"海豚兵"在 12 个月内歼灭了 50 多名北越潜水员。

伦敦《观察报》报道,五角大楼还将炸弹固定在海豚这个"活鱼雷"身上,训练"海豚兵"对敌舰船发动正面进攻。美国《大商船》杂志载文指出,五角大楼通常把圆柱形水雷挂在海豚背上,还进行过将定时炸弹放入海豚胃里的试验,测试怎样才能避免海豚把炸弹吐出来。这些炸弹都有远程引爆器。不过,这些弹药的分量都不重,不能重创敌方舰船。因此,中央情报局的专家耗时数年研究如何借助海豚运载特种鱼雷。据传他们还设想过让海豚运载超小型战术核弹。1984 年《纽约时报》载文称,美国海军秘密下令在尼加拉瓜运用海豚特种部队。这种做法的一个好处是,"海豚敢死队"的身上没有"美国制造"的标签。

1991 年的海湾战争,美军征召了 6 只海豚组成一支特殊的海上巡逻队,部署在海湾北部法尔西岛水域附近,执行为美军大型运输船巡逻的任务。海湾战争中,美舰船无一受损。原因是美国舰队到达海湾时,随舰带来的 6 只海豚在靠近伊拉克等国的海上锚地或近海守护着自己舰队的各种舰船。它们在水中警戒，能准确地探测和识别敌方潜水员、蛙人、锚雷、沉底雷及部分掩埋的水雷。

目前，在美国海军中共有100只军用海豚、加州海狮和白鲸服役。"9·11"事件后，它们的数量增加了2倍多。在美军训练基地共对5种海豚和6种海狮进行训练，另外还有鲸鱼等。它们共编成5个分队，其中3个分队主要从事识别水雷。它们的主要训练基地位于加州的圣迭戈，但也在其他基地对它们进行训练，其中一个位于华盛顿州西雅图。这些军用海洋哺乳动物曾参加过美国海军在越南、巴林和伊拉克的军事行动。

三、"爱国心"和"理智"缺失导致"海豚兵"失控

尽管海豚是一种非常聪明能干的动物，但它毕竟是动物，凭借生物本能和训练反射完成任务。要指望它们有人类士兵的"爱国心"和"理智"是不可能的。因此，当战场上遇到特殊情况时，海豚"战士"也可能"失控"。

2013年3月，在一次训练后，乌克兰海军5只"海豚兵"只有两只返回黑海的塞瓦斯托波尔港基地，另外5只失踪。原来，那5只"海豚兵"看到心仪的"异性"后追随而去，几天后才重新归队。当时，乌克兰海军解释海豚的"私奔"事件时表示："交配季节来临，海豚们才逃离训练去寻觅伴侣。如果一只雄性海豚在交配季节看到一只雌性海豚，它会立即开始追逐雌性海豚。但这些海豚一周左右就会返回。"

伊拉克战争期间，美军派出"海豚兵"下海扫雷。海豚下水寻找到水雷后会发送信号，扫雷舰就能收到海豚发出的信号。但一次扫雷行动时，有两只海豚竟然拖着一个重型水雷向扫雷舰快速冲过去，连着炸坏了两艘舰艇。海军士兵向其开枪射击，海豚最终才落荒而逃。美国海军将两只海豚称为"变节者"，决定对它们执行战场纪律。不久，这两只海豚像没事儿一样归队了，美国海军最终将它们军法处置，执行枪决。有生物学家解释海豚的叛变称："海豚平时的军事训练太过严格，所以在战场上叛变以报复人类。"还有专家认为，这两只海豚或许曾目睹过同类被人类杀害，因而在脑海中铭刻下仇恨。

美军将训练的"海豚兵"分为三类：第一类是游速最快，而且很有活动规律的海豚，美军准备让这类海豚与敌方航空母舰和大型战舰同归于尽。即先把烈性炸药放在海豚背上，再把控制爆炸的开关套在海豚的嘴上，让它寻找到敌方重要目标后，咬动开关，引爆烈性炸药；第二类是识别能力强、嗅觉最灵敏的海豚，让这类海豚专门负责寻找隐藏在海水中的水雷；第三类是智商最高，能执行复杂作战任务的海豚，这类海豚能够识别敌我双方船只，把遥控炸弹静悄悄地固定在敌方中小型舰船上后返回驻地，炸弹由船上或者陆上人员遥控引爆。如今，由于全球动物保护意识的增强，人们

呼吁放弃使用动物参与作战。按照计划，美海军从 2017 年起将用无人潜艇接替海豚部队的这项工作。

四、继承苏联"海豚部队"遗产的乌克兰"重操旧业"

乌克兰"海豚作战计划"开始于 20 世纪 60 年代，当时美国和苏联将训练海豚用于军事目的，《大西洋月刊》援引一名俄罗斯退休上校将其称之为"海豚军备竞赛"。苏联解体后，这些"海豚士兵"成为乌克兰海军的资产，但这一计划并未持续，许多海豚被卖给了水族馆或世界各地的海上乐园，直到 2012 年，乌克兰军方又恢复了这一计划。据报道，乌克兰的这一"海豚特种部队"的计划本来定于 2014 年 4 月结束。但克里米亚"入俄"后，这批"海豚兵"的特种训练可能将继续进行。

据报道，目前乌克兰国家海洋馆（该报道当时将这一位于塞瓦斯托波尔的海洋馆描述为"乌克兰国家海洋馆"）恢复训练黑海战斗海豚，目的是按照苏联方法加强乌克兰船舰的反破坏防御。据报道，当时塞瓦斯托波尔正在训练 10 只海豚执行乌克兰海军的特殊任务，乌克兰军人在塞瓦斯托波尔水域定期训练海豚，搜寻位于海底的物体。这批"海豚兵"已掌握了开放海域巡逻、利用浮标进行作战等能力。

这些海豚部队将帮助紧急情况部署潜水员在黑海海底找到易爆物体。乌克兰计划在同紧急情况部潜水员的联合训练中使用宽吻海豚寻找沉没物体或弹药，这包括在海底寻找物体、巡逻水域、发现超小型潜水艇等。目前，乌克兰水族馆的工程师们目前正研发新的工具来帮助提升"海豚作战兵"的水下作战技能，而且未来"海豚们"将不再配备乌克兰时期"极其老化的设备"。

 思考题

1. 说说你对军事思想的认识。
2. 为什么要长期坚持党对军队的绝对领导？
3. 毛泽东军事思想的主要内容有哪几个方面？
4. 邓小平新时期军队建设思想的主要内容是什么？

第三章
国际战略环境

第一节 战略和战略环境

一、战略

这里的战略是指筹划和指导战争全局的方略。具体地说,是指根据对国际形势和敌对双方政治、军事、外交、科技、地理等诸因素的分析和判断,科学地预测战争的发生与发展,制定作战方针、作战原则和作战计划,筹划战争准备,指导战争实施所遵循的原则和方法。

(一) 战略的特点

第二次世界大战以后,世界军事格局发生了很大的变化,现代军事战略出现了一些新的特点,归纳起来主要有以下三个方面:

1. 威慑

军事战略的有效性来自威慑和实战两个方面。一旦威慑失效,依靠实战击败对手是军事战略的基本意图。然而,随着核武器的出现、发展和扩散,不仅核大国之间的利益冲突不宜用核战争的方式来解决,即使是有核国家与无核国家之间的纠纷也不宜用核战争的方式来解决。就整个世界而言,战争已为人们所深恶痛绝,核战争更是人类所不能接受的。在这种形势下,军事战略的威慑作用大大增强了。不仅是核威慑,常规威慑也是如此。因此,目前世界主要国家在制定军事战略的时候,立足点更侧重于威慑、遏制战争这一面。不仅威慑力量由核威慑力量、常规威慑力量、生化威慑力量、现役部队力量、后备部队力量以及同盟国军事力量等多元威慑力量构成,而且威慑手段的运用和作用的发挥也是由"防御""升级""报复"等多层次构成的。其目的是通过多元威慑力量,运用多种威慑手段,发挥各级威慑作用来遏制战争,以达到不战而胜的目的。

2. 常规战争

当今，人们对核武器的巨大破坏能力的认识已远远超过二战后初期。在世界核武库饱和的状态下，试图通过核战争达成政治目的，取得战争胜利已经不可能了。每一个有理智的政治家、战略家都认识到，核战争虽不敢断言从根本上排除，但发生的可能性已微乎其微；相反，在核威慑条件下爆发常规战争的可能性却大大增加。各国所面临的最现实的威胁不是核大战而是常规战争。战后初期的核讹诈、核大战方针已不足以解决几乎每天都在发生的军事冲突和局部战争，而且常规力量的使用至今仍是对付常规战争的主要手段，同时也是提高核门槛、抑制核力量使用的可行办法。因此，减少对核力量的依赖，加强常规力量建设，以应对可能发生的常规战争，已成为各国军事战略的重要趋向和显著特征。

3. 长期竞争

在当代，军事战略立足于更长期的较量是新技术、新武器、新装备、新理论发展的必然结果。特别是随着综合国力增强对国家防务政策影响的加强，以及"战略防御计划"的出现，军事战略的主要组成部分除常规战争战略、核战略外，空间战略正在应运而生。外层空间将成为陆地、海洋和空中之后的第四战场。争夺制天权的理论和进行外层空间作战的战略、战术以及新的军种已经出现和正在发展。一轮新的军备竞赛、战略优势争夺的序幕已经拉开。各主要国家的战略争夺立足点已不局限于眼前的利益和优势，而是更着眼于长期的战略考虑，着手于争夺未来优势的准备。

（二）战略的地位和作用

国家安全是一个由各种要素构成的大系统，每个要素在这个大系统中都有自己相应的位置，并因其所处的地位，在其中发挥各自的作用。军事战略这一要素也不例外。

军事战略是国家战略在安全领域中的具体体现，是一切与安全相关的政治、经济、科技、心理、自然和军事等因素的综合反映，各种因素作用的发挥都离不开军事战略的规划和指导。因此，在国家安全这个大系统中，军事战略始终充当国家防务建设总设计师的角色，处于举足轻重的地位。这种主导地位又是通过军事战略对国家防务建设的规划作用和调节作用得以充分体现的。

现代国防建设是一个涉及全局的战略问题。对于战略问题，不仅要考虑到眼前的现实威胁，而且要考虑到未来的发展。如果军事战略不能有效地发挥这一职能作用，缺少总的战略目标和贯通于国防建设全过程的方针和设计，那么，不论是当前的国防建设，还是长远的发展，都会带有很大的盲目性。古今中外无数的历史事实证明，战略指导对于国防的强弱、战争的胜败，乃至国家的存亡和民族的兴衰都具有非常重要的作用。那种目光短浅的、缺少国家防卫总体设计的战略，将在时代的挑战面前无所适从。从这个意义上说，军事战略是一种立足现实、着眼未来的规划艺术和科学。

现代军事战略对国家防务建设不仅具有规划作用,而且起着调节国防诸因素的作用。这种调节作用是通过对其自身战略要素之间的调整来实现的。众所周知,战略环境是一个不断变化的动态环境,各种因素的消长都将促使其面临的威胁发生新的变化,如威胁的对象、方向、性质、范围和程度等。面对战略环境的动态变化,任何军事战略都需要适时加以调整,寻求战略目标、战略方针与手段之间新的平衡,并以此重新协调各个层次、各个阶段的战略目标,调动各种因素,保证国家防务建设的重点及建设重点的适时转移,不断加强国防的总体防卫能力和处置各种威胁的能力。

二、战略环境

战略环境是指影响国家安全或战争全局的客观情况和条件,主要包括国际和国内的政治、经济、军事、外交、科技、地理等方面综合形成的客观情况和条件,以及由此面临的战略态势,特别是战争与和平的总态势。战略环境是制定战略的客观基础,全面准确地认识和分析战略环境,是正确制定战略的先决条件。

(一)国际战略环境

国际战略环境是指一个时期内世界各主要国家在矛盾斗争或合作共处中的全局状况和总体趋势。它是国际政治、经济、军事情况的综合体现。它主要包括各方力量消长、利益得失、矛盾升降、斗争起伏,特别是在双边或多边关系中敌与友、战与和、对抗与妥协、分化与组合、多助与寡助,在战争中进与退、攻与守、胜与负、强与弱、优势与劣势等方面的总状况和总趋势。

由于国际战略环境关系到一个国家的生存与发展、安危与兴衰,影响着一个国家军事斗争的对象、性质、目标、敌友关系,以及军事力量建设与运用的基本方向,因此,在制定一个国家的战略时,首先必须考察和关注国际战略环境这一外部环境和条件。国际战略环境的范围极其广泛,认识时需从以下几个方面入手:

第一,时代特征。时代特征反映了世界发展总进程中的矛盾领域和斗争状况,是整个世界在一定历史阶段的总标志,而不是个别国家的个别现象,更不是国际社会一时一事的情节或短时期的形势变化,它具有世界性、阶段性的特点。正确认识时代特征,有助于战略指导者从宏观上把握当代世界的主要矛盾和总的发展趋势,进而对国际战略环境作出正确的判断,避免战略指导的重大失误。

第二,世界战略格局。世界战略格局也称国际战略格局,是指国际上各大战略力量之间在一定历史时期相互联系、相互作用所形成的力量对比结构及基本态势。国际战略格局同经常变动的国际战略形势有所不同,它在一个相应的历史时期内具有相对的稳定性。全面分析、研究世界战略格局,有助于从总体上了解世界各主要国家在世界全局中的地位以

及战略利益方面的矛盾和要求，有助于对国际战略形势及其可能的发展趋势作出基本的估计。

第三，主要国家的战略动向。世界各国之间由于战略利益和政策的异同，既可能是对手，也可能是盟友。各国的战略动向既互为条件、相互依存，又相互影响和制约。一些实力较强的世界性或地区性大国，特别是超级大国所推行的战略，对其周边地区乃至世界的安全与稳定都具有重大影响。因此，一定时期内各主要国家的战略及发展趋势是国际战略环境的重要部分。了解主要国家的战略动向，有助于从世界各国特别是大国之间的关系上具体地研究国际战略环境，进而对世界形势作出正确的判断。

第四，当代世界战争与和平的趋势。战争是解决阶级与阶级、民族与民族、国家与国家、政治集团与政治集团之间利益矛盾和冲突的最激烈的手段。只要战争的根源还存在，战争与和平就始终是国际安全面临的重大问题。因此，当代世界战争与和平的趋势在国际战略环境中最引人注目，也是世界各国研究和制定军事战略时极为关注的重心。

第五，周边安全形势。周边安全形势是指周边国家直接、间接影响本国安全的条件和因素。其中，周边国家与本国的利益矛盾、对本国的政策企图、与本国密切相关的军事力量及其部署等直接影响本国安全的情况和因素，是周边安全形势中最值得关注的重要内容。

（二）国内战略环境

国内战略环境是指对筹划、指导军事斗争全局具有重大影响的国内社会环境与自然环境。它反映了国家军事力量建设与运用的可能条件与制约因素，决定着战略的基本性质与方向，是制定战略的依据。国内地理环境、政治环境和综合国力状况对国内战略具有最直接的影响。

地理环境。地理环境主要包括国家的地理位置、幅员、人口、资源、地形、气候，以及行政区域、交通、要地等状况。军队的集结、机动、作战、训练、后勤补给等军事活动，都要受到地理环境的影响和制约。因此，地理环境不仅是制定战略的重要客观依据，而且还是影响战争胜负的重要因素。加强对地理环境的研究与认识是促使战略指导符合客观实际的重要环节。

政治环境。国内政治环境涉及的范围比较广泛。其中，国家的政治、法律制度和基本国策以及国内政治安全形势等对战略影响最大。国家的政治、法律制度和基本国策是国内政治环境的本质和核心，对军事斗争全局的筹划与指导起着决定性的作用，是确定军事斗争目的、性质、任务、基本方针、政策和战略指导原则的依据，也是保证战略得以贯彻实施的政治基础。国内政治安全形势，包括一定时期内国内的阶级、民族、宗教、政治集团之间相互关系的基本状况以及政局和国家安全的状况。其中，敌对势力分裂、颠覆国家和发生武装冲突或国内战争的情况，是直接影响国家统一和稳定的因素，是筹划和指导军事斗争必须关注的重要问题。

综合国力状况。综合国力是一个国家全部物质力量和精神力量、实力和潜力的总和，包括国家的人力、物力、财力、军力、科技与生产能力、社会保障与服务能力以及组织动员能力等。综合国力是军事斗争特别是战争的物质基础，是军事理论、作战方法发展进步的重要条件。因此，战略指导者必须立足于国家综合国力的实际状况。本着勤俭节约、讲究效益的原则，合理筹划和指导军事力量的建设与运用，使之与国家建设和社会总体水平相适应。

第二节 国际战略格局

国际战略格局是世界各主要国家或地区在一定时期内相互关系的基本结构，是国际战略环境的总体框架，表现了世界力量的分布、组合和对比。在国际战略格局中，拥有强大军事实力和政治影响力的国家和地区，在世界事务中扮演着主要角色、起着主导作用，通常被称为"极"或"力量中心"。由于各个历史时期，新生力量的形成与变化，使起主导作用的"力量中心"也随之变化，从而形成单极格局、两极格局以及多极格局。国际战略格局同经常变动的国际战略形势有所不同，它在一个相应的历史时期内具相对的稳定性。

一、国际战略格局的历史演变

大航海时代前，人类生活在相互隔绝而又各自独立的几块陆地上，没有哪一块大陆上的人能确切地知道地球究竟是方的还是圆的，而几乎每一块陆地上的人都认为自己生活在世界的中心。大航海时代的到来，让人类历史成为真正意义上的世界史。自此，国与国之间开始了频繁的交流，战略格局悄然形成。最初，由于欧洲活跃的贸易与文化交流，战略格局以其为中心，大致分为以下几个阶段。

（一）威斯特伐利亚体系（多极均势格局，1648~1814年）

近代国际关系格局的第一次演变发生在17世纪初期，其标志是该时期席卷欧洲的30年战争。1648年《威斯特伐利亚和约》的签订，标志着欧洲30年战争的结束，成为现代国际关系史的开端。和约确立的国家无论大小、战胜国还是战败国，均能以主权国家身份参与国际协议的原则，作为国际关系发展的重要里程碑而载入史册。

（二）维也纳体系（多极均势格局，1815~1870年）

资本主义生产关系的发展和生产技术的更新，增强了主权国家的综合国力。威斯特伐利亚和会以后，国际关系中的重要特点就是西欧向世界各地的扩张，欧洲扩张导致了以欧洲为中心的国际"秩序"产生；此外，欧洲强国因殖民地等问题开始了激烈较量。最终在

1814年10月～1815年6月召开的维也纳会议上,确立了维也纳体系。英国、法国、俄国、普鲁士和奥地利相互制约与平衡,形成多极均势国际体系中的主宰。

(三) 法兰克福格局 (两大军事集团对峙的格局,1871～1918年)

在维也纳格局的发展过程中,欧洲工业的进步促使各国资本主义反对封建制度及其残余的革命斗争迅猛发展。1870年7月,法国拿破仑三世对普鲁士宣战。战争开始后,法国接连失利。11月,南德意志联邦与普鲁士签订联合条约,条约规定法国割让阿尔萨斯和洛林给德国,赔款50亿法郎,3年付清后德国占领军开始撤退。5月,两国正式签署《法兰克福和约》。为确保胜利成果,战后,普鲁士首相俾斯麦组织了新的反法联盟,并于1873年建立了德、奥、俄"三皇同盟",共同遏制法国。于是,在欧洲大陆形成了新的以《法兰克福和约》和"三皇同盟"为基础的战略格局,史称"法兰克福格局"。出于俾斯麦在其中起着主导作用,亦称"俾斯麦体系"。第一次世界大战的爆发使战略格局的覆盖面扩大,全球战略格局开始形成。

(四) 凡尔赛—华盛顿体系 (多极格局,1919～1945年)

1919年6月28日,在巴黎和会上签署的《凡尔赛和约》,以重新确定德国边界、限制德国军备、瓜分德国殖民地、从德国榨取巨额赔款为基础,使欧洲形成了新的均势,确立了第一次世界大战后欧洲国际关系的新秩序,即"凡尔赛体系"。另外,在战争期间才加入协约国的美国和日本狠狠地发了一笔战争财,美国的海军力量迅速发展起来。1921年底,美国为了确立在远东和太平洋地区的支配地位,主导召开了华盛顿会议,先后炮制了《四国条约》《五国海军条约》和关于中国问题的《九国公约》。通过这次会议,在承认美国实力优势的基础上,划分了第一次世界大战后帝国主义国家在远东和太平洋地区的势力范围。自此,形成了以《凡尔赛和约》与华盛顿会议为基础的"凡尔赛—华盛顿体系"。

(五) 雅尔塔体系 (两极格局,1945～1991年)

第二次世界大战后期,国际政治舞台上的美国和苏联已经成为两支主要力量。传统上以欧洲为中心的国际政治格局宣告终结,第二次世界大战后期,美国、英国、苏联三国首脑举行的德黑兰会议、雅尔塔会议和波茨坦会议标志着以美苏两大强国为首的两极格局即雅尔塔体系开始形成。这些会议达成的协议和谅解,除协调了同盟国对德日法西斯的作战计划和行动,加速了反法西斯世界大战的结束外,更主要的是确定了美苏两国的势力范围,标志着两极格局初步形成。此后,美苏冷战更加剧了这一格局。

(六) 冷战后进入多极化国际格局 (1992年至今)

20世纪80年代末、90年代初,世界发生了对人类历史发展具有深远影响的巨大变化,随着东欧剧变和苏联解体,国际战略格局进入了一个转型期。两极世界对峙的结束,给国际关系带来了不可估量的影响。世界各种力量经过发展和重新组合后,新的多极化世界格局已经初见端倪。

二、军事力量在国际战略格局演变中的重要作用

国际战略格局的转型大多是通过大规模战争,特别是世界大战的形式最终完成的,军事力量是推动国际战略格局实现最后变更的主力军。在核威慑的控制下,冷战没有演进为热战,而是最终理性地接受了综合国力全面较量的结果。但是在长期的两极对抗中,军事实力影响着力量的对比,也在某种程度上决定着对抗的胜负。在维护或挑战现有国际秩序时,军事力量发挥着举足轻重的作用。

军事力量是营造有利国际环境的重要工具。进入21世纪以来,很多国家审查和调整国家安全战略目标时,都在保卫国土安全的基本目标外,增加了营造有利国际环境的新目标。美国军事战略的三大任务是保卫国家、预防威胁、打赢战争,前两大任务都包含营造国际环境的内容,军事战略的涵盖面远远超出了战场范围。利用国家军事力量开展国际军事合作,已成为大多数国家谋安全、保利益、促和平的重要方式。

国际军事合作是各国军队的根本任务之一。当前,国际军事合作的范围越来越广泛,形式越来越多样,包括战略对话、安全磋商、建立军事互信、签订军事条约与协定、建立危机预防与管理机制、开展军事技术合作、参与国际维和行动、举行联合军事演习、加强军事人员交流与培训、进行军援和军购活动、防范和应对非传统安全威胁、实施国际人道主义救援等内容。开展这类军事合作,是国家积极参与国际事务、树立负责任的国际形象、建立有利的国际秩序的必要措施。军事力量这种硬实力的软运用,已成为很多国家和平时期运用军队的重要形式。

在各国军队以信息时代为契机推动军事革命时,为营造良好国际环境而开展对外军事合作已成为军队转型的重要推动力。各国军队在编制作战与行动条令、改组编制体制、研发武器装备、更新教育与训练内容时,都将开展对外军事合作纳入作战需求,从而使军队转型有了更强的目标性与紧迫性。同时,国际军事合作正日益发展为日常和例行任务,也为检验军队战斗力提供了新的标准和更多的机会。对过去较少承担国际军事责任的军队来说,走出国门是在交往中学习外军优长,在互动中了解世界军情动态,在实践中增长才干和自信的大好机会。军事力量建设与运用的关系,已不再是"养兵千日,用兵一时",而是发展为"养兵千日,用兵千日"。

三、目前国际战略环境概述

(一)冷战后的国际战略格局

自冷战结束以来,随着东欧剧变和苏联解体,国际关系格局进入了一个转型期。当代

"一超多强"基本战略格局的逐步形成,标志着国际体系开始了和平渐进的历史性变革。在21世纪的头一个十年里,世界又经历了"9·11"事件的强烈冲击,以及席卷全球的金融危机的强劲催化,"一超多强"的国际格局又发生了重大而深刻的变化,当代国际战略形式呈现不少新特点和新趋势。

1. 和平与发展仍是当今时代主题

时代主题,是指人类社会某一发展阶段带有全球性、战略性和关于全局的核心问题。它是某一时代基本特征的集中反映,代表着这个时代的本质和发展趋势,规定着该时代各国人民相应的主要任务。正确地判断时代主题,是制定战略策略的重要依据。20世纪80年代,邓小平就指出,现在世界上真正大的问题有两个:一个是和平问题,一个是经济问题或者说是发展问题。和平问题就是反对霸权主义,维护世界和平,就是争取维护世界整体的非战争状态;发展问题主要是南北问题,既是发展中国家的经济发展问题,也是全人类的经济发展问题,是当今世界的核心问题。当前,求和平、谋发展、促合作已经成为不可阻挡的潮流。世界多极化和经济全球化趋势的发展,给世界和平与发展带来了机遇和有利条件。世界多极化不可逆转,经济全球化深入发展,科技革命加速推进,全球和区域合作方兴未艾,国与国之间相互依存日益紧密,国际力量对比朝着有利于维护世界和平的方向发展,国际形势总体稳定。因此,世界各主要国家在制定各自走向21世纪的安全战略时,都十分重视世界经济形势与本国经济状况,以及世界范围的高技术竞争等因素对本国安全的影响,并力求将这些战略要素的重大制约作用充分反映出来。

一是经济全球化加深了各国之间的相互依存关系。经济全球化是科技革命和生产国际化推动的结果。经济全球化加深了国家之间、国家与国际组织之间的相互依赖关系,形成了各种纵横交错的相互牵制、相互制约的关系。尽管发达国家与发展中国家的"热烈拥抱"和握手,隐藏着发达国家为自身利益竞相争夺发展中国家的野心,但从发展中国家对发达国家技术和资金的依赖这种情况看,世界相互依存在加深,在客观上不允许再恢复到与世界生产力发展水平不相适应的国家间敌对或大国对峙的国际关系格局,从而推动和平与发展的潮流继续前进。

二是冷战结束后,大国关系呈良性互动。尽管美国等西方国家在国际关系中推行霸权主义和使用武力的倾向在增长,但主要大国之间尚没有形成敌对、对抗关系。"9·11"事件后,美国的战略重点有所调整,美国要全力以赴打击恐怖主义和伊斯兰极端势力,在单边主义抬头的同时,明确了同其他大国长期合作的意愿。而其他诸强出于不同战略层面的考虑,均将处理与美国的关系放在最重要的位置。目前,美国的战略走向表现为温和的多边主义霸权战略框架,大国之间的协调和对话不断增强。对于欧洲大国,尽管美国其之在许多重大问题上,如北约和欧盟东扩、北约作用的发挥、部署弹道导弹防御系统以及伊拉

克问题、伊朗核问题，甚至反恐问题上，有各种各样的矛盾分歧，但其同盟关系是能够基本维系的。对中国、俄罗斯等主要国家，美国的基本战略仍是对中俄实施长期战略防范的同时，主要通过接触或"伙伴关系"，把中俄纳入美国、西方国家主导的国际体系。中美之间，在中美战略、经济和社会关系日趋复杂的后金融危机时代，双方都致力于将两国关系纳入合作或至少良性竞争的轨道。尽管美国政府视中国崛起为美国经济和安全面临的重大挑战，但其面对全球化和多极世界格局不可逆转的现实，也开始认真思考如何在确保美国领导地位的同时与中国更舒适地发展基调。俄美是伙伴也是对手，俄罗斯将永远对华盛顿既构成机会又构成威胁。"9·11"以后，俄美关系迅速升温，双方表示将建立新的战略关系，成为国际反恐斗争的"盟友"。现在，"梅普组合"以"易位"方式实现国家领导人更替，普京再度出任总统。基于俄罗斯经济很大程度上受国际经济动向的影响，对西方持强硬立场的普京并不希望与美国对立，俄罗斯打算以平等为基础，在发展与美国关系方面迈出更大步伐，"走得更远"。不过，双方在许多原则问题上分歧大于共识，争斗大于合作。联系到俄罗斯在反导、叙利亚、伊核等问题上的立场以及它大力加强同中国、印度等"金砖国家"的关系，"有斗有和，斗而不破"的模式仍将是相当长一个时期大国关系的基本模式和特征。今后相当长一个时期，其他大国与美国之间将维系"有选择地合作"与"有节制地抗争"的态势。

三是发展经济和科技仍是各国国家战略的核心。在国际政治多极化的发展趋势下，经济因素已成为各国在国际交往中优先考虑的因素。从当前来看，全球经济仍然受到国际金融危机后遗症的困扰：欧洲主权债务危机继续发酵，成为全球经济复苏的最大隐患；美国经济复苏乏力，迫切需要注入新的动力；中国经济在力图避免"硬着陆"的风险。为此，各国更加重视科技特别是科技创新和国际市场的竞争。发展中国家努力调整经济结构，发展民族经济，增强综合国力；发达国家着眼于未来，增强自身实力和与他国的竞争力，不断调整对外关系，以求在未来多极格局中成为起主要作用的力量。

四是南北矛盾更加突出，核心仍然是经济发展问题。冷战结束后，在南北政治关系矛盾日益凸显的同时，南北经济矛盾更加突出，呈上升趋势。从整体经济规模看，由于中国、印度、巴西等发展中大国经济有较大发展，南北差距有所缩小，但并未发生质的变化。穷国愈穷，富国愈富的现象仍在继续，随着北方国家主导的经济全球化的加速发展，南北差距继续扩大，南北经济矛盾更加尖锐。这个由政治层面演变而来的突出矛盾，表明发展中国家的主要任务是集中精力解决经济发展问题。不仅如此，在当前全球经济仍然受到国际金融危机后遗症困扰的情况下，全球各国都处在世界经济这条大船上，面对金融危机的狂风恶浪，只有大船上所有成员都齐心协力、同舟共济、共克时限，才能把世界经济这般大船平安地驶向彼岸。

在时代主题是和平与发展的背景下,国际安全形势的基本态势是总体安全稳定,中国的总体安全能够得到保证。当代国际战略格局在一个比较长的时期内维系着"一超多强",但从当今国际战略格局中起主导地位是大国关系来看,特别是谋和平与求发展的强大合力,将推动着世界战略格局朝着多极化的方向发展,目前是重要的过渡时期。多极化的形成将是一个长期、复杂和曲折的过程。

2. 世界战略格局处于向多极化过渡的重要时期

冷战结束以来,世界格局的演进并未按美国的意志趋向单极化,而是在曲折中逐步趋向相对平衡化和多元化。世界主要战略力量对比在"一超多强"格局下将发生重大变化,大国间的新型国家关系将逐步形成,一个相互借重、相互依存、相互制衡的多极化国际战略格局将逐步显现。

(1) 世界格局多极化是大势所趋

进入21世纪,世界形势向政治多极化、经济全球化、社会信息化和军事高技术化方向发展。因此世界格局多极化不仅是大势所趋、不可阻挡,而且发展迅速,目前处于重要的过渡时期。

一是美国单边主义气势严重受挫。两极格局解体后,美国成为当今世界唯一的超级大国,其经济、科技、军事实力仍然处于优势位置,但是未来的世界不可能是美国一家独霸。首先,美国的经济神话被打破,经济回升乏力;其次,美国的本土安全神话被打破;最后,美国的战略部署被打乱。以上因素促使美国意识到,虽然拥有强大的国力,但它并不能为所欲为,由于受到各方越来越复杂因素的制约,美国不得不调整与其他大国特别是中、俄的关系,在许多重大问题上寻求与其他大国的协调与合作。事实上,在伊拉克问题、巴以冲突问题、朝核问题和伊朗核问题上,美国都接受了联合国的参与和其他大国的合作。奥巴马执政后的美国政府表示将同布什政府的单边政策决裂,美国将增加与外部政策的"接触""倾听"和"磋商",并特别强调重启美俄关系。美国明确同其他大国的合作意愿,反映了美国在接受权力平衡理念的同时,有对其力量的分散使用和过度消耗的担忧。

二是影响多极化进程的力量日益发展。世界总体缓和的国际形势,既有利于现有的政治力量充分发挥作用,又有利于新生政治力量的崛起,从而造就了有利于多极化趋势加速发展的主体环境。两极格局的结束大大刺激了美国构建单极世界的霸权欲望,但这一格局的结束也为其他力量中心的成长壮大提供了机会和条件。欧盟作为当今世界最强大的国家联盟,随着经济政治一体化程度的加深,综合实力还会进一步增长,与美国的摩擦和矛盾有所发展,未来将可能成为国际社会具有重要影响力的一极;中国经济保持了稳定中求增长的良好态势,综合国力迅速发展和强大,在全球发展与和平事业中日益增大的发言权和

影响力使中国成为推进世界多极化的重要力量;俄罗斯经济 2011 年恢复到金融危机前的水平,俄外交调整灵活务实,但其维护世界一极的战略目标未变;日本作为一个经济和军事实力强大的国家,积极参与地区、国际事务谋求政治大国地位,其国际影响力也在不断扩大;发展中国家力量的增长和它们的联合自强势头进一步加强,要求建立公正合理的国际政治经济新秩序。以上因素仍在发展之中,而且不排除还会出现其他新兴力量,这些因素都是美国建立单极世界的障碍因素,虽不可能完全形成联合制美,但各大战略力量相互借重、相互制衡,没有任何一种力量能够操纵控制世界,也没有任何一个大国能够为所欲为、独断专行。因此多极化进程虽然会复杂多变,但却是不可逆转的,它代表着历史发展的基本方向。

(2) 世界多极化在曲折中发展

多极化所谋求的是使世界各种力量逐渐形成既相互借重又相互制约与制衡的关系,而不是国际关系史中多次出现以牺牲小国利益为代价的大国制衡。多极化格局有利于避免新的世界大战的爆发,有利于遏制霸权主义和强权政治,有利于推动建立公正合理的国际政治经济新秩序,有利于实现各国人民对和平、稳定、繁荣的新世界的美好追求,也有利于广大发展中国家抓住机遇、发展自己。但是,多极化进程会充满艰巨性和曲折性。多极化本身是一个过程,是各种力量对比逐渐向相对制衡的方向发展的过程。一方面,两极格局的结束是以和平方式而非战争方式结束的。这就决定了这次格局转换必然经历更长的时间和更多的曲折;另一方面,从当今国际政治舞台上的主要国家的实力对比看,美国是唯一的超级大国,欧盟、俄罗斯、日本和中国是国际公认的主要力量。美国称霸全球的既定目标没有改变,俄罗斯、法国、中国等国家则主张建立多极合作的国际格局和国际秩序。因此,单极与多级的矛盾,称霸与反霸的斗争,遏制与反遏制的斗争,干涉与反干涉的斗争,分裂与反分裂的斗争,将更加激烈复杂,世界格局多极化将在曲折中发展。

一是美国竭力维持单极世界中其一超独霸地位。美国建立单极世界的图谋由来已久。二战结束后,为觊觎世界霸权与苏联进行了长达半个多世纪的冷战和战略对抗;苏联解体,两极格局终结,美国再次成为二战结束后的全球最大赢家,成为单超独霸国家。成为唯一的超级大国后,美国一直致力于建立由它自己主导的稳定的霸权体系:在政治上,极力推行以西方的价值观,尤其是美国的价值观改造世界,构建世界新秩序。在经济上,依仗其强大的经济实力,以进行经济制裁为手段,迫使别国无限度地开放市场,利用高科技和不等价交换等手段剥削发展中国家,以此确保本国繁荣。在军事上,保持庞大的"防务"开支,努力发展高、新、尖武器,在世界各地部署军事力量并建立军事联盟,插手干涉别国内部事务。在全球战略上,既联合又试图控制欧洲;既利用又要制约日本;以北约东扩为手段,进一步挤压、削弱俄罗斯;将中国视为主要竞争对手。近来,美国进一步高

调宣称,美国21世纪"国防的优先任务"就是要"维持美国的全球领导地位",保持"超强优势"。上述表明,美国在尽可能维持单极世界中其一超独霸地位,势必严重迟滞多极化的发展。

二是主要战略力量的平衡需要一个较长的过程。从现实情况看,国际战略力量对比严重失衡的局面仅仅有所改善,在相当长时期内,美国仍将是唯一有能力、称霸全球的国家:一方面,国际战略格局多极化的机制尚未形成。以美国为代表的发达国家在联合国、世界贸易组织、世界银行、国际货币基金组织等全球性国际组织中仍然占据着主导地位,而且在世界经济、国际安全领域继续保持现存秩序和有利于它们的规则。冷战结束后,国际力量对比不但没有实现从美国向其他大国转移、从大国向中小国家转移,反而出现了反常的"逆转移"现象;另一方面,在直接组成多极框架的五大力量中心中,俄罗斯的内部情况渐上轨道,还会面临经济、政治之动荡,力保大国之路充满艰辛,仅靠军事实力以较高低而不注重综合实力的提高,是难以解决战略力量失衡问题的。日本重振经济,特别是开拓新的经济增长模式,但全球经济的增速在减缓,需求在减弱,对高度依赖出口的日本经济前景并不乐观。特别是日本政府是继续和平发展道路还是争当政治、军事大国,值得国际社会特别是亚洲国家密切注视并高度警惕。欧盟政治整合远未完成,安全合作阻力还很大,其内部又矛盾重重,尚不具备大国的行为特征。中国是发展中国家,"硬国力"一时难与美欧相提并论,特别是军事实力还不可能与美国抗衡,"软国力"也有待进一步"培育",更面临着非传统安全的威胁。与此同时,其他诸强从力量上看,虽然对美国构成一定牵制,在战略意图上也不满美国的霸权战略,但它们从不同层面均有求于美国,均将处理与美国的关系放在最重要的位置,不存在战略上联合制衡美国的动机和能力。因此,在相当长的时间内,美国仍将保持"一超独强"的局面,建立在各大战略力量对比均衡结构基础上的多极格局不可能在短期内实现。

(二) 当前国际安全形势

当前,国际形势正在发生新的深刻复杂变化。经济全球化、世界多极化、社会信息化进程不可逆转,和平、发展、合作的时代潮流不可阻挡,但国际战略竞争和矛盾也在发展,全球性挑战更加突出,安全威胁的综合性、复杂性、多变性日益明显。

1. 局部冲突却依然频发

冷战期间,由于存在以美苏为首的两大集团的竞争与对抗,国际形势总体上处于紧张状态,全人类处在世界大战、核大战的阴影之下,"缓和"表现为两极对抗下的"恐怖和平";世界上发生的局部战争,大都有美苏两个大国插手,有的还受美苏的控制或利用。

冷战后,全球性的军事对抗已不复存在,爆发世界大战的可能性越来越小,国际形势总体上由紧张变为缓和,由对抗变为对话。大国关系出现战略性调整,世界各国独立自主、合作发展的意识有所加强，和平力量更加壮大。但是，局部战争的危险依然存在，发生局部战争和武装冲突的数量甚至一直维持在较高水平，呈现出大战不打、小战不断的局面。

2. 霸权主义依然存在

苏联解体后，虽然美苏争霸世界的局面已不复存在，但霸权主义仍未退出国际舞台，尤其是以美国为首的某些西方国家推行霸权主义更加肆无忌惮，一些地区的霸权主义也乘机抬头。主要表现在以下几个方面：

一是强权政治有所发展。以美国为首的某些西方国家仗恃其实力雄厚，粗暴干涉别国的内政。它们打着"民主""自由"的旗号，到处推行西方的政治模式与价值观，竭力在政治上控制发展中国家，致使许多发展中国家政局不稳，社会动荡，战乱不休。尤其是在人权问题上，西方竭力鼓吹"人权高于主权"等观点，干涉别国内部事务，甚至提出建立"国际人权干预部队"。

二是军事干涉更加频繁。从20世纪90年代起，西方大国使用军事力量干涉别国事务的行为更是有恃无恐，有增无减。美国平均每年对外用兵5次以上，大大超过其在冷战时期对外用兵年平均2.8次的记录。西方国家实施军事干涉的形式和手段主要是：以军事联盟的形式出现，将冷战时以防御为主的北约等军事集团改造为进攻性的扩张工具；使用高技术兵器，对精心选择的目标实施不对称打击；在潜在危机地区炫耀武力，随时准备进行干涉；打着"维和"的旗号，进行武力逼和，甚至直接参战，偏袒一方，打击另一方；在别国领空和领海实行禁飞禁航，进行海空封锁，践踏别国主权。上述军事干涉行动，直接引发了一些地区的危机和战火，加剧了地区紧张局势。

三是经济制裁逐渐增多。20世纪90年代以来，美国等西方国家几乎在每一次重大的国际对抗与冲突中，都使用了经济制裁与封锁手段，或以经济利益为交换条件，逼迫对方让步。美国对南斯拉夫塞尔维亚共和国的制裁长达6年之久，对伊拉克的制裁更是长达14年之久，近年来又进一步强化对古巴的经济制裁。20世纪以来，美国对别国共实行过100多次制裁决议，其中有60多次是近10年炮制的，其制裁对象不仅包括它的敌对国家，也包括非敌对国家甚至是盟国。

四是文化渗透日趋公开。文化渗透，是西方国家推行其价值观念、生活方式和政治制度模式的重要手段之一。它们凭借信息传媒工具的技术优势，以各种消遣娱乐、流行时尚等商业文化，或以影视音像、文学作品等形式，或通过互联网，跨国进行思想文化渗透，达到无孔不入的地步。它们过分宣扬西方的物质富裕和民主自由的优越，企图削弱别国人民尤其是青少年对本国民族优秀文化遗产和历史传统的向往和凝聚力，诱惑他们羡慕和追求西方的生活方式和价值观。

3. 军备质量竞赛更加激烈

当期,世界各国都更加重视军队的质量和技术优势,在减少数量、强化质量上下功夫。

在核军备方面,尽管美俄两国开始大幅度裁减核武器,但拥有世界95%核武器的这两个核大国今后仍将保持绝对优势,并继续加强核武器的研制和更新换代。同时,还有一些国家不顾国际社会的反对,采取各种手段研制和发展核武器、生物武器和化学武器,使得世界上有能力制造大规模杀伤武器的国家越来越多。

在常规军备方面,美国倡导进行新军事革命,强调用高技术提高美军的战斗力,将工业时代的武装力量转变为信息时代的武装力量。俄罗斯运用最新科技成果、最新工艺、最新材料研制新一代武器装备国。法国、英国、德国等欧洲强国在提高军队质量、发展高技术武器装备方面也不遗余力。中东地区一些国家自海湾战争以来,购买武器装备总金额已超过300亿美元。印度、韩国以及东盟各国都在大幅度增加发展高技术武器装备的投入。日本每年都投入90多亿美元用于采购高精尖的武器装备。美国向我国台湾地区出售先进武器装备,支持"台独"势力,成为导致台湾海峡局势动荡的重要因素之一。

由上可见,尽管国际裁军与军控有所进展,但以谋求质量优势为主的军备竞赛,仍然可能引发国际紧张局势和军事对抗。

4. 传统安全问题仍很严重

近年来,有关国家围绕战略要地、战略通道展开新一轮地缘战略博弈,传统的地缘政治因素对国际战略形势和大国战略的影响再度凸显,并表现出一些新的态势和特点。

(1) 欧亚大陆继续成为地缘战略竞争的"主战场"

长期以来,欧亚大陆一直是大国战略角逐的主要舞台。冷战后,美国为了阻止中俄在欧亚大陆崛起,在东、西两个方向配置战略力量:在西面,推动北约东扩,在独联体国家发动"民主改造"和"颜色革命"攻势,在中亚长期驻军,排挤俄罗斯的传统影响;在东面,强化与日本、韩国、澳大利亚和菲律宾等国家的军事关系,极力阻止我国统一台湾。企图实现东西对进,进一步挤压中俄两国的战略空间。

在东北亚地区,围绕朝鲜半岛与东北亚和平安全机制,主要大国暗中展开竞争,朝鲜半岛北南关系面临新的困难,韩日围绕独(竹)岛归属的矛盾有所上升。

在中东,作为世界上长期的动乱之地,宗教、民族、领土、资源等各种矛盾应有尽有。巴以和平进程举步维艰,各种矛盾盘根错节,多种力量明争暗斗。伊拉克战争使美国长期深陷其中,新兴的伊斯兰国更是危及全球。

(2) 大国地缘竞争持续向亚太、非拉延伸

在亚太,有关大国纷纷强化战略影响力。美国强化与日本、韩国、澳大利亚等国的军事合作,高调宣布"重返东南亚";日本在积极谋求大国地位;印度奉行"东进"战略,

开始将战略触角伸向东南亚和太平洋地区；俄罗斯重视经营远东，不时在远方显示军事力量。

在拉美，美国重建第 4 舰队，与哥伦比亚达成协议，获得哥伦比亚军事基地使用权，谋求加大对拉美的影响力。而委内瑞拉、玻利维亚等激进左翼国家与美国的矛盾进一步加深。俄罗斯则派军舰、战略轰炸机到拉美这一美国的"后院"地区大张旗鼓地搞联合军演，意在对美国形成更多牵制。

在非洲，各大国业已开始进行激烈角逐。奥巴马政府将非洲作为其外交政策重点，加大对非洲的外交攻势，美军非洲总部开始运行，谋求加大对非洲事务的干预力度；欧洲大国保持着在非洲传统势力范围的影响；日本也投入了相当大的财政援助，同时加紧为自己捞好处；俄罗斯与非洲在能源等领域的合作不断增强；印度制订"聚焦非洲"计划。有关国家还通过派军舰赴索马里和亚丁湾海域打击海盗，强化在印度洋和东非地区的军事影响。

(3) 以往未知空间成为地缘战略竞争的"新疆域"

目前，全球地缘竞争继续向深海、太空、极地等战略"高边疆"和"新边疆"拓展。

在陆地资源日渐枯竭的趋势下，诸多濒海国家加紧推进海洋勘探工作，加紧制定并大力实施新的海洋开发战略。

随着军用航天技术和信息技术的发展，一些大国竞相将触角伸向太空，使太空成为继陆、海、空三维战场后的又一个崭新的战场。太空已成为 21 世纪的战略制高点。目前美俄在太空领域处于绝对领先地位。一些大国和地区组织纷纷加入利用太空和探索太空的国际竞争中，打破了过去美俄在这一领域一统天下的格局。中国、欧盟、日本和印度的表现都很突出。

极地作为人类最后几块"公共区域"之一，其地缘价值同样备受青睐。极地以其丰富的石油、天然气和矿产资源、渔业资源，被视为地球"最后的宝藏"，在军事上的意义更是非常突出。在南极，俄罗斯、美国、英国、澳大利亚、巴西等国纷纷加大南极科考力度，甚至申请主权，引发新一轮南极热。在北极更是争得火热。俄罗斯北极科考队在北冰洋底插旗事件引爆了北极主权之争。加拿大、丹麦、美国等与北极接壤的国家纷纷为宣示主权寻找法律根据，"北极争夺战"因此愈演愈烈。

四、当代世界格局发展趋势

(一) 世界格局多极化

苏联解体导致两极格局终结，美国成为唯一超级大国之后，人们较多地用"一超多强"来描绘世界多极化的态势，承认多极化并主张建立多极世界的国家日渐增多。人们达成的共识是：国际关系具有建设性的多极化进程，有助于建立一个平衡、稳定、民主、不

对抗的新秩序,这一趋势客观上符合所有国家的根本利益。

(二) 经济趋向全球化

全球化是在市场化和信息化条件下,随同经济一体化和经济自由化应运而生的。发达国家对经济政策进行改革性调整,技术创新速度加快;发展中国家普遍改变发展战略,实行开放政策,二者都促进了经济全球化。发达资本主义国家认为全球化包括扩大思想与信息、商品与服务、技术与资本在国际上的流通,促进世界所有地区融入全球经济。发展中国家要力争在承认经济发展模式多样化的基础上,建立一个统一开放、利益均衡和非歧视性的世界市场,形成和完善国际通用的经济活动准则和惯例。人类需要的是世界各国平等、互惠、共赢、并存的经济全球化。

(三) 安全环境复杂化

当今世界存在两大祸根,从全球性范围讲,是指霸权主义与强权政治;从地区性范围讲,是指国际恐怖主义、分裂主义和极端主义。霸权主义危害人类的和平、安全与发展,恐怖主义则以其反人类、反文明、反道德性而遭到国际社会的谴责。霸权主义诱发、利用恐怖主义,恐怖主义则刺激霸权主义,为霸权主义行径提供某种合理依据,彼此正在形成一种恶性互动。

由于恐怖主义日益网络化、国际化甚至全球化,任何一个国家都难以独自应付。国际社会只有联合起来,才可能有效地对付恐怖主义的威胁。反对恐怖主义必须治本,应在缓和地区及国际紧张局势、消除贫困和加强反恐合作三方面同时开展工作,从政治、经济、文化和社会等多方面采取措施,以彻底铲除恐怖主义。

人类安全目前越来越面临非传统安全威胁。非传统安全威胁与传统安全威胁相互交织,使得国际安全形势更趋复杂化。非传统安全问题比传统安全问题具有更强的社会性、跨国性和全球性,因此解决的手段也就更应注重综合性及国际合作。

(四) 维安组织机制化

冷战结束后,由于东西方力量失衡,霸权主义肆虐,恐怖主义猖獗,民族主义膨胀,原教旨主义抬头,地区热点增多,世界安全形势更加严峻。形势表明,国家安全、地区安全、世界安全是相互贯通的,维护世界和平与安全的机制需要网络化。为了建立和平、稳定、公正、合理的国际新秩序,摈弃冷战思维是前提,树立新安全观是基础,建立安全机制是保障,发挥联合国作用是重中之重。

联合国是国际多边机制的核心,是实践多边主义的重要舞台。坚持《联合国宪章》宗旨和原则,采取集体行动,加强联合国作用,维护联合国权威,是国际社会的普遍呼声。联合国的核心作用可概括为:坚决维护《联合国宪章》的宗旨和原则,继续发挥联合国及其安理会在处理国际事务、维护世界和平方面的积极作用,确保全体会员国平等参与国际事务的权利；安理会在维护国际和平与安全方面负有首要责任，安理会是国际集体安全机制的核心；在涉及国际和平与安全的重大问题上绕开安理会自行其是的做法是与广大会员国的意志背道而驰的。当然在新形势下联合国自身也应进行必要、合理的改革，目的是提高工作效率，解决各方最关切的问题，加强其在国际事务中的主导作用，增强应对新威胁和新挑战的能力，更好地反映广大发展中国家的共同呼声和需要。

第三节　主要国家军事力量概览

一、美国军事力量概览

美国是当今世界唯一的超级大国，其政治影响力、经济实力、科技水平及军事技术等均居世界领先地位，其超强的军事实力和以军事手段推行世界霸权的战略企图对国际战略格局具有重大的影响。美国的武装力量隶属于美国国防部，由现役部队、后备役部队及文职人员所构成。美军现役主战装备在陆、海、空、天、电磁战场上形成联合作战体系，同时，核武器及运载工具无论在数量上还是精度、突防能力上都是世界最强的。

美国的军事部署是典型的全球性部署，原则是根据美国国家安全利益的需要，在分析未来可能对美国产生的威胁的基础上，依据平时和未来战争中各军种可能执行的任务而确定和实施的。其部署主要分布在全球六大战区，每个战区美军都设有联合司令部。

太平洋战区：辖区包括东自美国西海岸、西至非洲东海岸、北到北极、南到南极的广大海域和部分陆区。该战区地域辽阔，热点地区在冷战后不断增多，其战略地位大幅度提高，是美军兵力部署的重要战场。

欧洲战区：辖区包括欧洲大陆、地中海、土耳其、叙利亚、黎巴嫩、以色列及非洲（东北非除外）地区。随着北约一再东扩，部署方向不断向东发展，该战区态势日益对美有利，其驻军逐渐缩减，但仍是美军兵力部署的重点之一。

中央战区：辖区东起阿富汗、巴基斯坦，西至埃及，南起肯尼亚，北抵伊朗和伊拉克以及红海、波斯湾两个海域。自"9·11"事件后，美军更加认定国际恐怖主义的根源就在这一区域，接连发动了阿富汗战争和伊拉克战争。随着伊朗"核危机"的不断升级，该战区已成为美军的主要作战战场。

北方战区：辖区包括美国、加拿大、墨西哥及加勒比海部分地区。该战区总部是"9·11"事件后美军为适应保卫本土安全的需要，于2002年10月1日增设的，其主要任务是从事对美本土的防卫，统领在国内作战的部队，协助地方政府开展本土防御工作以及应对自然灾害和其他困难等。

南方战区：辖区包括墨西哥（不含）以南的拉丁美洲国家，大西洋和太平洋部分水域以及加勒比海部分水域。该战区的主要任务是协助拉美国家共同打击恐怖主义活动及走私贩毒等，重点是维护美国"后院"的安全。

非洲战区：是美军于2008年新组建的战区。根据计划，应把原属于欧洲、中央和太平洋战区所辖非洲区域划归该战区管辖。这样，美国基本上按照洲际划分形式把地球切成了六大部分。

近年来，美国大力调整全球军事部署，重点加强在亚太地区的军事存在。一是减少驻欧兵力，将部分基地东移。二是调整东北亚军事部署，强化驻日美军的指挥与控制能力。三是提升关岛的战略地位，将战略进攻力量进一步向西太平洋地区部署。

二、俄罗斯军事基本情况

俄罗斯是当今世界军事强国之一，拥有极为丰富的军事实践经验和完善的军事理论体系，在世界军事领域中占有非常重要的地位。俄罗斯军事思想、作战理论、武装力量、军事部署以及未来的军事发展走向，将对未来世界军事格局产生重要的影响。

俄罗斯将国家的所有军事力量统称为"国家军事组织"。俄罗斯联邦武装力量是国家军事组织的核心和军事安全保障的基础。此外，国家军事组织还包括以军事手段执行维护军事安全任务的其他军队、军事单位和机构，如隶属于内务部的内卫部队、隶属于联邦安全总局的边防部队、隶属于紧急情况部的民防部队等。

（一）俄罗斯军事力量配置

陆军由摩托化步兵、坦克兵、火箭兵与炮兵、防空兵、空降兵以及各专业部队等组成，划分为6个军区，编有9个集团军、1个步兵军。陆军是俄罗斯武装力量中人数最多、战斗编成最大的军种。

海军分为海军战略核力量和海军常规力量两大部分，由水面兵力、水下兵力、海军空防兵、海军陆战队、陆上和岸防部队组成，编为太平洋舰队、北方舰队、波罗的海舰队、黑海舰队和里海区舰队。

空军由远程航空兵、前线航空兵、军事运输航空兵、军队航空兵、防空火箭兵和无线电技术兵等组成，编有1个特种指挥部、5个空防集团军和3个空军集团军。

战略火箭兵编有3个导弹集团军，辖13个师（计划缩编为10个师），主要装备有各型陆基洲际弹道导弹596枚，核弹头2236枚。

太空兵编有1个独立导弹太空防御集团军、3个航天试验发射场和1个太空兵器试验与控制总中心，装备反弹道导弹100枚。俄罗斯是世界上第一个将太空部队列为独立兵种的国家。

空降兵由空降师、空降旅及一些执行特种任务的独立空降部队组成，编有4个空降师、1个独立空降旅、1个空降兵训练中心和1所军校。空降兵是最高统帅部的战略预备队，是高度机动兵种。

(二) 俄罗斯的军事部署

俄罗斯的军事部署包括国内兵力部署和境外军事存在两部分。

1. 国内兵力部署

俄罗斯根据对未来战争的设想，将全国划分为六大战略方向，每个军区负责本军区所在的战略方向，军区指挥机关拥有地区性战役——战略司令部的地位，平时负责军队的训练和责任区内的军事安全，战时统一指挥辖区内的武装力量（战略核力量除外）以及上级配属、作战隶属的其他军队。

从2006年6月起，俄军按照地域原则和战略方向，在东、西、南三个战略方向设立三个"地区司令部"，统一指挥辖区内各军兵种部队：东方司令部总部设在乌兰乌德市，统辖现远东军区、西伯利亚军区、伏尔加河沿岸—乌拉尔军区（一部分）和太平洋舰队；西方司令部总部设在莫斯科市，统辖现莫斯科军区、列宁格勒军区、北方舰队和波罗的海舰队；南方司令部总部设在萨马拉市，统辖现伏尔加河沿岸—乌拉尔军区大部和北高加索军区以及黑海舰队和里海区舰队。

在陆地，俄军以西部，即欧洲方向为重点。俄陆军主要战役集团部署在莫斯科军区和列宁格勒军区，其武器装备和军人素质都明显优于驻亚洲地区的陆军。西南和中亚方向为次重点。针对高加索地区日益复杂的地缘政治形势，俄军加强了北高加索军区的实力；在中亚方向，俄军加强了作为第二战略梯队的伏尔加河沿岸—乌拉尔军区的建设，扩大了常备部队的规模。西伯利亚军区是俄军的战略预备队，俄军重点加强了架子部队的建设，使其在战争爆发时能迅速补充和扩编。俄空军在每个军区都配属了空防集团军。

在海上，以欧洲方向海区为重点。北方舰队部署了俄海军唯一的"库兹涅佐夫"号航空母舰以及仅有的两个战略导弹核潜艇总队，以保持对北约国家有效的遏制力。远东方向海区为次重点，为增强该方向对美、日的威慑力，俄军计划将新一代战舰及核潜艇重点配给太平洋舰队。为应对高加索和里海地区的威胁，俄军也加强了里海区舰队的战斗力。

作为战略进攻力量的战略火箭兵和远程航空兵，由于打击距离基本不受限制，被分散配置在全国各地以增强生存力，但重心在西部。作为战略防御力量的反导系统，全面部署在莫斯科周围地区，并与空军和陆军的防空兵器共同构成严密的首都空天防御网。莫斯科特种司令部担负着向各战略方向提供空中机动支援和莫斯科地区的空中防御任务。

总体上，俄罗斯武装力量的部署已大大收缩，但传统的西重东轻、南密北疏的基本态势仍未改变，兵力部署的重点仍在西部，即俄罗斯的欧洲部分；驻亚洲地区部队的装备水平也已得到明显提高。

2. 境外军事存在

冷战时期,苏联为了与美国进行全方位的较量,其军事基地遍布世界各地。到苏联末期,开始在全球范围进行战略收缩。俄罗斯独立以后,进一步压缩境外驻军,但同时也加强了在独联体国家的驻军,对北约蚕食俄罗斯传统势力范围进行了防守反击。2002年4月成立的集体安全条约组织,其成员国包括白俄罗斯、哈萨克斯坦、吉尔吉斯斯坦、塔吉克斯坦和亚美尼亚,是俄罗斯主导的独联体集体安全体系的基本框架。在西部、西南和中亚三个重点方向,已初步形成了俄罗斯主导下的地区安全体系。

在西部,俄罗斯推动与白俄罗斯建立军事联盟。2006年11月23日,两国国防部长签署协议,正式建立俄白地区统一的防空系统,俄罗斯将把4个C-300防空导弹营部署在白俄罗斯西部。统一防空系统建成后,可使俄罗斯战略空间向西前推400公里。俄罗斯还准备在白俄罗斯建立新的军事基地。

在西南,2008年俄罗斯最后两个军事基地从格鲁吉亚撤出后,亚美尼亚将成为唯一能够让俄罗斯在外高加索地区部署军队集群的国家。俄亚联合防空部队按照苏联时期制定的模式共同监控南方空域。

在中亚,俄罗斯先后在吉尔吉斯斯坦和塔吉克斯坦建立了新的军事基地,其中驻塔吉克斯坦的军事基地是目前俄境外最大的军事基地。集体安全条约组织已决定组建中亚军队集群,一旦爆发大规模战争,该组织成员国应将本国陆军或整个武装力量编入该集群。

三、日本军事基本情况

多年来,日本一直试图冲破其成为军事和政治大国的诸多限制,并视军事力量为其国际交涉的直接手段和推进大国战略的有效资本,但在国内外都存在诸多制约因素。

(一) 日本的武装力量

日本武装力量称为自卫队,主要由现役兵力、文职人员、应急预备役和一般预备役四部分组成。现役兵力包括陆军、海军、空军。陆军:共编5个军区、10个师、16个旅。海军:编有1个联合舰队(辖护卫舰队、航空集团、潜艇舰队、扫雷队群等)、5个地方队、1个教育航空集团、1个练习舰队等,拥有各型舰艇436艘(其中作战舰艇约152艘);拥有各型飞机212架。空军:编为1个航空总队、1个航空支援集团、1个航空教育集团、1个航空开发实验集团等。日本实行文官治军的方针。防卫省内部局均聘用文职官员和事务官。此外,日军还聘用文职人员在军内有关单位从事科研、教学、后勤和行政等方面的工作。

(二) 日本的军事部署

日军除在海外派有少量维和部队外,所有部队均部署在本土。冷战期间,日军将苏联作为主要作战对象，一直采取重北轻西南的部署方式，将北海道作为日本本土防卫的重点地区，其陆军兵力的 1/3、火炮的 1/4、坦克的 2/3 均部署在这里。苏联解体后，日本根据国际战略形势的新特点和对安全威胁的新认识，在军事部署上作了较大调整。

1. 实施整体均衡部署

为加强对中国和朝鲜的防范，日军着手减少北海道的兵力，增加和充实西南方向的兵力。与此同时，在保持海军、空军部署基本不变的情况下，适当加强西部和西南部的力量，以增加该地区的兵力部署密度。

2. 加强机动作战力量

日军着力组建可实施全方位支援的机动打击力量，目前已将部分师（旅）改编为地面、海上、空中机动旅，可对各个方向实施支援，并可适时应对各种危机和突发事件。日本还决定组建"中央快速反应集团"，以应对各种危机和突发事件。该部队将由防卫省直属部队、反恐部队和维和部队等组成，直接归防卫大臣指挥。

3. 海军、空军主力居中策应

日本将海军、空军的主要力量部署在中部基地和防区内，以确保首都地区安全和便于向各个方向实施支援。长期以来，日本始终将海军的 3/4 的驱逐舰、3/5 的航空兵、全部潜艇、大部分扫雷舰艇、登陆运输舰艇和空军的大部分航空团、防空导弹群部署在中部地区。这主要出于以下考虑：第一，保护和加强首都地区和中部重要工业区的安全，这里是日本的政治经济中心和最重要的工业地带；第二，便于向各方向实施作战支援；第三，保护日本至美洲的东南海上航线和日本至东南亚、中东地区的西南海上航线，这两条航线是日本的海上生命线，在平时关系着其生存和发展，战时将直接影响到战争的成败。

四、印度军事基本情况

（一）印度的武装力量配置

印度的武装力量由正规军、准军事部队和后备力量组成。正规军分为陆、海、空三个军种，是印度武装力量的主体。目前，印度正规军共有约 127 万人（不包括执行对内任务的陆军部队人员，也不包括在军内工作的文职人员），人数居世界第四位。

除陆、海、空三军外，印度还有约 410 万人的非正规武装力量，包括准军事部队和后备力量。准军事部队是正规军的辅助力量，除负责内卫治安、支援国家经济建设外，还直接参与过多次战争。

（二）印度的军事部署

由于印军的各军种都有独立性，印军的作战区域因军种不同而有差异，对作战范围的划分也各成体系。

印度陆军兵力主要按军区部署，分为东部、西部、北部、中部、南部和西南部 6 个军区。东部军区主要负责锡金、阿萨姆走廊、东北地区和孟加拉方向的作战；北部军区主要负责印控克什米尔地区和印中边境西段拉达克地区；西部军区主要负责与巴基斯坦边境接壤的喜马偕尔、旁遮普和拉贾斯坦地区；西南军区主要负责从旁遮普邦的法兹尔卡至拉贾斯坦邦的甘加纳加尔县和比坎内尔县之间的重要区域；中部军区主要用于策应四方的战略机动；南部军区主要用于印巴边境南段沙漠和沼泽地区，并担任战略机动任务。

空军按照防卫任务和地理环境，将全国划分成东部、中部、西部、西南和南部 5 个作战区域，设立了相应的作战司令部。东部空军司令部除负责该区域的防空作战外，主要负责印中边境东段以及孟加拉和缅甸地区的作战；中部空军司令部除负责印中央地区防空作战外，主要负责印中边境中段地区的作战；西部空军司令部除负责新德里等要地防空外，主要负责巴基斯坦北部地区和印中边境西段地区的空中作战任务；西南空军司令部除该地区的防空外，主要负责印度南部地区的作战；南部空军司令部的主要任务是协同海军保卫印度南部地区和海上岛屿的安全。

海军目前将印度周边海域分成三个作战区域：印度西北部沿海及阿拉伯海由西部海军司令部负责，下辖西部舰队，拥有 1 艘航空母舰和印海军半数以上的舰艇；印度东部沿海及孟加拉湾（包括保克海峡和马纳尔湾）由东部海军司令部负责，下辖东部舰队；安达曼—尼科巴群岛周边地区由远东海军司令部负责。

五、法国军事基本情况

法国是西欧大国和联合国安理会常任理事国之一，一直把维护大国地位作为其国家战略的核心。为确保这一目标的实现，法国奉行独立的防务和安全政策。与此同时，法国也十分注重与北约盟国的协商与合作。

（一）法国的国防政策

当前法国奉行的国防政策是：强调核威慑的重要作用，继续依靠独立、有限的核力量，维护国家的根本利益。法国十分重视核武器的战略威慑作用，强调必须保持一支"独立""足够"和"有效"的现代化核威慑力量，并将其作为最后的军事手段，捍卫其大国地位，维护国家的根本利益。

重视欧洲防务建设，谋求在欧洲安全事务中发挥主导作用。法国反对建立单极世界，认为世界的多极化趋势虽然出现曲折，但仍然是不可避免的。欧盟必须加强独立的防务建设，以建立新的欧洲安全机制，并在未来国际格局中发挥重要作用。因此，法国将推动欧洲加强共同防务建设作为其国防政策的主要内容之一，谋求法国在未来新的欧洲安全机制中发挥主导作用。

继续参与北约的集体防御，力促北约进行内部改革，积极扩大法国的影响和作用。法国认为，北约仍是欧洲集体防御的核心，但欧洲不能把确保自身安全的责任永久地交给美国承担，主张通过建立"欧洲独立防务"和"真正平等"的欧美伙伴关系，使欧洲承担更多的防务责任和发挥更大的作用，从中扩大法国的影响和作用，并力图削弱美国在北约的主导地位。

维护法国在亚洲、非洲和中东的战略利益，谋求打破美国独霸世界的野心。法国一直把亚洲、非洲和中东地区看作自己的传统势力范围，发展与加强同这些地区国家的友好合作关系，有利于扩大法国的影响力和发挥法国的大国作用，从而打破由美国一手独揽地区事务和中东和平进程的局面，确保法国的战略利益。

（二）军事战略

法国是北约成员国，其军事战略基本上是执行北约各个时期制定的军事战略原则，但同时又保持着自己的独立性。在冷战时期的一个较长时期内，法国奉行"逐步反应"的军事战略。冷战结束后，法国根据国际和欧洲安全形势的变化，对军事战略进行调整，奉行全方位防御战略。该军事战略的主要内容是：

强调威慑的作用。法国公开宣布，对任何敢于冒犯、威胁其根本利益的潜在敌人，法国将可能首先使用核武器。法国这样做的目的是使其不敢轻举妄动。但与此同时，法国也更加强调常规力量在核威慑战略中的作用，重视核与常规力量、威慑与干预行动之间的平衡与互补作用。

强调预防危机。主张动用政治、经济、外交、军事等多种手段，预防各种危机的发生，以确保国家的安全。采取包括通过国际合作、和平调解和外交斡旋等方式的政治干预、经济援助和制裁以及派出维和部队和进行军事干预等措施，预防危机并将其控制在最低限度。

强调兵力投送与机动作战。认为未来法军将主要在远离国门的欧洲及世界其他地区遂行军事行动。为此，法军应具有兵力投送能力和机动作战能力，并把加强部队快速反应能力及远距离投放手段作为军队建设的重要内容。

强调维护国内安全。法军的任务是维护国家主权、领土完整和社会稳定。维护国家治安主要由宪兵和警察承担，但需要时，法军现役及预备役部队也将参与，进行"国内投放"行动，以配合宪兵和警察及时、有效地消除国内各种不安定因素和潜在威胁。

（三）指挥体制

宪法规定，总统为武装力量最高统帅。总统下设内阁会议、国防委员会、限制性国防委员会和高级国防会议。内阁会议负责制定全面的防务政策，其成员有总理和所有内阁成员，由总统任主席。国防委员会负责具体防务问题的决策，其成员有总理、外交、国防、内政和财经部长等，由总统任主席。限制性国防委员会负责军事问题的决策，由总理或总理指定的人员组成，总统任主席。高级国防会议为咨询机构。总理负责贯彻既定防务政策。国防部为内阁中的一个部，是军队的最高行政领导机关。国防部长在总理领导下负责防务工作，下设三军参谋部和陆、海、空三军军种参谋部以及武器装备部等单位。武装力量由陆、海、空三军和宪兵组成。最高军事指挥机构为三军参谋部。总统通过国防部和三军参谋部对全国武装力量实施领导和指挥。

六、英国军事基本情况

（一）国防力量

英国国防力量，包括陆军（含正规预备役及地方军），海军/海军陆战队（含正规预备役、志愿者及辅助部队），空军（含正规预备役、志愿者及辅助部队）。

（二）国防政策

继续依靠北约集体防务力量作为巩固安全的基础；保持强大的常规部队；保持核威慑力量；突出强调质量建军和联合快速反应部队的建设，重点提高英军处理各种危机、应付突发事件的快速反应能力，努力维护英国在欧洲及海外传统势力范围的战略利益，积极参加联合国的维和行动，维护英国的战略利益。

英国在冷战后对其军事战略进行了调整，确定"应变抉择"的军事战略。其核心是：以北约集体防务为支柱，以核威慑为后盾，重点提高部队应付突发事件的能力，以加强军队的质量。具体情况如下：陆军近年的规模虽然在逐渐缩小，但更加重视改善军队的装备，着重提高部队的机动性和灵活性；海军的军事战略由"前沿防御"向"机动防御"发展，并着重提高海军处理各种危机和应付突发事件机动、应变的能力，其作战任务转向独立自主或与盟国联合对付涉及国家利益的地区可能发生的危机，能够在远离本土地区迅速调遣、展开部队，空军的主要任务将不是击退整个领空不同方向的密集打击，而是在多个危机发生地区调遣和机动作战。在指导思想上，强调依靠北约确保欧洲和英国的安全。在防务安排上，积极参加北约集体防务和欧洲的维和行动。在军事部署上，减少驻德国部队。在军队建设上，强调走"少而精"的质量建军的道路。

第四节　我国周边安全环境及国家统一

周边地区指我国的陆海边境地带及其外侧的陆海邻国和公海所构成的区域。我国是除俄罗斯外世界上邻国最多的国家。我国陆地上与14个国家接壤，它们是朝鲜、俄罗斯、蒙古、哈萨克斯坦、吉尔吉斯斯坦、塔吉克斯坦、阿富汗、巴基斯坦、印度、尼泊尔、不丹、缅甸、老挝和越南。海上与8个国家的大陆架或专属经济区相连接，它们是朝鲜、韩国、日本、越南、菲律宾、马来西亚、印度尼西亚和文莱。此外，还有5个国家与我国位置靠近，它们是柬埔寨、泰国、孟加拉、乌兹别克斯坦和土库曼斯坦。

一、我国周边安全环境主要威胁

我国地处亚太地区，尽管当前形势相对稳定，但是，周边地区一些固有的矛盾并没有完全解决，影响和平安全的因素依然存在，我国周边安全与稳定仍面临不同程度的现实的潜在威胁。

（一）西方军事强国对中国的安全环境具有威胁

美国与我国虽远隔重洋，但对我国安全的影响却无处不在。在各大国与我国关系向前发展的同时，在以美国为首的西方世界仍然有一股企图遏制中国的逆流，顽固地坚持冷战思维，不愿意正视我国政治、经济的发展以及在国际社会中的积极作用。散布所谓的"中国威胁论"，以"人权"为幌子，干预中国的内政，继续坚持对台军售，阻挠中国统一大业。美国对华政策的两面性，是我国安全环境不稳定的主要因素之一。

（二）周边"热点"地区威胁因素增加

1. 朝鲜半岛

其根源在于南北方的分裂局面，表现为朝鲜和韩国的对立及朝鲜与美国的对立。朝鲜与美国签署了关于核问题的框架协议后，朝鲜和韩国由对峙走向对话，随着"六方会谈"断断续续，朝鲜半岛的局势有趋向缓和的可能，也存在爆发战争的隐患。特别是近年来关于朝鲜的核武器实验及导弹试射的传闻不断，更给半岛局势蒙上了阴影。这一地区是我国周边地区中军事力量较为密集的地区，南北军事部署近在咫尺，军事对峙僵局很难打破，一旦发生战争，将会给我国造成极大压力。

2. 印度和巴基斯坦的对立

印度和巴基斯坦都致力于本国经济的发展，不希望彼此间爆发新的战争，但是由于历史原因，印巴两国既存在民族怨恨，又存在宗教纠纷，还存在领土争端，在短时间内难以得到解决。两国独立后发生过3次战争。现在，仍陈重兵于边境，互相对峙。多年来，印巴军事摩擦时有发生。1998年5月，两国核军备竞赛升级，印度48小时内首先进行了55次核试验，巴基斯坦进行了6次。印巴核军事装备竞赛的升级和对立的加剧，对我国的安全环境产生了不利影响。克什米尔地区是印度和巴基斯坦争夺的焦点，如果战争爆发，必然会对我国边境安全构成较大威胁。

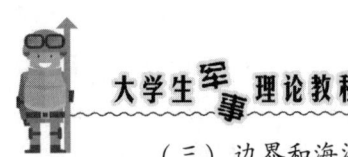

（三）边界和海洋权益争端尚存

我国与一些邻国的边界争议及海洋权益的争议情况复杂，解决起来难度很大，这些争议终是可能威胁我国边境和领海安全的不稳定因素。

1. 中印边界争端问题

由于历史的原因，中印边界从未正式划定过，边界全线都存在争议。冷战结束后，随着中印关系的不断改善，1993年9月，中印正式签署了《关于在中印边界实际控制线地区保持和平与安宁的协议》。1996年11月，两国签署了《关于在中印边境实际控制线地区军事领域建立信任措施的协定》。但是1998年3月，人民党执政的印度政府上台伊始就大肆渲染"中国威胁论"，无端指责中国侵占印度的领土，对印度安全构成严重的威胁，为其发展核武器寻找借口。一直到2003年上半年，印度总理瓦杰帕伊访问中国后，中印关系才重新走上健康发展的道路，但也出现过"帐篷对峙"等容易擦枪走火的局面。应当看到，由于双方确信边界问题的早日解决符合两国的基本利益，因此将其视为共同战略目标，这为两国边界问题的解决奠定了基础。但是两国领土争端面积较大，对两国利益有重要影响，确定边界的工作复杂，问题最终的解决还需要两国一定时间的努力。

2. 南海权益争端问题

南海地区是我国周边环境中的一个重要战略方向，涉及我国领土主权、海洋权益维护等重大问题。在1999年5月，我国驻南联盟使馆被炸后，越南、菲律宾、马来西亚等国展开了新一轮对南海岛礁的争夺。目前，周边相关各国在南沙群岛问题上主要采取"巩固既占岛礁、维持南沙现状，加紧开采油、气资源，并努力促使南沙问题国际化"的做法。今后，随着对南海资源需求的进一步增长，相关各国围绕南沙岛礁、海域的争夺将趋于激烈，南沙争端在国际势力越来越明显的干预和参与下，有可能朝着"岛礁占领多元化、海域划分合法化、资源开发国际化、军事斗争复杂化"的方向发展。

3. 中日钓鱼岛争端问题

钓鱼岛及其海域是中国固有领土。随着钓鱼岛战略地位被重视和资源被发现，日方通过"购岛"等闹剧，妄图窃取钓鱼岛主权。随着美国重返亚太战略的实施，美国在钓鱼岛问题上横加干涉，致使问题越加复杂。钓鱼岛问题是目前中日关系中的核心问题之一，关系着中日关系的健康发展。

二、维护国家统一

（一）部分地区民族分裂主义活动频繁

我国是一个多民族的社会主义国家，共有56个民族。新中国成立后，由于我国实行了正确的民族宗教政策，中国各族人民关系融洽，团结和睦，共建中华美好大家庭。但随着"冷战"结束，民族主义情绪在世界范围内开始泛滥，加之西方敌对势力的背后蛊惑，近几年，民族分裂主义在我国西藏、新疆地区有进一步加剧之势，突出表现为"藏独"势力和"东突"势力。

达赖集团在国外建立流亡政府，成为外国反华势力"分化"中国的工具，是西藏分裂主义的根源。达赖在国外到处游说，与国外反华势力勾结，就所谓"人权问题"和西藏问题攻击中国政府，妄图最终实现西藏"独立"。他打着宗教的幌子，千方百计向国内渗透，拉拢和迷惑信教群众，煽动民族分裂主义分子制造事端。2008年3月14日，发生于拉萨的打砸抢烧事件，就是一伙暴徒在以达赖为首的分裂集团骨干的直接鼓动下制造的。

新疆的民族分裂分子自20世纪50年代逃到国外后，一直没有停止分裂祖国的活动，他们企图建立所谓的"东突厥斯坦"国家。另外，在新疆境内的一小撮民族分裂主义分子与之遥相呼应，成立分裂主义组织，煽动群众闹事，搞颠覆破坏，甚至搞暗杀、爆炸等活动。2008年7月5日，发生于乌鲁木齐等地区的暴乱活动，造成了140多人死亡的惨剧，严重地影响了民族团结。"疆独组织"已活脱脱地演变成一个恐怖主义组织，对新疆人民的正常生产生活秩序构成了严重危害。

（二）坚持一个中国原则

实现祖国统一，是包括台湾同胞在内的全体中国人民的根本意愿，是中华民族在21世纪屹立于世界的重要条件，是关系国家命运和民族威望的大事。香港、澳门分别于1997年和1999年相继回归祖国，成功地实行了"一国两制"，中国政府、中国人民完全有决心战胜一切艰难困苦，不懈努力，完成祖国统一大业。20世纪80年代，制定和执行了"一国两制、和平统一"的政策方针，积极推进两岸交往，广泛团结爱国力量，增进统一共识，与台独势力和国际干预势力展开坚决斗争。实现祖国统一的主要精神表现在以下五个方面。

1. 坚持一个中国原则是发展两岸关系、实现和平统一的基础

世界上只有一个中国，祖国大陆和台湾同属一个中国，中国的主权和领土完整不容分割，台湾是中国领土一部分的地位不能改变。对任何旨在制造"台湾独立""两个中国""一中一台"的言行，我们都坚决反对。台湾前途系于祖国统一。现阶段发展两岸关系，就是要加强两岸人员往来和经济文化领域的交流，加深两岸的理解与合作。这样既有利于双方相互了解，消除敌意，增进信任，为进一步合作创造条件，为两岸和平谈判开辟道路，又有利于促进两岸共同发展，增强国家整体实力，为祖国统一奠定物质基础。

2. 坚持"一国两制、和平统一"的基本方针是两岸统一的最佳方式

按照"一国两制"实现两岸和平统一，台湾同胞的现实利益和长远利益不但不会受到损害，还可以得到更好的保护。因此，我们要坚定不移地实行"一国两制"的方针，力争

首先运用和平方式实现两岸的统一。主张开展两岸对话，进行和平统一谈判。中央表示，在坚持一个中国的前提下，可以和任何人谈，任何问题都可以谈。

3. 不承诺放弃使用武力，统一是和平的前提

和平谈判是解决台湾问题的首选手段，但绝不是唯一手段。"有文事者必有武备"，我们在贯彻"一国两制、和平统一"的方针，不放弃任何和平解决希望的同时，决不放弃必要时使用武力的选择。采取什么方式解决台湾问题，完全是中国的内政，决不容外来势力干涉。如果出现台湾以任何名义从中国分割出去的重大事变，如果外国势力侵占台湾，如果台湾当局无限期地拒绝通过谈判和平解决两岸统一问题，中国政府只能被迫采取一切可能采取的断然措施，包括使用武力来实现祖国的统一。显然，这不是针对台湾人民的，而是针对分裂势力和外来干涉势力的。

4. 台湾问题是中国内政，不容别国干涉

台湾问题纯属中国内政，任何国家不得干涉。中国共产党及其领导下的13亿中国人民，有着不屈服于任何外来势力，"不怕鬼，不信邪"，坚决维护国家主权统一、领土完整和安全的坚强意志和斗争经验，有着不畏强敌、英勇作战、敢于胜利、善于胜利的优良传统。因此，任何阻止中国统一的图谋注定是要失败的。

5. 坚决实现祖国统一大业，台湾问题不能无限期拖延下去

国家要统一，民族要复兴，符合包括台湾民众在内的全体中国人民的根本利益。台湾与祖国大陆的完全统一，不仅事关国家主权与领土完整，事关民族尊严，事关中国在政治上的完全独立，而且事关中华民族的生存与发展，事关中华民族在21世纪的伟大复兴。我们要加倍努力推进两岸关系发展，力争早日解决台湾问题。

2016年，民进党候选人蔡英文成为台湾地区领导人，蔡英文实施"去中国化"，大搞"台独"活动，模糊一个中国的基石——"九二共识"，妄图分裂国家，成为两岸关系中的最大变数，影响了两岸关系的和平发展，更给两岸的经贸往来造成了障碍。

第五节 全球化背景下的总体国家安全观

党的十八大以来，以习近平为核心的党中央站在新的历史着眼点上深刻把握我国发展的重要战略机遇期，正确分析我国面临的国际国内安全形势，在继承和发展中国共产党人国家安全思想的基础上提出了总体国家安全观。贯彻落实总体国家安全观，必须既重视外部安全，又重视内部安全，对内求发展、求变革、求稳定、建设平安中国，对外求和平、求合作、求共赢、建设和谐世界；既重视国土安全，又重视国民安全，坚持以民为本、以

人为本,坚持国家安全一切为了人民、一切依靠人民,真正夯实国家安全的群众基础;既重视传统安全,又重视非传统安全,构建集政治安全、国土安全、军事安全、经济安全、文化安全、社会安全、科技安全、信息安全、生态安全、资源安全、核安全等于一体的国家安全体系;既重视发展问题,又重视安全问题,发展是安全的基础,安全是发展的条件,富国才能强兵,强兵才能卫国;既重视自身安全,又重视共同安全,打造命运共同体,推动各方朝着互利互惠、共同安全的目标相向而行。

一、习近平总体国家安全观形成的背景

习近平总体国家安全观形成的理论背景。习近平总体国家安全观是在马克思、恩格斯和平国际观基础上继承和发展以毛泽东、邓小平、江泽民、胡锦涛为核心的中央领导集体国家安全思想的基础上形成和发展起来的。马克思、恩格斯关于国家安全的思想主要体现在和平的国际观上。马克思恩格斯认为,各国无产阶级要加强国际合作,用和平手段解决国际争端,实现和平的国际状态,这是未来新社会的国际原则。这些思想为习近平总体国家安全观的形成和发展奠定了重要的理论基础。同时,习近平继承发展了以毛泽东、邓小平、江泽民、胡锦涛为核心的中央领导集体国家安全思想,提出总体国家安全观。

习近平总体国家安全观形成的现实背景。和平与发展仍是当今时代的主题,但在全球化趋势下我国仍面临着国际国内一些不和谐不稳定因素,国际国内安全威胁相互交织,给我国的国家安全带来严重的威胁。国际上,传统安全和非传统安全相互交织,国与国之间的利益战争并没有完全消失,地区冲突与局部矛盾仍然存在,恐怖主义、社会矛盾、民族矛盾、文化能源安全、意识形态安全等一系列问题仍在蔓延,给世界稳定造成了巨大的威胁。国内经济、社会、政治、文化、生态等各种矛盾相互交织、错综复杂,使我国社会遇到的风险加大,社会稳定面临挑战。我国周边环境也不容乐观。与日本、韩国、菲律宾、越南、印度等存在一系列领土争端,潜在地给我国安全带来威胁。此外,"藏独""台独""疆独"等势力日益猖獗,恐怖暴力事件、邪教组织寻衅滋事时有发生。总之,新世纪新阶段,我国面临着国际国内的严重形势,对我国国家安全提出了新的课题。这构成了习近平总体国家安全观的现实背景。

二、总体国家安全观的主要内容

习近平在主持召开中央国家安全委员会第一次会议时说:"坚持总体国家安全观,以人民安全为宗旨,以政治安全为根本,以经济安全为基础,以军事、文化、社会安全为保障,以促进国际安全为依托,走出一条中国特色国家安全道路"这一论述深刻揭示了习近

平总体国家安全观的主要内容,是理解和把握总体国家安全观的重要依据。

(一) 以人民安全为宗旨

以人民安全为宗旨,"坚持以民为本、以人为本,坚持国家安全一切为了人民、一切依靠人民,真正夯实国家安全的群众基础",这体现了马克思主义唯物史观的根本观点,置人民群众的安全利益放在首位,也是中国共产党性质宗旨的根本体现。中国共产党始终代表最广大人民的根本利益,是全心全意为人民服务的党。人民安全是国家安全的根本保障。人民是维护国家安全的根本力量,只有确保人民安全,国家安全才有保障。以习近平为核心的党中央把人民利益放在第一位,体现了以人为本、执政为民的理念。总体国家安全观坚持以人民安全为宗旨,切实维护人民群众的安全和利益,这是国家安全的保障,也是维护国家安全的根本目的。

(二) 以政治安全为根本

"以政治安全为根本"是指要把国家政治安全放在至高无上的地位,高度自觉地予以维护,不允许任何人、任何敌对势力以任何手段破坏我国的政治安全,为我国国家安全提供根本的政治保障。习近平总体国家安全观把政治安全作为实现国家安全的根本性手段,这是由我国的社会性质和社会现实决定的。我国是社会主义国家,坚定不移地坚持社会主义制度就是我国当前最大的政治。维护社会主义制度的安全是最大的政治安全,也是我国国家安全的根本之所在。当前,国际国内安全因素比以往更为复杂,安全形势更为严峻,因此,习近平强调:"当前我国国家安全内涵和外延比历史上任何时候都要丰富,时空领域比历史上任何时候都要宽广,内外因素比历史上任何时候都要复杂。"坚持以政治安全为根本的总体国家安全观,反映了新的历史背景下以习近平为核心的中央领导集体对我国政治安全的新认识,折射出新时期维护我国政治安全的迫切需要,有力地回应了国际国内敌对势力企图破坏我国政治安全的图谋。

(三) 以经济安全为基础

习近平在中央国家安全委员会第一次会议上强调,坚持总体国家安全观要以经济安全为基础,这是由当前我国面临的国际国内经济安全形势决定的。国际上,随着经济全球化趋势的不断深入,我国的经济安全面临着严峻的挑战。首先,西方大国的经济霸权日益严重。近几年,一些西方大国经济实力逐步增强,它们凭借强大的经济实力在世界上推行经济霸权主义,将自己的经济利益凌驾于其他一些发展中国家,一方面利用经济手段控制他国的经济命脉经济部门,另一方面掠夺他国的能源资源来为自己经济的发展解除后顾之忧。其次,一些经济强国利用不合理的国际经济旧秩序冲击着我国的经济安全。长期以来,这些经济强国垄断着国际经济规则的制订权,它们通过不合理的经济规则大肆压低初级产品或原材料的价格,垄断高技术产品的价格,还不断推行贸易保护主义,设置重重贸易壁垒，这些给我国的经济发展造成巨大的损害，严重制约我国的经济安全。最后，全球化背景下金融危机也是影响我国经济安全的潜在因素。随着全球化趋势的日益深入，经济因素尤其是金融因素在世界范围内的流动加快，一旦一国发生金融危机，他国就会很快受到冲击。

（四）以军事、文化、社会安全为保障

军事安全是指以军事力量为主要手段，同时辅以其他手段来捍卫国家主权领土完整，为国家发展赢得一个相对稳定的内部和外部环境。军事安全直接关系着国家的生死存亡，是其他一切安全的重要保证。文化安全是"指民族传统、价值观念、意识形态等国家文化主权领域免受外来文化威胁和危害的状态"。文化安全是关系国家长治久安的重要因素，是引领国家发展的精神动力。社会安全是衡量国家安全的综合因素，它直接关系到国家安全稳定，关系到人民的生活水平。以军事、文化、社会安全为保障，就要"注意研究这些方面面临的大量新情况新问题，遵循不同领域的特点规律，建立完善强基固本、化险为夷的各项对策措施，构筑起国家安全的重要屏障"。当前，面临日益严峻的国际国内挑战，以习近平为核心的党中央切实维护我国的军事、文化、社会安全，对此，提出贯彻落实总体国家安全观要以军事、文化、社会安全为保障。

（五）以促进国际安全为依托

以促进国际安全为依托，就要"始终不渝走和平发展道路，在注重维护本国安全利益的同时，注重维护国际安全，推动建设持久和平、共同繁荣的和谐世界"。在全球化迅速发展的今天，世界各国的联系越来越密切，国家安全已不再是孤立的，一国的安全已经置身于这个国际大环境之中。我国作为世界上最大的发展中国家，与世界的经济、政治、文化、信息、军事等联系日益密切，诸多安全问题已成为世界性的问题。党的十八大以来，习近平深刻把握国际形势的变化，针对国际上存在的安全因素和不安全因素，适时调整我国的国家安全战略，提出要坚持以促进国际安全为依托的总体安全观。

三、总体国家安全观的特点

习近平总体国家安全观是一个丰富完整的理论体系，是在继承中国共产党人国家安全思想的基础上顺应时代发展潮流发展而来的，丰富了中国共产党人的国家安全理论，具有鲜明的特点。

（一）系统性

习近平在中央国家安全委员会第一次会议上提出，贯彻落实总体国家安全观，必须"既重视外部安全，又重视内部安全；既重视国土安全，又重视国民安全；既重视传统安全，又重视非传统安全，既重视发展问题，又重视安全问题；既重视自身安全，又重视共

同安全,将发展与安全统一起来",这充分体现了总体国家安全观的系统性。

(二) 共同性

习近平在中央国家安全委员会第一次会议上指出,"贯彻落实总体安全观,既要重视自身安全,又要重视共同安全"。要尊重和保障每一个国家的安全,不能为了自身安全而牺牲了他国的安全,要"打造命运共同体,推动各方朝着互利互惠、共同安全的目标相向而行"。这不仅深刻揭示了一国安全对世界安全的依赖性,还充分说明了只有确保世界安全,才能保障一国的安全。这是习近平总体国家安全观共同性的集中体现。

(三) 综合性

习近平总体国家安全观的综合性主要体现在以下三个方面:第一,安全内容的综合性。习近平总体国家安全观强调维护国家领土主权完整的国土安全的同时,也突出了国民安全、国际安全,同时还强调政治安全、国土安全、军事安全、经济安全、文化安全、社会安全、科技安全、信息安全、生态安全、资源安全、核安全等方面的安全问题,将传统安全与非传统安全统一起来。第二,安全主体的综合性。习近平总体国家安全观在追求国家安全的同时更注重国民安全,强调以人民安全为宗旨,将人民安全提高到至上的位置,突破了传统国家安全理论中只注重军事、政治安全的狭隘性。第三,安全手段的综合性。习近平总体安全观在维护国家安全时不排除军事手段,但更强调运用非军事手段,通过增强国家综合国力、打造良好的政治生态以及构建新型大国关系等来实现国家的安全,从而促进地区稳定和世界的和谐发展。第四,安全要素的综合性。习近平总体国家安全观将安全要素扩展到科技、社会、信息、生态、资源、核等范畴中,使国家安全的内涵和外延进一步扩展、安全因素更为复杂。

(四) 民本性

习近平在中央国家安全委员会第一次会议上强调,"贯彻落实总体国家安全观,要坚持以人民安全为宗旨",这揭示了当代中国国家安全的根本目的,确立了国家安全的总纲领;"重视国民安全,坚持以民为本、以人为本",这突出了人民群众在国家安全体系中的主体性,继承了中华优秀传统文化中的民本思想,确立了人民安全在国家安全中的核心地位,奠定了习近平为核心的中央领导集体的民心基础,这充分体现了习近平总书记对人民安全的高度重视。

(五) 包容性

习近平的总体国家安全观统筹内部安全与外部安全、自身安全与共同安全,着力打造命运共同体,推动世界和平发展,体现了习近平总体安全观很强的包容性。随着综合国力的强大,我国在国际上的地位逐步提升,中国以更加坚定的自信、更宽广的胸怀、更谦和的姿态发展外交关系。新的历史条件下习近平总书记坚持包容、开放的态度,尊重各国人民的愿望和选择，在捍卫自身安全的同时，积极促进他国的安全，为实现"中国梦"构筑坚实的屏障，这也将是总体国家安全观在国际社会上的生命力和感召力之所在。

（六）和谐性

习近平总体国家安全观统筹外部安全和内部安全。必须既重视外部安全，又重视内部安全，对内求发展、求变革、求稳定、建设平安中国，对外求和平、求合作、求共赢、建设和谐世界。这充分体现了总体国家安全观的和谐性。和谐是习近平总体国家安全观的根本属性。2014年3月27日，习近平在出席中法建交50周年大会上指出，中国这头已经醒来的狮子是一只和平的、可亲的、文明的狮子，这为4月15日中央国家安全委员会第一次会议提出的总体国家安全观的性质作了根本的定论。

四、总体国家安全观的重要意义

习近平总体国家安全观立足于我国社会主义初级阶段这个最大的实际，积极应对全球化背景下来自国际国内的各种威胁与挑战，以世界和中国未来的发展为着眼点，大胆超越传统国家安全思想，为当代中国化马克思主义注入了新的生机和活力，丰富了马克思主义的国家安全理论，为维护我国的和平发展和世界的和谐作出了重要的贡献，具有重大的时代意义和价值。

（一）丰富和发展了国家安全理论

国家安全问题是我们党一直以来高度关注的重大问题，坚持从总体上思考和把握国家安全是我们党十分宝贵的经验。习近平坚持全面的、总体的、系统的观点，继承以毛泽东、邓小平、江泽民、胡锦涛为代表的中国共产党人的国家安全思想，在深入分析我国国家安全面临的新形势、新特点的基础上提出了总体国家安全观。总体国家安全观坚持和平共处五项原则，着眼于中国人民的根本利益和全世界人民的共同利益，坚决反对霸权主义和强权政治以及恐怖主义、宗教主义等极端势力，在关注传统国家安全的同时，更强调非传统安全，提出集政治安全、国土安全、军事安全、经济安全、文化安全、社会安全、科技安全、信息安全、生态安全、资源安全、核安全等于一体的国家安全体系，拓展了国家安全的内涵，是习近平对当前国家安全更为全面的认识，深化了对国家安全内容的认识，丰富和发展了马克思主义国家安全理论。

（二）利于构筑一个相对和平的国内环境

当前，我国正处于社会转型期、改革攻坚期，也是社会矛盾的凸显期，群体性事件多发、流血冲突事件频繁、公共安全得不到有效的保障，针对这种状况，习近平提出发挥执政党的社会整合功能，通过多方面的机制来构建和谐社会。顺应时势要求，习近平在召开中央国家安全委员会第一次会议上提出了总体国家安全观，倡导构建集政治安全、国土安

全、军事安全、经济安全、文化安全、社会安全、科技安全、信息安全、生态安全、资源安全、核安全等于一体的国家安全体系。总体国家安全观是一个完整的理论体系，它坚持全面的观点，全面系统地分析了当前我国社会存在的各种安全问题，有利于我们针对这些问题提出不同的策略，化解阻碍我们发展的矛盾，从而为我国的发展赢得一个相对稳定的国内环境。

（三）利于构建一个互利共赢、平等协作的和谐世界

习近平总体国家安全观是在国际国内形势纷繁复杂、安全困境日益突出的新时期提出的，顺应时代发展的潮流，充分反映了国际国内人民的利益诉求，"对内求发展、求变革、求稳定、建设平安中国，对外求和平、求合作、求共赢、建设和谐世界"，"既重视自身安全，又重视共同安全，打造命运共同体，推动各方朝着互利互惠、共同安全的目标相向而行"。总体国家安全观超越单方面安全的范畴，追求全面的安全，将传统安全与非传统安全、内部安全与外部安全结合起来，强调以和平合作的原则来调整世界各国的安全问题，防止避免国际危机和冲突的发生，通过互利合作来寻求世界的共同安全。习近平总体国家安全观体现了中国在国际社会上发展新型友好外交关系的新思路和新构想，为世界各国发展外交关系新供了新的范例，为构建中国国家安全战略指明了方向，也为维护世界和平产生了积极而深远的影响，有利于构建一个互利共赢、平等协作的和谐世界。

五、落实总体国家安全观的基本要求

（一）兼顾外部安全与内部安全

总体国家安全观兼顾外部和内部安全。从我国面临的安全威胁的地缘分布来看，既可能来自国内，也可能来自国外；从威胁的实体来看，它既可能来自国家，也可能来自国家集团、跨国组织、我国内部的分裂势力和不法分子等。从国外来看，我国同一些周边国家由于历史的原因和文化、政治上的差异，在领土、边界、资源开发等问题上的分歧仍然存在，矛盾仍会凸显，潜在的冲突依然存在。从国内来看，"三股势力"（恐怖主义、民族分裂势力和宗教极端势力）颠覆政权、分裂国家、破坏稳定的图谋一直没有停止，政治安全始终存在隐患；党内反腐败工作任重道远，事关党的形象和政权稳固；人民内部矛盾凸显，社会安全稳定形势严峻，生态安全面临挑战，互联网成为影响国家安全的重要领域，信息安全提上重要日程，对网络安全保卫工作提出了更高要求。

（二）兼顾国土安全与人民安全

国土安全是国家安全的基本前提和应有之义。总体国家安全观的重要特点是突出"人"的安全观。对广大人民群众来说，富裕与安全是他们的根本利益，是他们最关心的两大问题。在人民群众解决了温饱问题之后，最迫切和最需要的就是希望有一个安全稳定

的工作生活环境，关系老百姓生活的空气饮食、治安环境都上升到国家安全的高度。所以，习主席指出，总体国家安全观"以人民安全为宗旨"。人民群众本身也是实现国家安全的重要力量，维护国家安全应当激发广大群众的使命感和责任感，增强他们的主人翁意识，从而实现国家安全人人有责、维护国家安全人人尽力、国家安全局面人人共享的结果。总体国家安全观是党的群众路线在国家安全领域的实际体现和生动运用。坚持总体国家安全观，就是要把人民安全与国家安全统一在一起，以群众为出发点，以群众为依靠，共同努力维护国家安全。

（三）兼顾传统安全与非传统安全

传统安全与军事安全几乎是同一个意思，主要是指领土完整，即主权不受侵犯，危及主权安全的主要是外来的军事威胁。非传统安全则主要指保证资源供给与维护生存环境，也可以说是维护发展和生存权，危及非传统安全的主要是非军事威胁。这些非传统的安全包括政治安全、经济安全、文化安全、信息安全、生态安全等。安全的综合性是客观存在的，只是在过去相对封闭的社会环境中，传统的军事安全一直占据着国家安全的主导地位，其他领域的安全还没有凸显，因而没有引起人们的足够重视。当前，经济、文化、社会、信息、生态、资源等方面安全的重要性日益显露出来，使得它们与军事安全一样，成为影响我国国家安全的重要内容。

（四）兼顾发展问题与安全问题

邓小平同志曾经指出："发展是硬道理。"发展是人民群众的根本利益所在，也是解决所有问题的关键，离开经济发展，就谈不上建设小康社会。但发展和安全是辩证统一的整体，相互依存，互为条件。安全不仅是中国特色社会主义的重要内容和标志，而且也其重要保障。党的十八届三中全会作出了《中共中央关于全面深化改革若干重大问题的决定》，吹响了进一步深化改革的号角。深化改革离不开安全保障，既要实现发展，又要保证安全，两手抓，两手都要硬；二者齐头并进，两个目标同时实现，所以习近平强调指出："我们党要巩固执政地位，要团结带领人民坚持和发展中国特色社会主义，保证国家安全是头等大事。"

（五）兼顾自身安全与共同安全

安全问题多种多样，有的安全问题是单个国家独有的，有的安全问题具有地区特征，有的安全问题则是全球共同面临的。但是，随着高度依存的世界体系的逐步形成，国家的安全已日益带有国际乃至全球安全的色彩，单个国家的安全与国际乃至全球安全紧密相连。在全球同住一村、环境瞬息万变的今天，安全已成为一个相当复杂广泛的概念，危险常常超越经验不期而至，蝴蝶效应更是在全球不断显现。所以，既要重视自身安全，又重视共同安全，打造命运共同体，推动各方朝着互利互惠、共同安全的目标相向而行。

当今全球非传统安全问题凸显

非传统安全是相对于传统安全而言的。这是冷战后西方提出的一个新的安全理论。传统安全（Traditional Security）是以政治和军事安全为重心的安全；非传统安全（Nontraditional Security）指的是人类过去没有遇到或者很少见到的安全问题。例如，恐怖主义、气候变化和能源安全等，这些非传统安全问题对国际社会的安宁与稳定构成了越来越严重的威胁。

国际反恐形势依然严峻。冷战结束后，国际恐怖主义活动时而收敛、时而活跃。一些极端恐怖组织或恐怖分子多次制造暗杀、爆炸和人质事件，增加了国际社会的紧张与恐怖。当前，"基地"组织虽遭受沉重打击，但活动能力仍不容低估，"中东—中亚—南亚—东南亚"地区仍是国际恐怖活动的"重灾区"，特别是中东和南亚恐怖活动数量居高不下。

能源安全问题高烧不退。国际油价的高位波动，对世界经济发展和各国经济增长产生明显影响，能源富集国获得巨额"石油美元"收入，保持较强劲的经济增长，能源消费国则受到较大冲击。有关国家围绕能源主产地、能源运输通道和管道的竞争有所加剧。俄罗斯将能源作为另类"战略武器"打压不听话的独联体国家，制约欧洲国家。美欧试图在中亚和里海地区展开油气争夺战，削弱俄罗斯对该地区油气资源和管道的传统影响。

气候变化问题骤然升温。气候变化问题迅速由一个环境和经济领域的新课题，转化为国际政治和安全领域的焦点议题。部分发达国家在各种国际场合抛出气候变化议题，相继提出对己有利的减排方案，发展中国家则反对将气候问题"政治化"。气候变化问题成为国际关系领域的新热点，增添了新的复杂因素。

金融安全问题值得关注。全球金融安全风险仍很突出。美元持续走软，对各国经济产生不同程度的影响，可能引发国际汇率的大幅波动和全球经济的混乱。部分发展中国家金融安全体制薄弱，防范风险能力不强，爆发新金融危机的可能性不能排除。

国际贩毒走私和海盗活动猖獗。国际毒品控制委员会认为，全球性毒品问题日益恶化。东南亚的"金三角"、拉美的哥伦比亚和秘鲁等传统的毒品生产地依然十分活跃。近年来，又滋生出一些新的毒品生产地和新的国际毒品转运地，使国际贩毒走私成为一个日益严峻的国际问题。索马里海域已经成为世界上最危险的海域，索马里海盗已成为国际社会的公害，打击海盗已成为国际社会的共识。目前，包括中国在内，共有20多个国家的舰队在索马里海域执行打击海盗和护航任务。

此外，信息安全、粮食安全、自然灾害以及严重传染性疫病等方面的非传统安全问题也相当突出。非传统安全威胁继续上升，并与传统安全威胁相互交织，这是当前国际安全领域的突出特点之一。威胁多样化趋势的不断发展，对各国安全都构成新的挑战。在这些全球性挑战面前，任何国家都不可能独善其身，必须加强国际安全合作。

东海防空识别区的战略意义

在当代，海权和空权对一个国家的发展和安全越来越重要。谁控制了海洋和天空，谁就能在未来的世界中占有优势。我国有着辽阔的海洋国土和领空，国家海洋权益面临日益严峻的挑战。2013 年 11 月 23 日，中国政府宣布划设东海防空识别区，并发布航空器识别规则公告和识别区示意图。划设东海防空识别区是中国政府在新国家安全观背景下，综合考量中国总体安全形势后的重大战略决策，对于维护中国国家利益具有重大意义。

一、强化防御空间，维护我国海空安全

防空识别区，一般是指沿海国家或地区基于海空防安全需要，在面向海洋方向上空单方划定的特定空域。在该空域内可要求他国（方）航空器报告国籍、方位、飞行计划等详细内容，以便及时进行识别、监控和处置。这样可在不明航空器进入领空前，对其性质提前作出判定，以赢得处置时间，有效保障国防安全。因此，防空识别区属于国家预警机制的组成部分，实质是基于国防需要而设立的预警区域。国际上对于防空识别区的范围并没有统一的标准，一般是与其本国领空相毗连的国际空域，其宽幅由各国依据本国的防空能力而自行设置，一般为领土边沿至公海之间的 216～270 海里或者 400～500 公里，在美国关岛附近是半径为 250 海里或者 463 公里的圆圈。我国东海防空识别区范围为毗连我领空以外的我国东海专属经济区上空区域。

从法理学的角度来看，《中华人民共和国国防法》第 26 条明文规定，国家加强边防、海防和空防建设，可以采取有效的防卫和管理措施，保卫领陆、内水、领海、领空的安全，维护国家海洋权益。因此，我国划设东海防空识别区，完全是依法有效行使相关权利的正当举动，对于维护海洋权益和保障国家安全具有重要意义。

众所周知，我国是一个海洋大国，而东海在国家整个海洋版图中占有重要地位。东海长约 700 海里，而且海空情况复杂。例如日本东海防空识别区的西部大大越过了两国空域中线，最近处距离我国海岸仅约 130 公里，包括我国春晓等油气田上空和钓鱼岛周边海域。同时，东海上空外国航空器飞行频繁，如不能及时预警，非法入侵我领空的航空器将对我国家主权和海洋权益造成严重威胁和危害。特别是现代航空技术的发展使得各种高空、高速、低空、隐身航空器对沿岸国家安全构成巨大现实威胁。如果当外国航空器抵近一国领空时才开始实施航空管制，难以及时判明突发情况，采

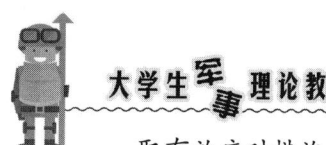

取有效应对措施。一旦处置不及时或者应对不当,将对国家空防安全造成严重威胁。因此,一方面,东海防空识别区的划设,可以尽早识别、判断意图不明、国籍不明的航空器,尤其是可以对外军航空器及时采取措施消除威胁,将危害损失降到最低限度。另一方面,通过及时有效的空中管制还可以维护这一空域的飞行秩序,引导进入我防空识别区航空器的飞行活动,减少军事误判,避免空中摩擦,维护空中秩序和飞行安全,从而保障各国航空器更好地行使飞越自由。

二、确保发展精华地带,维护国家经济安全

经过改革开放30多年的发展,中国的综合国力迅速提升,已经成为具有重要影响力的地区和世界性大国。但从国家安全的战略格局来看,我国发展的区域格局却存在重大安全隐患,也就是国家发展的精华地带直接暴露在外部威胁之下,国家经济安全面临重大威胁。

目前,我国东部沿海地带已经形成了纵贯南北的沿海经济战略重地、沿海大城市群,是我国人口密度、城市密度、经济密度最大的区域,国家财富在此高度集中。而三大经济区——长三角、珠三角和环渤海经济区都坐落在东部沿海,并已经成为我国经济社会发展的精华地带。此外,东部沿海还有星罗棋布的大型电力、电信、水利工程与设施,分布着全国最密集的铁路、主要的机场、港口等交通设施;作为国家发展智力支撑的众多科研院所及科技人才;在快速城市化进程中形成的数量惊人的不动产财富。从国家安全格局来看,将国家极其可观的社会财富主力以高密布局的方式固化在东部相对狭长、平坦的沿海区域,已经成为中国安全的软肋。因此,从沿海地带的地理特征出发,设立东海防空识别区是维护国家经济安全,确保国家发展精华地带的必然要求。

三、应对岛屿纷争,维护我国领土主权

中国在东海和南海与相关国家存在岛屿纷争,其中钓鱼岛已经成为影响中日关系稳定发展的"定时炸弹",特别是自2012年9月,日本实行所谓的"国有化购岛"后,中日围绕钓鱼岛的攻防逐步升级。从双方斗争的态势来看,日本可以说占了先机。因为日本早在1969年就在美国的主导下单方面划定了在东海的防空识别区,对东海3/4的空域进行管制,1972年和2010年日本又先后两次单方面向西扩大了防空识别区的边界,将属于中国的钓鱼岛划入日本的管辖之下。"国有化购岛"后,日本更是针对钓鱼岛采取了一系列军事行动,例如日本扬言要在它的防空识别区内打警告弹;要击落进入日本领空(包括中国的钓鱼岛)的中国无人机;在中国军舰通往西太平洋的宫古海峡附近部署岸对舰导弹;频繁出动战机对在钓鱼岛海域执行任务的中国军用、海警飞机进行干扰,等等。所有这些已经对中国国家利益产生重大安全威胁。

中国对钓鱼岛拥有无可争议的主权,我们坚定不移走和平发展道路,始终主张和平解决国际争端,一如既往地坚持通过对话谈判、平等协商来解决与周边国家的矛盾和问题,但中国绝不可能在核心利益上作出妥协、退让,任何国家不要指望我们会拿自己的核心利益做交易,不要指望我们会吞下损害我国主权、安全、发展利益的苦果。设立东海防空识别区,体现了中国政府捍卫国家领土领空主权和安全的坚定决心和坚强意志,将使我国在维护钓鱼岛主权的斗争中处于更加有利的地位。

自1950年美国率先创设以来,防空识别区的存在已经超过60年。目前已有澳大利亚、缅甸、韩国、古巴、芬兰、希腊、印度、冰岛、意大利、利比亚、巴拿马、菲律宾、德国、泰国等20多个国家设立了防空识别区。有些国家虽然没有划设防空识别区,但也建立了相应的空中预警机制。因此,防空识别区已经得到了大多数国家的默认和遵守,成为国际法所默认的事实存在的国际习惯。我国有着辽阔的海洋国土和领空,在当前国家海洋权益面临严峻挑战的情况下,我国划设东海防空识别区是完全正当、必要和合理的,完全是基于维护国家主权安全的防御和自卫目的。同时,划设东海防空识别区也可以看作中国政府立足于新安全观战略视野下的主动应对,其在强化我国防御空间、领海领空管制方面所发挥的积极作用,会对未来我国在南海地区的维权战略产生积极影响。

1. 说说当代世界格局的发展趋势。
2. 描述一下我国周边的战略环境。
3. 说说总体国家安全观的内容。

第四章 军事高技术

第一节 军事高技术概述

一、军事高技术的概念、分类及主要特征

（一）军事高技术的概念

军事高技术，又称国防高技术，是应用于军事领域的现代高新科学技术，是建立在现代科学技术成就基础上，对国防科技和武器装备发展起巨大推动作用的高技术的总称。

（二）军事高技术的分类

军事高技术主要有基础型高技术和应用型高技术两大类。

基础型高技术主要有：电子计算机技术、微电子技术、光电子技术、新材料技术、高性能推进与动力技术、仿真技术、先进制造技术等。

应用型高技术主要有：侦察监视技术、伪装与隐身技术、电子战与信息战技术、精确制导技术、指挥自动化系统技术、军事航天技术、核武器和化学武器及生物武器技术、新概念武器技术等。

（三）军事高技术的主要特征

军事高技术主要具有如下特征：

1. 高智力

高智力是指军事高技术，是科学、知识、技术密集的技术，体现着专家、学者、科研人员、技术人员及管理人员的创造活动，是科技工作者智慧的结晶。军事高技术是知识密集型技术，依靠创造性的智力劳动，依靠富有创新意识、创新能力的高素质人才，体现了高智力的特征。

2. 高竞争

军事高技术竞争，是人才、技术、资金、管理的综合较量，是国与国之间，集团与集团之间军事、政治、经济竞争的"制高点"。军事高技术的竞争，决定了谁先掌握并应用新武器装备，占据战争主动权。

3. 高风险

军事高技术探索处在科技发展的前沿，具有明显的超前研究的特点，是从未知的领域中探索知识，获取信息，带有很强的不确定性。成败的不确定性因素是难以预见的。任何一项高技术的构思、设计和实施，都有一定的风险性，要么取得巨大成功，要么酿成严重失利，而且失利概率很大。

4. 高保密

军事高技术具有极强的综合性和技术辐射性，隐含着巨大的潜力，更加强调保密。由于军事高技术受国家军事战略思想的指导，直接地或间接地反映国家的军事战略，直接关系国家的安全利益，所以各国均在一定时期内严格保密，并且有密级高，降密、解密周期长的特点。

5. 高投入

军事高技术的研究开发及应用需要投入的巨大资本，需要较长的研制周期，耗费巨额资金，因此，军事高技术的高投入往往也是国家之间军备竞赛的重要负担。

6. 高效益

新型武器装备往往是军事高技术的物化，是军事高技术的综合集成。战争实践证明，军事高技术成果一旦转化为新型武器装备，不仅能够大大提高部队战斗力，而且能够逐步改变作战样式甚至战争形态。

7. 高渗透

军事高技术本身具有极强的综合性和技术辐射性或渗透性，隐含着巨大的技术潜力，既可用于传统产业的改造，又可用于新兴产业的创立，因而能带动社会各行各业的技术进步，成为经济、国防、科技、政治、外交、教育和社会生活等各个领域发展变化的驱动力。

二、军事高技术的发展趋势

军事高技术有如下发展趋势：

（一）综合电子系统的发展

综合电子信息系统，是一个包括指挥控制系统、情报侦察系统、预警探测系统、电子战系统、信息战系统、通信网络等在内的复杂的大系统。在现代战场上，它既是维系军队

整体作战能力的神经中枢，又是"战斗力的倍增器"。随着军事高技术的发展，未来若干年内，各国军队不是盲目追求综合电子信息系统的更新换代，而是强调改进其性能，重点提高系统的实时信息传输能力、可靠性、抗干扰性和抗毁能力。

（二）信息战武器的发展

"沙漠之狐"行动、科索沃战争和伊拉克战争表明，信息战武器已成为高技术局部战争中夺取信息优势的主战装备；信息战包括电子战和计算机病毒武器。电子战是信息战中最重要的作战样式，电子战已不再局限于通信和雷达对抗的范围，而是已扩展到指挥、控制、引导等方面，成为系统对系统的对抗。各国军队更加重视研制新型的电子战装备，使电子战装备的功能性、作用距离、软硬毁伤能力有显著提高。

（三）精确打击兵器的发展

精确打击兵器具有威慑和实战双重功能，精确打击兵器新型号层出不穷，精确制导武器正在向智能化、多功能化方向发展。近年来，各国军队都十分重视利用高新技术增加武器的射程，使其具备远程打击能力。由于电子技术、计算机技术、遥测和信息处理技术的飞速发展，各类导弹、制导炸弹和制导炮弹等武器系统都装备先进的人工智能系统，使其不仅能自动选择目标，攻击目标的薄弱部位，还能识别敌我和真假目标，其命中精度和作战效能将比普通武器提高 10 倍。

（四）作战平台的发展

作战平台的主要发展方向是信息化、隐形化和多功能化。信息化作战平台是装有大量电子信息设备、与 C4I 系统联网的坦克、作战飞机和舰艇等武器载体。近年来，国外的隐形技术已取得突破性进展，美、俄、英、法、德、瑞典等国相继研制出隐形装甲车、隐形舰艇等多种隐形平台。为了进一步提高平台的隐形性能，各国又在积极探索隐形的新原理、新技术，如主动隐形技术。采用主动隐形技术后，未来的作战飞机将既有更强的隐形能力，又具备高机动性能。

（五）防御能力的发展

防御能力的发展主要体现在防空和反导武器正在向一体化方向发展。由于航空技术和制导技术的发展，各国都十分重视发展防空和反导武器。美国于 20 世纪 90 年代研制的新型"爱国者-3"防空导弹，具有较高的作战效能。俄罗斯更早研制的 S-300PMU3 和后来研制的 S-400 防空导弹，则具有优于美国的防空和反导能力。美国的防空导弹正在向两个方向发展：中高空导弹主要用于反战术弹道导弹和高速固定翼飞机；低空近程导弹主要用于反直升机、无人机和巡航导弹，最终美国将建成防空、反导及反巡航导弹的一体化防御体系。俄罗斯在重点发展中程高速防空导弹的同时，也在分步骤建设低空、超低空防空与反巡航导弹的一体化防空系统。

（六）新概念武器的发展

高技术武器发展的另一个重要影响是不断物化出新概念武器。目前，国外正在研制的新概念武器主要有：定向能武器、动能武器。定向能武器包括激光武器、微波武器、粒子束武器。近年来，美俄等国都在积极发展激光武器，并取得了巨大进展，有的已接近战斗部署阶段；微波武器是利用强微波辐射在武器系统的电子设备中产生高电压和大电流而使系统毁坏的武器；美国三军都制订了研制这种武器的计划，总经费达3亿多美元。俄、德、日、英、法等国也在进行微波武器技术的研究。粒子束武器是靠高能强粒子束流的动能摧毁目标，其研究处于探索阶段。

三、军事高技术对现代战争的影响

军事高技术在现代战争中的应用也带来了巨大的影响。

（一）立体化的侦察

军事高技术使侦察立体化，包括全方位侦察（上下、左右、前后）、全频谱侦察（从可见光到红外、无线电波、微波）、全天候侦察（风雨无阻）、全天时侦察（昼夜不停）。

可以预见的是，新型信息化装备将使战场更透明，可实现全球感知，实时进行远程指挥控制。从大洋深处到茫茫太空，布满了天罗地网式的侦察监视系统。水下的声呐，能够偷偷寻找军舰和潜艇的踪迹；地面的传感器，能够警惕地注视人员与车辆的动静；空中的侦察飞机，能够同时监视高空、低空、地面、海上的各种活动目标。

侦察是打击的前提，从一定意义上讲，侦察能力的差异性，决定了交战双方的不平等性，换句话说，一方打的是明白仗，而另一方打的是糊涂仗。信息化装备的广泛使用，使得争夺信息优势成为高技术战争的首要任务。侦察能力的差异性，决定了交战双方的不对称性。换句话说，战争尚未开始，胜负已见分晓。

（二）智能化的指挥控制

军事高技术的发展和应用，使武器装备的射程、威力、精度都几乎达到了各自的极限。交战双方的差别，在很大程度上取决于其对作战力量的指挥控制水平上。要想驾驭陆、海、空、天、电（磁）五维一体的信息化战争，在体系与体系、系统与系统的整体力量较量中应付自如，赢得主动权，单靠人脑已经不够用了，必须借助作为战争神经中枢的指挥自动化系统，实现战场感知能力、信息传递能力、精确打击能力的综合集成。

可以预见的是，以计算机为核心的网络将把所有的通信系统、探测装置和武器系统联成一体，作战将从"以平台为中心"转向"以网络为中心"。美国海军网络中心战的网络结构由三个互相链接的部分组成：探测装置网络、交战网络和信息传输网络。网络中心战

的体系分为三级：第一级为战术级，网络用户数量在24个之内，信息传输时间为零点几秒，信息精度达到武器控制级；第二级为战区级，网络用户数量在500个之内，信息传输时间为秒级，精度达到部队的控制所需的要求；第三级为战略级，网络用户数量在1000个之内，信息传输时间为分钟级，精度达到部队的协同所需的要求。各级指挥官利用网络交换大量信息，感知整个战场的态势，阐述指挥意图，制定作战计划，解决各种问题。网络中心战特点是提高了军队的指挥速度，建立了对战场空间的持续的完备的态势感知。

（三）快速的反应

军事高技术武器装备在现代战争中应用，实现了"兵贵神速"，实现了机动快、反应快、打击快和转移快。在未来战争中，时间因素将变得越来越重要。西方军事家已经把"兵贵神速"赋予了新的含义，即"时间就是一切，时间就是胜利""时间是未来战争的第四维战场"。

由于微电子技术和计算机技术的发展，使得从定位到走向、跟踪目标、计算射击诸元、气象修正、调整火炮方向和高低，直到补偿倾斜等，都正在或即将实现自动化，从而使火炮到达阵地后做好射击准备的时间缩短为60秒，同时还提高了精度；而从发现目标到发射炮弹的反应时间也相应减少到58秒。从一定意义上讲，反应的加快等效于距离的缩短，效能的提高，所以，谁的反应速度更快，谁就更易于发挥火力，撤离现场，消灭敌人而不被敌人所消灭。

（四）精确的打击

精确打击在现代战争中的地位日益重要。精确打击武器和精确的信息支援系统有机结合，使得精确打击成为战争的重要样式。攻击精度越来越高、距离越来越远。按照武器装备目前发展的水平，全世界任何公开暴露的目标，几乎都没有不被摧毁的可能——洲际导弹能打到全球一切有人居住的地方，而战略轰炸机可以不落地的跨洲际飞行。

目前，一种全新的作战样式"精确战"，正在登上战争舞台，它要求探测目标精确，攻击目标精确，摧毁目标精确，毁伤评估精确。在武器的当量接近物理极限的时候，谁的武器精确度越高，就越有威慑力和战斗力。在冷兵器时代，形容武艺高强，说是能"百步穿杨"；现如今，导弹的精度，已经达到了"百步穿针"的水平。

在求"精"的同时，借助军事高技术特别是智能化技术，未来战争也开始在"巧"字上下功夫。比如对于人，是打死好还是打伤好；对于物，是打碎好还是打废好。随着时代的发展，人们已经开始重新审视这个古老而又崭新的话题。高技术战争与传统战争的思路也大不一样。追求的目标，是效费比更高，副作用更小，后遗症更大。美国人认为，要想最有效地削弱敌人的战斗力，致死不如致伤，致伤不如使其失能。这里讲的"失能"，既可以指武器，也可以指人员。这样的战争，效费比更高，副作用更小，后遗症更大。

(五) 综合的防护

"保存自己,消灭敌人"是一切战争的共同原则。由于现代侦察、监视和探测手段具有全方位、全频谱、全天候、全时域的特点,进攻一方如果不能有效地保护自己,就可能出现"发难者先遭难"的结局。

对于武器装备处于相对劣势的一方而言,搞好防护和伪装隐蔽,直接关系到胜败与存亡。在举世瞩目的科索沃战争中,南斯拉夫军民不仅敢打,而且善藏,硬是在以美国为首的北约进行了78天的狂轰滥炸,投下了数万吨各种精确制导弹药后,巧妙地保存了自己的军事实力。由此可见,那种认为"高技术侦查监视手段发展了、伪装隐蔽没有意义了"的观点是错误的。事实证明,只要能够综合运用多种防护措施,"藏起来、盖起来、小起来、跑起来",是可以收到隐真示假的效果的。

军事高技术对现代战争的影响是深刻的,但军事高技术的发展给现代战争带来的新变化,还远远不止这些。随着新军事革命的兴起及在全球范围内的迅速拓展,未来战争还将出现更多新的变化。我们更应该清醒地认识到,加强我军信息化和机械化建设,积极做好新时期军事斗争准备,推动中国特色的军事变革时不我待。

第二节 军事高技术的应用:信息类技术

本节介绍不具有直接杀伤性的军事高技术。

一、侦查探测技术

(一) 基本原理

探测技术是指对不能直接观察的事物或现象使用仪器进行考察和测量的技术。在军事上,利用探测技术获取目标与背景有关信息的技术,称为侦察探测技术。侦察探测技术基本原理是"利用多种媒介传感器,探测来自目标的电磁波、弹性波、应力等物理特征信息,从而发现并监视目标"。将目标从不同背景中识别出来,主要取决于目标与背景的相关信息,包括声、光、电、磁、热、力或外貌形状差异等特征信息。侦察探测的目的就是要探测目标,包括发现、识别、监视、跟踪和定位目标。从理论上讲,自然界中任何物体及其所产生的现象都有一定的特征,都可以直接由人的感官或借助一些技术手段加以区别,这就是目标可以被探测的基本依据。另外,自然界中的任何物体都具有向外辐射和反射电磁波的能力。但是同一物体对不同波长的电磁波的辐射或反射能力是不同的,这种辐射与反射能力随波长的变化关系称为波谱特性,包括物体的辐射特性和反射特性。各种物体千差万别的波谱特性是各种探测设备识别目标的主要依据。

(二) 主要技术手段

1. 电子电磁侦察探测技术

(1) 无线电通信侦察和探测

无线电通信侦察是使用无线电接收设备，截获和破译敌方无线电通信信号，查明敌方运用无线电通信设备的配置、使用情况及其战术技术性能，以判明敌人部队编成、部署、指挥关系和行动企图，为制订电子对抗的作战计划，实施通信干扰和引导火力摧毁提供依据。因此，无线电通信侦察的主要任务是：侦听、破译、测向和定位。无线电通信侦察探测的特点：侦察距离远、速度快、工作稳定、受环境、地形和气候条件影响小。

(2) 雷达

雷达的工作原理：目标的距离是根据电磁波从雷达传播到目标所需要的时间（回波信号到达时间的一半）和光速相乘而得的。目标的方位角和仰角是利用天线波束的指向特性测定的。根据目标距离和仰角，可测定目标的高度。当目标与雷达之间存在径向相对运动时，雷达接收到目标回波的频率就会发生变化（也叫频移）。这种频移被称为多普勒频移，它的数值与目标运动速度的径向分量成正比。据此，即可测定目标的径向速度。雷达原意为"无线电探测和测距"，是利用物体对无线电波的反射特性来发现目标和测定目标状态（距离、高度、方位角和运动速度）的一种侦察方式。雷达具有探测距离远、测定目标速度快、精度高、能全天候使用等特点。目前使用的雷达主要有：相控阵雷达、脉冲多普勒雷达、合成孔径雷达、双多基地雷达、超视距雷达和无源雷达等。

2. 声波探测技术

声波探测技术是指利用声接收仪器接收目标自身发射或反射、折射、散射探测声源声波的技术。分为有源和无源声波探测技术。主要包括炮声传感器、水声探测器、大地震动传感器等。

声呐是最常用的声波探测设备，其原意为"声波导航与测距"。声呐的基本原理：水对无线电波和光波有强烈的吸收作用，所以雷达和一般的光学探测设备无法探测水下目标。相比之下，声波在水中的传播速度可达 1500 米/秒，而且传播距离很远。声呐就是利用声波在水中的这种传播特性制成的一种探测设备。

3. 光电探测技术

光电探测技术是将光学、电子和其他有关技术相结合的探测技术。工作频率分布在可见光、红外和紫外波段。

(1) 可见光探测技术

可见光探测技术是通过接收目标辐射或反射的可见光以获取目标信息的技术。它是出现最早、应用最广、直观清晰、分辨率高、技术成熟的探测技术。主要包括：远距离光学探测、多光谱探测、激光探测和微光探测等技术。

远距离光学探测主要有：可见光照相、电视摄像、数码照相技术等。

多光谱探测：同时使用多台分别在各个不同光谱带上的设备，对同一目标地区进行照相或扫描成像，将得到可视的目标图像（影像或数字的）信息或光谱曲线进行信息融合或加工处理，与预先测得的各种目标辐射或反射的光谱信息比较，即可鉴别目标的真假。

激光探测：是指利用激光发射器发出激光光束照射到目标后产生反射，反射激光将目标的信息带回，通过激光接收器的加工处理获取目标信息的技术。主要包括：激光侦察与警戒、激光雷达、激光测距等设备。

微光夜视探测：是指在夜间只有星光、月光和大气辉光的低亮度条件下，观测远距离目标的可见光探测技术。军事目标和背景对夜间微光的反射率各不相同。

（2）红外探测技术

红外探测技术是通过遥感装置获取目标红外辐射信息，并将其转换为人眼可见的图像或数据形式的探测技术。红外探测技术的主要设备包括：主动红外夜视仪和红外热成像仪。主动红外夜视仪由于存在容易暴露己方位置的缺点，已经逐渐被红外热成像仪取代。

红外热成像仪是一种被动成像装置。它靠接收目标自身发射的红外辐射成像，所显示的图像反映了目标表面各个部位发射红外辐射的强弱，而发射红外辐射的强弱又取决于该部位的温度高低，故所显示的图像实质上反映了目标表面各个部位的温差，因而是热图像。故称红外热成像或简称热成像。其基本工作原理：用红外光学装置收集景物发出的热辐射，用阵列探测器（或扫描成像装置）将光信号转换成电信号，用照片或电视屏幕显示景物热辐射分布图。热成像仪具有搜索和跟踪目标隐蔽性好、不易受干扰、应用不分昼夜、灵敏度高、接收信息丰富、分辨能力强等特点。军事上广泛应用热成像仪进行战术或战略侦察、导弹制导、武器瞄准、作战车辆的夜间驾驶和飞机在夜间起飞着陆等。

（三）侦察探测技术的应用

侦察探测技术是信息作战环境下的重要环节，在军事领域的应用主要体现为：将各种侦察手段综合地运用，建立多种侦察武器平台。主要包括地面电子侦察站、侦察装甲、电子侦察船、侦察机、侦察卫星等。在陆地和水面上建立以车辆、装甲、舰船为载体，装配各种侦察技术装备，形成综合的侦察作战平台，在边疆、海岛建立前哨侦察站，监视着敌方军队的行动。水下侦察监视技术重点监视潜水艇的行踪。在空中建立以飞机、直升机、无人驾驶飞机和预警机为载体的侦察监视作战武器平台。在太空建立以各种航天器为载体的装配多种侦察装备的空间侦察探测系统。形成侦察手段多样化、立体化、综合化的侦察网络。

二、反探测技术

"魔高一尺，道高一丈"，现代探测技术的发展必然促进与之相抗衡的反探测技术的发展。

（一）伪装技术

所谓伪装，就是进行隐真示假，为欺骗或迷惑敌方所采取的各种隐蔽措施。

1. 伪装的基本原理

伪装的基本原理：一方面要减小目标与背景在光学、热红外、微波波段等电磁波的散射或辐射特性的差别，以隐蔽目标或降低目标的可探测特征；另一方面要模拟或扩大目标与环境的这些差别，以构成假目标欺骗敌方。军事伪装就是通过利用电子、电磁、光学、热学、声学的科学手段，改变目标本身特征信息，实现目标对周围背景环境的模拟复制，降低或消除目标的可探测特征，以实现目标的隐真和示假。

2. 伪装的技术措施

伪装的技术措施主要包括：天然伪装、迷彩伪装、植物伪装、人工遮障伪装、烟幕伪装、假目标伪装、灯火与音响伪装。

第一，天然伪装技术。天然伪装技术充分利用地形、地物、夜暗和能见度不良的气候条件（雾、雨、风、雪等），隐蔽目标或降低目标的显著性。天然伪装因地制宜，简便、省时，无需更多的材料。天然伪装技术主要用于对付光学侦察，在一定条件下亦能对付红外侦察、雷达侦察、声测和遥感侦察。

第二，迷彩伪装技术。迷彩伪装利用涂料、染料和其他材料来改变目标、遮障背景的颜色及斑点图案，以消除目标的光泽，降低目标的显著性和改变目标外形。伪装迷彩分为保护色迷彩、变形迷彩、仿造色迷彩、光变色迷彩、多功能迷彩等。

第三，植物伪装技术。植物伪装技术是利用自然植物、种植植物、采集植物、改变植物颜色等方法对目标实施伪装的技术。

第四，人工遮障伪装技术。利用各种制式伪装器材、装置对目标进行遮障的技术，伪装遮障由遮障面和支撑构件组成。遮障面可采用制式伪装网或就地使用材料编扎。如叶簇式薄膜伪装网、雪地伪装网、伞式伪装网、反雷达伪装网、反中红外侦察伪装遮障和多频谱伪装遮障等。

第五，烟雾伪装技术。烟雾伪装利用烟雾遮蔽目标以迷惑敌人。这种无源干扰技术通过散射、吸收的方式衰减光波能量，干扰敌方光学侦察。在红外波段，经过改进的烟幕同样也具有遮蔽作用。同时，大量的烟幕还可用来吸收激光，对付激光制导炸弹等。

第六，假目标伪装技术。假目标伪装是利用模拟兵器、人员、工事、桥梁等外在形体制造的假目标吸引、欺骗敌方的技术。在大规模空袭之前使用假目标可以迷惑敌人,吸引敌人的注意力,引导敌方火力攻击假目标,从而有效地保护真目标。如假飞机、假火炮、假坦克、假军舰、假军车、假导弹等。

第七,灯火与音响伪装技术。灯火与音响伪装技术是通过消除、降低或模拟目标的灯火与音响特征,以隐蔽目标或迷惑敌人所采用的伪装技术。

3. 伪装在信息化战争中的应用

在当今信息化战争中,尽管现代侦察技术和攻击性武器非常精确,但伪装仍然是对付敌方侦察、进行防御、实施己方作战保障的重要手段。它既能有效地降低敌方侦察器材的侦察效果,又能干扰和破坏敌制导武器的命中精度,减小己方的损失。

(二) 隐身技术

隐身技术,又称隐形技术、低可探测技术,是通过降低武器装备等目标的信号特征,使其难以被发现、识别、跟踪和攻击的综合性技术。这是一种对抗侦察探测的技术,其目的是使目标不可探测或低可探测。

1. 隐身技术的分类

隐身技术主要分为雷达隐身技术、红外隐身技术、电子隐身技术、可见光隐身技术、声波隐身技术。

第一,雷达隐身技术。采用各种技术措施减小目标的雷达散射截面积、降低雷达回波能量,使其不易被雷达探测到的技术。基本的雷达隐身技术主要包括外形隐身技术、材料隐身技术和有源对消隐身技术等。外形隐身技术主要是采取多种措施对目标外形进行合理设计,以减小、控制、消除各种增大目标雷达波反射截面积的强反射效果。材料隐身技术主要是利用雷达吸波材料和透波材料减小雷达散射截面积的。主要吸波材料包括:谐振吸波材料、宽频带吸波材料和综合型吸波材料。有源对消隐身技术是通过目标上的专用电子设备产生与雷达反射波同频率、同振幅但相位相反的电磁波,并与反射波发生相消干扰,从而消除或减弱散射信号。

第二,红外隐身技术。为了降低或改变目标(如飞机、导弹等)的红外辐射特征,以降低红外侦察探测系统发现目标的能力。采取的主要技术措施有:改变红外辐射波段;降低红外辐射强度;调节红外辐射的传输过程。

第三,电子隐身技术。为抑制目标本身所辐射的电磁信号特征的技术。为了使目标不被性能良好的电子侦察系统发现,采取的主要措施有:减少无线电设备;采用低截获概率技术改进电子设备;减小电缆的电磁辐射;避免电子设备天线的被动反射;对电子设备进行屏蔽。

第四,可见光隐身技术。为了减少目标与背景之间的亮度、色度和运动的对比特征,达到对目标视觉信号的控制,以降低可见光侦察系统发现目标的能力。目前采用的主要措施有:改进目标与外形的光反射特征;控制目标的亮度和色度;控制目标发动机喷口的火焰和烟迹信号;控制目标运动照明和信号灯光;控制目标运动构件的闪光信号。

第五,声波隐身技术。就是控制目标的声频特征,降低声波探测系统探测概率的技术。目标发出或产生的声音,主要是发动机等机械构件的工作噪声,目标及其部件(如螺旋桨)运动和排气对周围介质的振动噪声,以及目标体与其构件的振动噪声等。为降低目标的噪声,目前采取的主要措施有:改进发动机和辅助机的设计;应用吸声和阻尼材料;采用减振和隔声装置;减小螺旋桨运动对介质的扰动噪声。

2. 隐身技术的应用

隐身飞机。已研制成功的隐身飞机的典型代表,当数 F-117A 隐身战斗轰炸机和 B-2 隐身战略轰炸机。F-117A 隐身战斗机是第一种按低可探测性技术设计原理研制的实用隐身战斗机,由于采用了隐身外形设计、隐身结构设计,采用吸波材料等多种隐身技术,使 F-117A 的雷达散射截面积仅为 0.01~0.1 平方米,红外特征和噪声也显著减小。

隐身导弹。减小飞机的雷达散射截面积和外部特征的各种隐身技术原则上均可用于研制隐身导弹。美国在这方面也开展了大量研究工作,并取得了一系列成果。从 20 世纪 80 年代初以来,美国已先后研制出 AGM-86 和 ACM-129 隐身战略巡航导弹,以及 ACM-137 和 MCM-137 隐身战术导弹等。

隐身舰艇。作为海上特定环境下的目标,舰艇的可探测性特征除了敌方探测雷达的散射回波和舰艇自身的红外辐射之外,还有舰艇的噪声、舰载电子通信设备和雷达的电磁辐射、舰体的磁场、可见光散射和航迹。所以,舰艇的隐身就更要综合应用雷达隐身、红外隐身、电子隐身、可见光隐身及降低噪声等各种隐身技术来控制舰艇的各种可探测信号特征。

隐身坦克。正在研发中的隐身坦克所采用的隐身技术主要包括:采用复合材料制造坦克车体或炮弹外壳;采取专门措施降低坦克红外辐射;给坦克涂敷迷彩或挂伪装网;降低坦克噪声;配备烟幕施放装置。

三、电子对抗技术

电子对抗是在电磁领域进行的军事争夺,是利用电磁能和定向能以控制电磁频谱并用电磁频谱攻击敌人的任何军事攻防行动的总称。

(一)电子对抗的作用

随着军事电子技术的发展,电子对抗技术的应用范围越来越广,已逐渐拓展到其他信息传输领域。电子对抗(电子侦察、干扰)一般不能对敌方人员和武器装备构成直接杀伤,但它能使敌方通信指挥系统失灵、雷达迷盲、火炮和导弹等武器系统失效,从而为保存自己和大量杀伤敌人创造有利条件。

(二) 电子对抗的主要内容

电子对抗的主要内容有无线电通信对抗、雷达对抗、光电（红外、激光）对抗、C4ISR系统对抗和计算机网络对抗等。

1. 无线电通信对抗

通信对抗是为削弱和破坏敌方利用无线电通信设备传输信息的能力，并保护己方正常使用无线电通信设备传输信息的能力。利用无线电发射机、接收机等电子设备，进行侦察、干扰、欺骗和静默等行动，可以直接获取情报或防止敌方截获己方信息。其基本内容包括通信侦察、通信干扰和通信电子防御等。

2. 雷达对抗

雷达对抗是为削弱和破坏敌方雷达的使用效能，保护己方雷达正常发挥探测效能而采取的各种战术、技术措施和行动的统称。其基本内容包括雷达侦察、雷达干扰和反辐射摧毁等。

3. 光电对抗

光电对抗是敌对双方围绕光电设备的使用效能而采取的对抗行动和措施。一方面要削弱、破坏敌方正常利用光电设备的使用效能。另一方面要保障己方光电设备使用效能的正常运用。光电对抗的频段包括：激光、红外与可见光频段。光电对抗的作战样式与雷达对抗类同，包括光电进攻和光电防御两个方面，但其频段高（波长短）、技术难度大，构成独立的光电对抗领域。

4. C4ISR系统的电子对抗

C4ISR系统（军队指挥自动化系统）是战场情报、分析判断、决策指挥、作战行动连为一体的军事电子作战体系，利用它可实施信息战，压制敌方信息系统，保护己方信息优势。C4ISR系统中的电子对抗既包括作战保密、军事欺骗、心理战和实体摧毁，也涵盖了电子战技术领域的各个方面。因此，C4ISR系统中的电子对抗具有信息对抗、系统对抗、体系对抗的作战功能。分布式综合通信网是C4ISR系统与各类武器连接的"黏合剂"。它把C4ISR系统、电子战系统和武器系统紧密结合为一体。在未来战争中，C4ISR系统是首要打击的目标之一，其抗毁生存能力极其重要。为此，应采用机动、隐蔽、伪装、反侦察、反干扰、反摧毁的技术途径和分布式的体系结构。若采用积极的电子进攻手段，利用己方的电子干扰、欺骗、计算机病毒干扰和反辐射武器等电子进攻的手段去削弱、破坏、摧毁敌方C4ISR系统，可造成敌方武器控制系统失效、信息传输阻断、战场指挥失灵、协调能力和整体作战能力丧失，从而使己方获取信息优势。因此C4ISR系统中的电子对抗系统是完成上述作战功能的电子防卫系统。

5. 计算机网络对抗

计算机网络对抗的内涵是以计算机网络与之相连的计算机软件和硬件为手段，针对信息系统及其各类信息的保密性、完整性、可用性与真实性为攻防目标的对抗性行为。计算机网络对抗是信息化战争中重要的作战手段之一，是提高己方信息优势、削弱敌方信息优势的重要环节。当计算机网络系统成为武器系统时，无论是空间、时间都具有"战"与"非战"界限模糊，作战力量可广泛动员，攻击目的、目标多样化，技巧性、时效性强和效费比高的特点。主要包括：计算机网络软、硬攻击技术和计算机网络防护技术。

（三）电子对抗的作用

首先，电子对抗贯穿信息化战争始终。随着信息化战争水平的不断提高，电子对抗手段被称为与火力、机动力并列的"第三打击力量"，电子对抗已经成为一条越来越重要的战线。

其次，电子对抗是信息战的主体和夺取信息优势的重要手段。信息战是在电子对抗的基础上发展起来的，从本质上说，信息战与电子对抗都是为了破坏对方的信息获取、信息传递、信息处理和信息利用。只有通过电子对抗的实施夺取电磁优势进而掌握信息优势，才能达成信息战的目的。在信息化的战场上，信息化武器的火力攻击由电磁频谱控制，军队的指挥控制系统高度电子化，70%的情报信息依赖于电子设备获得，所以，电子对抗是信息战的主体，是夺取信息控制权和使用权达成信息战目的的重要手段。

最后，电子对抗是战斗力构成要素的力量"倍增器"。由于指挥控制及武器系统对电子设备的高度依赖，打击和破坏对方的电子系统，就可以成倍地削弱敌武器系统的威力，有效地降低对方的整体作战能力；而采取有效措施保证己方电子设备的正常工作，就能保证己方作战能力的正常发挥，对战斗力起到倍增作用。

四、军队指挥自动化

军队指挥自动化，是指在军队指挥体系中建立和运用指挥自动化系统，辅助指挥员和指挥机关实现科学、高效的指挥控制与管理的活动。其目的是提高军队的组织指挥和管理效能，最大限度地发挥军队的战斗力。指挥自动化系统是指：在军队指挥系统中，综合运用以电子计算机为核心的现代信息技术及军事指挥理论，实现军事信息收集、传递、处理自动化、决策方法科学化，对军队和武器实施高效的指挥与控制，保障军队发挥最大作战效能的"人—机"系统。军队指挥自动化系统是实现军队指挥自动化的基础，指挥自动化是该系统的目标。

（一）军队指挥自动化系统的组成与功能

从信息流程角度看，指挥自动化系统是由信息收集分系统、信息传递分系统、信息处理分系统、信息显示分系统、决策监控分系统和执行分系统六个分系统组成，其基本组成和功能如下：

1. 信息收集分系统

信息收集分系统主要完成情报信息侦察和收集，由配置在地（水）面、海空中、空间的各种自动化的侦察设备组成，如侦察卫星、侦察飞机、雷达、声呐、传感器等。它能及时、准确、大量地收集敌我双方的兵力部署、作战行动及战场地形、气象信息等情况，为指挥员指挥作战指挥提供必要、实时、准确的情报。

2. 信息传递分系统

信息传递分系统也被称作"通信分系统"，它主要由传递信息的各种信道、交换设备和通信终端等组成，这几部分构成具有多种功能的通信网，迅速、准确、保密、不间断地传输各种信息。可以说，通信自动化是作战指挥自动化的基础，发达的通信网对实现作战指挥自动化具有重要作用。通信信道主要有有线载波、微波接力、散射通信、卫星通信、光纤通信等。交换设备主要包括电话、电报、数据信息自动交换机等。通信终端设备包括语音、视频、电传、传真和计算机等终端设备。

3. 信息处理分系统

这部分由电子计算机及其输入输出设备和计算机软件组成。信息处理的过程，就是将信息输入计算机，通过按预定目标编制的各类软件程序进行信息的综合、分类、存储、更新、检索、复制和计算等，并能协助指挥人员进行军事运筹、拟制作战方案，对各种作战方案进行模拟、比较评估和选优等，同时也能协助指挥人员处理文字、图形、图像信息等。

4. 信息显示分系统

信息显示分系统由各类显示设备组成，如投影仪、显示板、大屏幕显示器等。其主要任务就是把信息处理分系统输出的各种信息用文字、声音、符号、表格、图形、图像等多种形式显示在各种屏幕上，为指挥和参谋人员提供形象、直观、清晰的作战情报、作战态势、作战方案、命令和执行结果等信息。

5. 决策监控分系统

决策监控分系统一方面用于监视和控制整个系统的工作状态；另一方面辅助指挥人员分析战场态势、判断作战方案优劣、决策作战方案和下达作战计划和命令。决策监控分系统由各种监视和控制功能的设备组成，如指挥控制台、辅助决策计算机、作战模拟计算机、决策软件系统等。

6. 执行分系统

执行分系统是将决策监控分系统发出的作战指令信息转化成作战行动。主要由执行命

令的作战部队终端系统和自动执行作战指令的装置，如导弹的制导装置、火炮的火控装置和各种遥控设备等。

在这个系统中，信息收集分系统就相当于人的眼睛和耳朵，信息传递分系统就相当于人的中枢神经，信息处理分系统、信息显示分系统以及决策监控分系统就相当于人的大脑，而信息执行分系统就相当于人的四肢。作战信息由信息收集分系统收集起来以后，经信息传输分系统传输到信息处理分系统进行自动的分析、判断，再经信息显示分系统显示，指挥员根据显示的各种情况通过决策监控分系统输入必要的命令或指令，再经过信息处理分系统以及信息传输分系统传输到执行分系统，从而完成一个基本的指挥过程。

(三) 军队指挥自动化的作用

军队指挥自动化在现代战争中的作用体现在如下方面：

一是军队指挥自动化是国防威慑力量的重要组成部分。先进的武器装备必须有先进的指挥手段与其相匹配才能发挥其效能，无论是核威慑、化学武器威慑，还是常规威慑，如果没有先进的指挥手段作依托，它们的作用就会发挥不出来，就无法形成实际的战斗力。而这个先进的指挥手段，就是军队指挥自动化。作战力量各要素之间的紧密协调和各种武器系统威力的发挥，越来越明显地表现出对信息的依赖，信息优势已成为决定战争进程与结局的重要因素。因此，掌握信息优势的能力，已经成为当今军事领域正在强化的一种潜在威慑力量，而高效的军队指挥自动化系统，则是夺取和保持信息优势的关键。

二是军队指挥自动化是军队战斗力的"倍增器"。现代战场，单一武器的作用逐渐减弱，系统与系统的对抗已成为未来信息化战场的重要特点。只有通过军队指挥自动化系统，各个作战要素、各类作战资源和各种武器系统才能连接成一个有机整体；只有通过军队指挥自动化系统，指挥员才能对众多作战力量实施有效的指挥控制，才能对众多作战要素和作战资源实现最佳配置和最佳组合，充分发挥作战体系的整体效能，实现既达成作战目的又获得最佳作战效益的双重目的；只有通过军队指挥自动化系统，才能使作战行动更有效，使有限的作战力量得到倍增。

三是军队指挥自动化系统是信息化战争作战指挥的必备手段。首先，军队指挥自动化拓展了作战指挥范围。指挥自动化系统不仅可以使指挥员对来袭的敌方各种空中目标实现从探测预警、情报侦察、监视捕捉、敌我识别、跟踪制导、电子对抗，直到命中目标全过程的自动控制，而且可以使指挥员在远离战场的情况下实时、形象、直观地掌握战场态势和有关情况，指挥协调作战行动。其次，军队指挥自动化极大地缩短了作战指挥周期，适用于对时间、速度及节奏要求高的信息化战争。

四是军队指挥自动化系统是信息战的重要武器系统。(信息战)作战不仅是更好综合运用己方 C4ISR 系统的手段，而且是有效地与潜在敌方的 C4ISR 系统相匹敌的手段。一方面保证己方信息系统的完好，免遭敌方利用、恶化和破坏；另一方面则设法利用、恶化和破坏敌方的信息系统。在这个过程中，取得运用部队的信息优势。因此，信息战是一种综合性战略，信息战的作战对象主要是 C4ISR 系统，信息战的物质基础和技术手段也主要依藏于 C4ISR 系统。

五、航天技术

航天技术是指人类利用航天器探索、开发和利用太空以及地球以外天体的综合性工程技术。

（一）航天技术的分类

航天技术也称空间技术，包括：航天运载器技术、航天器技术和航天测控技术。

1. 航天运载器技术

航天运载器技术是航天技术的基础。要想把各种航天器送到太空，必须利用运载器的推力克服地球引力和空气阻力。运载火箭是典型的航天运载器，它由动力系统、控制系统、箭体和无线电测量系统构成。分为单级火箭和多级火箭。由于单级火箭推力受自重的影响，难以使航天器获得飞出地球所需要的第一宇宙速度，人们发展了多级运载火箭。多级运载火箭是由几个能独立工作的火箭沿轴向串联组成的，火箭发射后逐级脱落，减轻火箭自重，可使航天器获得足够高的飞行速度。火箭的推进剂（或燃料）分为液体推进剂和固体推进剂。

2. 航天器技术

航天器分为无人航天器和载人航天器两大类。无人航天器分为人造地球卫星和空间探测器（或深空探测器）两类。人造地球卫星是在环绕地球的太空轨道上飞行的航天器；空间探测器是对地外天体和外层空间进行探测的航天器。载人航天器分为载人飞船、空间站和航天飞机等。载人飞船是可保障航天员在太空期间短期工作和生活，执行太空航行任务并能安全返回地面的航天器；空间站是为多名航天员提供寻访、长期工作和生活居住条件的航天器；航天飞机是具有部分重复使用功能和运输能力的往返于地面和太空之间的航天器。

3. 航天测控技术

航天测控技术是对航天器进行遥测、遥控、跟踪和通信，并控制和保障航天器在太空轨道上正常工作的技术。为此，火箭和航天器上均设有测控设备，在地球表面还建有测控系统。包括分布在各地的测控台、站及海上的测控船。形成遍布全球或覆盖一定范围的测控网。航天测控系统主要由精密跟踪测速雷达、光学跟踪测量系统、无线电遥测遥控系统、实时数据处理计算机系统、保障信息及时不间断传输的通信系统等组成。

（二）航天技术的应用

航天技术的军事应用非常广泛。主要有军用卫星、军用载人航天器、空间武器等。

1. 军用卫星

军用卫星是专门用于完成各种军事任务的人造地球卫星的统称。按用途可分为侦察卫星、通信卫星、导航卫星、气象卫星、测地卫星等。

（1）侦察卫星

侦察卫星是利用各种星载侦察探测设备对地上、地下、水上、水下、空中、空间的目标进行观察和监视的航天器。具有侦察范围广、收集和传递情报速度快、侦察效果好、不受国界与自然地理条件限制、生存力强等特点。其主要用途是：侦察敌方战略目标；对领土进行测图、监测对方战略武器系统、侦察对方地面部队的部署。根据侦察卫星不同的侦察手段和侦察任务可分为光学照相侦察、雷达成像侦察、电子侦察、导弹预警、核爆炸探测卫星等类型。

（2）通信卫星

通信卫星是卫星通信系统中的空间部分，完成微波无线电信号的发射和转发工作，以实现各地面站之间或地面站与航天器之间的通信。可传输语音、数字数据、图片、图像信息等。军用通信卫星分为战略通信卫星和战术通信卫星两种。战略通信卫星通常是地球同步轨道（静止轨道）卫星，它接收到地面发出的无线电波以后对其进行变频、放大，然后再转发向地面。在地球赤道静止轨道上，等距离部署 3 颗。战术通信卫星的轨道既可以采用大椭圆轨道，也可采用中低轨道，由几颗或几十颗卫星构成卫星星座，保证地面上任何两地在 24 小时内进行通信。其作用主要是提供地区性战术通信，如军用飞机、舰船、装甲车辆及单兵移动通信。通信卫星具有覆盖面大、通信距离远、通信容量大、传输质量高、机动性能好、生存能力强、使用费用低、不受地理和气象条件限制等特点。军事通信卫星用来担负保密的、大容量的、高速率的战略和战术通信勤务。

（3）导航卫星

导航卫星是通过发射无线电信号为地面、海洋、空中、空间用户提供导航定位和授时服务。军用车船、飞机、巡航导弹、洲际弹道导弹及低轨道卫星都可利用导航卫星提供的信号与数据进行导航。美国卫星导航全球定位系统（GPS）由 24 颗卫星构成星座，分布在 6 条轨道上，轨道高度 20000 千米，轨道周期为 12 小时，可保证在地球上或近地空间任一位置、任一时刻都可以同时观测到 4 颗卫星，以保证实时定位、授时。除美国组建了 GPS 系统外，还有俄罗斯组建部署了 GLONASS 导航定位系统；欧洲航天局也正在发展"伽利略"导航定位系统。中国正在加紧组建部署"北斗导航定位系统"。北斗卫星导航系统由空间系统、地面系统和用户系统三部分组成。空间系统包括 5 颗静止轨道卫星和 30 颗非静止轨道卫星。2020 年左右，将建成覆盖全球的北斗卫星导航系统。

(4) 气象卫星

气象卫星是从外层空间对地球及其大气层进行气象观测的航天器。是从空间获取军事气象情况的重要手段，对全球天气监视和天气预报业务均有十分重要的作用。气象卫星的轨道有近地极轨道和同步轨道之分。气象卫星既可以军用也可以民用，也有专门的军用气象卫星，这种卫星为全球范围的战略要地和战场提供实时气象资料，具有保密性强和图像分辨率高的特点。

(5) 测地卫星

测地卫星是用于大地测量的航天器。其主要任务是测定地面点位坐标、地球形体和地球引力场参数。测地卫星在军事上具有很高的应用价值：一是为全球大地联测提供统一的地心坐标；二是精确测定地球引力场参数及地球形状和地球表面的地理信息；三是测量海平面高度变化，研究地壳运动和大陆漂移，并预报地震和海啸等；四是为弹道导弹提供准确目标信息和地球引力场参数，提高命中精度。目前，各国都在利用测地卫星进行全球大地测量，以获取重要的具有战略意义的战备资料等。

2．军用载人航天器

(1) 载人飞船

典型的载人飞船由对接装置、轨道舱、返回舱、仪器设备舱（主要有动力和电源设备等）和太阳能供电设备等部分组成。载人飞船容积较小，所载消耗性物质数量有限，不具备再补给能力，因此不能在太空长期飞行。载人飞船能担负的军事使命有：作为地面与空间站之间运输工具，可向空间站运送各种军事补给物资以及接送人员、进行空间救护等；试验新的军用航天储备；用于特定目标的侦察与监视等。在未来可能发生的太空战中，载人飞船将是不可缺少的军事装备。

(2) 空间站

空间站是大型的、绕地球轨道作较长时间航行的载人航天器，是多用途的空间基地。空间站具有载人多、空间大、寿命长和可以综合利用的优点，在军事上有广泛应用前景。如军用航天飞机或空天飞机以空间站为基地可对付任何卫星作战平台，并随时对全球任何地方构成威胁。空间站可以部署、组装、维修和回收各种军用航天器，并可试验、部署和使用空间武器；可以直接参与跟踪、监视、捕获和拦截敌方航天器和洲际弹道导弹的作战行动；可以在军用卫星、飞机和地面系统的配合下成为空间的预警、通信、指挥和情报中心，成为国家安全防务系统的神经中枢。因此，要开辟空间战场，建立空间站是必不可少的。

(3) 航天飞机

航天飞机的机体主要部分可重复使用、往返于地面和近地轨道之间，作为载人、运送货物并完成特定飞行任务的空间航天器。在军事上，航天飞机可用于部署、维修、回收各

种卫星；可方便地实施空间机动，执行反卫星作战任务，拦截摧毁或俘获敌方卫星；可执行空间侦察，对地面目标进行监视、跟踪，对敌方弹道导弹的发射和飞机进行预警；航天飞机还可作为从地面到空间站的军事交通工具，为空间站运送人员和物资，能为永久性空间军事基地和军事工厂提供保障性服务。

（4）空天飞机

正在研制的空天飞机是能在普通跑道上水平起降、在大气层内和空间轨道上飞行的完全可重复使用的航天器。目前美国正在研制单级火箭空天飞机。2010年4月22日，美国空军在佛罗里达州首次试飞了一架被列为最高机密的X-37B无人太空战机，主要目的是研究未来太空作战飞机，在太空飞行270天后返回地面。此后美国又于2011年3月5日成功发射了第二架X-37B无人太空战机。继美国之后，英、德、法、俄、日、印度等国也提出了各自的空天飞机计划。未来空天飞机在军事领域的使用将给空间作战乃至整个军事活动带来重大影响。

3．空间武器

空间武器是部署在太空、陆地、海洋和空中用以打击、破坏与干扰太空目标的武器，或从太空攻击陆地、海洋与空中目标的武器的统称。空间武器包括反卫星武器、反导武器、轨道轰炸武器、军用空天飞机等。反卫星武器是专门用于攻击航天器的武器。反卫星武器可分为地基（包括陆基、舰载和机载）和天基两种。天基反导武器用于拦截弹道导弹，可分为动能的拦截弹和电磁轨道炮，定向能的强激光、高功率微波和粒子束武器等。与地基反导武器相比，天基反导武器可实现全球范围的拦截，并大大提高拦截概率。轨道轰炸武器平时在轨道上运行，接到作战命令后，借助于反推火箭脱离轨道再入大气层攻击地面目标。运行轨道不足一圈的轨道轰炸武器称为部分轨道轰炸武器。由于轨道轰炸武器和部分轨道轰炸武器从轨道再入大气层发起攻击，敌方的预警时间短暂，因此，很难防御。

第三节　军事高技术的应用：武器类技术

本节介绍具有直接杀伤性的军事高技术。

一、精确制导技术

制导技术是指按选定的规律对导弹或精确制导弹药进行导引和控制，调整其运动轨迹直至以允许误差命中目标的综合性技术。

（一）精确制导技术的基本原理

制导武器的制导是由制导系统来完成的，而制导系统由导引系统和控制系统组成。制导系统工作的基本原理是：第一步，通过导引系统测量出武器与目标的相对位置和速度，计算出实际飞行弹道与理论弹道的偏差。第二步，通过控制系统发出纠正这种偏差的指令，调整武器的飞行姿态和弹道，直到命中目标。

（二）精确制导技术的分类

不同的制导系统，具体的制导方式也不同，大致可分为五类：

1. 寻的制导

就是通过弹头上的寻的设备，接收目标辐射或反射的能量，比如红外辐射、无线电波、声波等，然后通过这些信息确定目标的位置和速度，自动跟踪目标，引导制导武器飞向目标，直到最后命中目标。采用这种制导方式的武器种类较多，比如毫米波制导、激光制导、电视寻的制导、红外成像制导等。寻的制导的优点是精度非常高，适合打击运动目标。但其缺点是作用距离短，易受干扰。因此，多用于末端制导。

2. 遥控制导

就是在导弹飞行过程中，在制导武器以外的制导站，不断测量目标和导弹的相对位置，并不断地对导弹发出指令，来修正导弹的飞行路线，直到最后命中目标。遥控制导主要有指令制导和波束制导两大类。这种制导方式的特点也是命中精度高，适于打击运动目标。

3. 惯性制导

就是采用惯性测量设备测量导弹运动参数并随时修正导弹运动偏差的制导技术。在飞行过程中，导弹通过陀螺仪、加速度表等装置测量数据，并根据事先协定好的初始条件和制导程序来发出指令，控制导弹飞行。这种制导技术一般用于远距离的弹道导弹，攻击远距离的固定目标。主要缺点是制导精度随着导弹飞行距离的增加而降低。

4. 地形匹配和景象匹配制导

就是导弹在发射前，事先把路线上的地形数据或景物图像数字化，存储在导弹上的计算机中。导弹飞行过程中，通过特定的装置不断测量实际地形或景物数据，与事先存储在计算机中的数据进行对比，算出偏差并进行纠正。这种制导方式基本上也是用来攻击固定目标。这两种制导方式的特点是精度高，但都有一定的局限性。比如地形匹配制导，在平原地区和大面积水域上空就很难发挥作用，因为没有明显的地形特征。另外，由于事先要把大量的地形和景物数据输入导弹上的存储器，所以发射准备时间比较长。更重要的是，这种制导技术需要发达的卫星遥感和测量技术的支撑，需要事先测量好目标地区的各种地形和景物数据。

5. 全球导航定位卫星系统制导

这种方式也称 GPS 制导，就是借助于卫星导航全球定位系统来进行制导和控制导弹攻

击目标的。其工作原理是利用弹上安装的 GPS 接收机接收 4 颗以上导航卫星播发的信标信号来修正导弹的飞行路线，提高制导精度。

当然，导弹在飞行过程中的初始段、中段和末段也可以采用多种方式制导，称为复合制导，可以提高导弹的抗干扰能力和制导精度。

（三）精确制导技术的应用

精确制导武器可分为两大类，一大类是导弹；另一大类是精确制导弹药，包括制导炮弹、制导炸弹。两者的区别就是导弹依靠自身的动力系统和导引、控制系统飞向目标，后者自身无动力装置，其弹道的初始段、中段需要借助飞机、火炮投掷，在飞行的末段进行末制导。

1. 防空导弹

防空导弹包括地对空和舰对空导弹，迄今已发展到第 4 代。按射程和射高来分，防空导弹可分为四类：第一类是中高空防空导弹。第二类是中低空防空导弹。第三类是超低空防空导弹。主要用来对付低空的飞机和导弹。第四类是单兵便携式防空导弹，它们的射程在 5 千米以下，射高在 3 千米以下，可以由单兵携带，肩扛发射。

2. 反坦克导弹

反坦克导弹可以从车上、飞机上或者单兵在地面上发射。反坦克导弹与传统的反坦克炮相比，射程远，精度高，威力大，而且机动性强。目前各国现役的反坦克导弹主要有以下几种：一是美国的"狱火"式反坦克导弹，可以车载，也可以装在飞机上，具有较强的破甲能力，属于激光制导导弹。二是法国、德国联合研制的"霍特"反坦克导弹，可以有线制导或红外自动遥控，射程 4 千米，破甲厚度 700 毫米。三是美国的"小牛"空地导弹，最大射程达 25 千米，属于红外寻的制导，具有很强的穿甲能力。

3. 反辐射导弹

反辐射导弹是现代战争电子战的锐利武器，其主要作用是捕捉敌方雷达发出的电磁信号波束，然后沿着雷达波束直接攻击对方的雷达。目前，这一类导弹已发展到第三代，比较有代表性的是美国的 AGM-88 "哈姆"反辐射导弹，其射程大于 20 千米，速度 3 马赫。这种导弹最大特点是具有一定的记忆功能，自动搜寻雷达辐射的电磁波信号，一旦捕捉到雷达目标，就能牢牢锁定方位，即使对方的雷达关机，如果不迅速转移，同样会受到攻击。

4. 空空导弹

空空导弹是指从空中平台发射攻击空中目标的导弹。空空导弹从射程上讲可以分为近距格斗、中距拦截和远程拦截三种类型。其中近距格斗型比较有代表性的是美国的"响尾蛇"空空导弹，这种导弹是红外被动制导。中距拦截型导弹比较有代表性的是美国的

AIM-120先进中程空空导弹,最大射程80千米,具备发射后的能力,可同时攻击多个目标。远程拦截型导弹比较有代表性是的美国的"不死鸟"空空导弹,射程可达200千米,速度大于5倍音速,是一种全天候、超音速空空导弹。

5. 地地战术弹道导弹

地地战术弹道导弹是指从地面发射攻击敌方师、集团军纵深内及方面军纵深内的战术或战略目标的导弹。目前,地地战术弹道导弹采用固体火箭发动机技术,具有机动好、制导技术多采用复合制导技术、反应速度快和命中精度高等特点。战斗部可使用常规弹头或战术核弹头,可用于不同的作战目的,已成为陆军作战的重要武器。

6. 巡航导弹

巡航导弹又分为三种:一是能够实施核打击的战略巡航导弹;二是远程战术巡航导弹;三是飞航式反舰导弹。其中比较有名的是美国的"战斧"式多用途巡航导弹系列。巡航导弹的最大特点是射程远、精度高、低空突防能力强。巡航导弹一般都飞得很低,离地面或海面只有几米到几十米,而且在发射前把如何避开沿途的障碍物、防空火力区等都预先存储在导弹上,这样,遇到山脉、高层建筑,敌人的导弹火炮阵地,导弹都可以绕开,始终保持超低空飞行,所以拦截巡航导弹是比较困难的。

7. 激光制导炸弹

激光制导炸弹的基本原理是用机载设备或人员对目标发射激光束,攻击飞机投掷激光制导炸弹后,炸弹沿着反射的激光束飞向目标。这种制导方式的精确度比较高。

二、核生化武器技术

核生化武器是指核武器、化学武器和生物武器,它们被统称为大规模杀伤性武器。

(一) 核武器

1. 核武器的基本概念

核武器是指利用自身核裂变或核聚变反应(或两者兼有),在瞬间释放出的巨大能量产生爆炸,造成大规模杀伤或破坏效果的武器,是迄今人类制造的杀伤破坏作用最大的武器。核武器根据释放能量原理可分为原子弹、氢弹、中子弹、冲击波弹和电磁脉冲弹等。原子弹是利用铀235(或环239)原子核的裂变反应原理制成的核武器,它又被称为裂变核武器;氢弹是利用核裂变原理产生几千万度的高温,将较轻的原子核氘、氚聚变成较重的原子核而释放出巨大能量的核武器,它又被称为聚变核武器(或热核武器);中子弹是以高能中子为主要杀伤因素,相对减轻冲击波、光辐射效应的核武器,又称为加强辐射弹;冲击波弹,是一种以冲击波效应为主要杀伤破坏因素的特殊功能的小型氢弹;电磁脉冲弹,是利用在大气外层空间的核爆炸,使之产生定向或非定向的高能电磁脉冲,以毁坏

敌方通信系统等电子设备的核武器。

2. 核武器的发展趋势

核武器主要发展趋势：一是有核国家的队伍在不断扩大。除公开进行核试验的国家外，还有一些潜在的国家正在发展核武器，因此核大国将少量消减核弹头，并且继续维持战略核威慑力量；二是有恢复核试验的趋势。在全面禁止核试验和核不扩散条约的影响下，一些国家核试验已经停止，而采用了超级计算机模拟核试验，但模拟的结果与实际核试验的结果有区别，因此一些国家为研制新型核武器，有可能恢复核试验；三是更新核导弹技术。发展小型化、大威力和可变当量的且具有独特功能的核武器。

（二）生物武器

1. 生物武器的基本概念

生物武器是指利用生物战剂杀伤作战人员、毁坏植物的各种武器和器材的总称，以前称为细菌武器。生物武器是一种大规模毁伤性武器，是被禁止试制、生产、储存和使用的武器。它是生物战剂和施放工具的统称。生物战剂主要有细菌、病毒、毒素、真菌、衣原体和立克次体六种类型。生物战剂一般具有传染性、传播途径广、杀伤范围大、危害作用时间长、不易发现、有潜伏期等特点。会对人员造成失能和致死等伤害。

2. 生物武器的发展趋势

生物武器的发展趋势：一是发展生物化学战剂。生物化学战剂是各种高生物活性的生物化学物质，如小分子量的生物毒素、肽类生物调节剂、细菌蛋白质毒素等。这种战剂毒性高、易吸收（中毒）、难于检测，受到各国的高度重视，有可能成为未来的生物战剂；二是研制基因武器。这种武器成本低杀伤力大、持续时间长、难防难治、施放方法多且简单易行；三是加强生物武器防御研究。目前对生物武器的检测和防疫研究还不够充分。

（三）化学武器

1. 化学武器的基本内容

化学武器是利用化学毒剂的作用杀伤、疲惫敌方有生力量，迟滞、困扰敌方军事行动的各种武器和器材的总称。主要包括毒剂和化学弹药。毒剂是军事行动中以毒害作用杀伤人畜的化学物质。它是化学武器的基础。主要有神经性、糜烂性、全身中毒性、窒息性和刺激性毒剂等。化学弹药是战斗部内主要装填毒剂的弹药。包括化学炮弹、化学炸弹、化学手榴弹、化学枪榴弹、化学地雷、化学火箭弹和导弹的化学弹头等。化学武器一般是通过呼吸道、皮肤接触、水和食物等途径进入人体使人中毒，严重者会致残、致死等。

2. 化学武器的发展趋势

国际社会一直努力实现彻底销毁化学武器，但各国从本国利益出发，销毁化学武器的进展缓慢，有些国家还在继续发展化学武器，一些恐怖组织掌握的化学武器对国际社会也构成了威胁。因此,化学武器的主要发展趋势是:研制毒性更强、作用更快、渗透性更强的新型毒剂;研制生产、运输、储存、使用和销毁过程较安全的二元化学武器等。

三、新概念武器

新概念武器主要是指工作原理、结构、功能和杀伤破坏机理与传统武器不同的新型武器。新概念武器和技术的种类很多,最有代表性的新概念武器主要有高能激光武器、粒子束武器、高功率微波武器、动能武器、高功率微波武器和新型无人化武器装备等。

(一)高能激光武器

高能激光武器,也称强激光武器或激光炮。是利用高能激光束摧毁飞机、导弹、卫星等目标或使之失效的定向能武器。

1. 高能激光武器的组成

高能激光武器主要由高能激光器、精密瞄准跟踪系统和光束控制与发射系统组成。高能激光器是高能激光武器的核心,用于产生高能激光束。作战要求高能激光器的平均功率至少为2万瓦或脉冲能量达3万焦耳以上。精密瞄准跟踪系统用来捕获、跟踪目标,引光束瞄准射击,并判定毁伤效果。高能激光武器是靠激光束直接击中目标并停留一定时间而造成破坏的,所以对准跟踪的速度和精度要求很高。光束控制与发射系统是将激光器产生的激光束定向发射出去,通过自适应补偿矫正或消除因大气效应对激光束产生的影响,以保证激光束高质量地聚焦到目标上,达到对目标的最佳毁伤效果。

2. 高能激光武器的杀伤破坏效应

烧蚀效应:激光照射靶材,部分能量被靶材吸收,转化为热能,使靶材表面汽化,蒸汽高速向外膨胀,可以同时将一部分液滴甚至固态颗粒带出,从而使靶材表面形成凹坑或穿孔,这是对目标的基本破坏形式。

激波效应:当靶材蒸汽向外喷射时,在极短时间内给靶材以反冲作用,相当一个脉冲载荷作用到靶材表面,于是在固态材料形成激波。激波传播到靶材后表面,产生反射后,可能将靶材拉断而发生层裂破坏,裂片飞出时有一定的功能,所以也有一定的杀伤破坏能力。

辐射效应:靶材表面因汽化而形成等离子体云,等离子一方面对激光起屏蔽作用,另一方面又能够辐射紫外线甚至X射线,使内部电子元件损伤,实验发现,这种紫外线或X射线有可能比激光直接照射引起的破坏更为有效。

(二)粒子束武器

粒子束武器是利用高能加速器所产生并发射的高能粒子束杀伤目标的武器。

1. 粒子束武器的基本原理

粒子束武器的基本原理是:用高能强流粒子加速器,将注入其中的电子、质子、各种

重离子一类的带电粒子加速到相对论速度（接近光速），使其具有极高的功能，然后用磁场将它们聚集成密集的高能束流，并直接（或去掉电荷后）射向目标，利用这些高能粒子束把大量的能量在极短的时间内传递给目标，通过它们与目标物质发生强相互作用达到杀伤、摧毁或识别目标的目的。

2. 粒子束武器的杀伤机理

粒子束武器是通过高能粒子束与目标物质的强相互作用而穿入目标内部，使能量沉积在目标深处而杀伤目标的。对于中性粒子束，这种相互作用是，粒子穿入目标后立即电离，产生带电核并与目标结构材料的外壳层电子发生库仑相互作用，与目标结构材料的原子核发生弹性碰撞和非弹性碰撞。对于电子束，这种相互作用为碰撞激发，主要表现为电离损失和辐射相互作用。高能粒子束击中目标时，通过上述相互作用沉积在目标物质中的能量能产生三种破坏作用：一是使结构材料激化或融化；二是提前引爆目标中的引爆炸药（如使推进剂点火或炸药爆炸）或破坏目标中的热核材料；三是使目标的电路被破坏、电子装置失灵。

（三）高功率微波武器

1. 高功率微波武器的概念

高功率微波是指峰值功率在100兆瓦上下，频率在1300吉赫的电磁波。由高功率微波源产生的微波，向空间发射功率高、能量集中、具有方向特征的微波射束，便成为一种新的杀伤破坏性武器，这就是高功率微波武器。

从概念上讲，微波武器与激光、粒子束等定向能武器一样，都是以光速或接近光速传输的，但它与激光武器又有着明显的差异。激光武器对目标的杀伤破坏，一般来讲是穿透性硬破坏，它是要靠将激光束聚集得很细，并进行精确瞄准，直接打在目标上，才能破坏摧毁目标。微波武器则不同，它对目标实行的是瘫痪性软破坏，它是以干扰或烧毁敌方武器系统的电子元器件、电子控制计算机系统等，使它们不能正常工作——使得电子控制系统失效、中断，甚至遭到破损。造成这种破坏效应所需的能量比激光武器要小好几个数量级。另外，由于微波射束的波斑比激光射束的光斑大，因而打击的范围也大，从而对跟踪、瞄准的精度要求也就比较低，这既有利于对近距离目标实施攻击，且低费用，同时其技术难度也相应要小很多。

2. 高功率微波武器的杀伤机理

高功率微波武器是利用高功率微波在物体或系统的相互作用的过程中所产生的电效应、热效应和生物效应对目标造成杀伤破坏的。电效应是指高功率微波在射向目标时会在目标结构的金属表面或金属导线上感应出电流或电压，这种感应电压或电流会对目标上的电子元器件产生多种效应，如造成电路中器件的状态反转、器件性能下降等。热效应是指高功率微波对目标加热导致温度升高而引起的效应，如烧毁电路器件和半导体 PN 结或使半导体 PN 结出现二次击穿等。

（四）动能武器

1. 动能武器的基本概念

所谓动能武器，就是利用弹头体高速运动的动能直接撞击目标，而使目标摧毁的武器装置。动能武器由推进系统、弹头（弹丸）、探测器、传感器、制导与控制系统等部分组成。推进系统提供将弹头加速到高速所需要的动力，可采用火炮、火箭、电场或磁场加速装置作为推进系统。弹头是动能武器的有效战斗部位，系用金属材料或塑料制成的刚体。传感器是动能武器的"眼睛"，用于探测、识别和跟踪目标，常使用红外传感器。制导与控制系统是动能武器的"大脑"，用于确保成功地进行寻的与拦截，制导与控制系统一般由寻的器、惯性测量装置、计算机、方向和姿态控制器、通信设备、能源设备等组成。动能武器技术上可行，价格低廉，并难以防御。

2. 动能武器的结构形式与原理

动能武器必须采用一定的方法将物体（弹头）加速到足够大的速度。根据所采用的推进系统的不同，可将动能武器分为三种不同的结构形式：火炮系统、火箭系统、电磁加速系统。火炮是靠火药的燃气压力将炮弹加速的。从原理上讲，常规火炮可以作为动能武器使用（发射非爆炸性弹头）。在火炮中，最大弹丸速度可达到 23 千米/秒。利用火箭加速是三种结构中最成熟的一种。美国人准备部署的动能武器目前都采用一级或两级火箭加速，因此亦称为超高速火箭动能武器。电磁加速系统是利用电磁场加速或电能加热加速的动能武器系统。

（五）新型无人化武器装备

1. 新型无人化武器装备的类型

新型无人化武器装备按作战平台可分为陆地、水下水上、空中和空间无人化作战平台。完成侦察与监视、对敌目标直接作战攻击和其他作战任务等。陆地无人化作战平台主要是指军用机器人和无人化机动作战车。

军用机器人是一种用于军事领域有仿人活动功能的自动机器。随着人工智能技术的发展，各种传感器的开发和使用，一种以微电脑为基础，信息控制技术为手段，各种传感器为神经网络的智能机器人出现在当今战场。不仅能从事繁重的体力劳动，而且有一定的思维、分析和判断能力，能更多地替代人完成比较危险的作战任务。可以完成战场火力侦察、排雷、排爆、战场救护、战地维修、处置危险物品等，甚至已经研发出能像士兵一样完成射击、进攻动作的机器人。许多国家都在发展军用机器人，仅美国列入研制计划的各类军用机器人就达 100 多种。

无人化机动作战车是指机械化的作战武器通过改造、加装自动驾驶和在指挥控制系统的作用下进入战场自行作战的武器装备,包括无人坦克、无人装甲等。

水下水上无人作战平台是指无人潜航器(潜艇或潜水器)和无人舰艇。无人潜航器是一种水下智能化装置,它以其隐蔽、机动、灵活和低廉的造价,以及在近海作战中不可替代的作用,正日益受到重视。无人潜航器依附于潜艇或舰艇上,并能实施布放和回收,也可以由低空直升机或岸上人工布放和回收,它可以携带多种传感器和专用设备或是武器(例如:排雷工具、鱼雷、水雷或炸药等)进行水下侦察探测、识别定位、反潜反水雷等。无人潜水器一直受到海军的宠爱,新一代先进的无人潜水器正在不断涌现。

空中无人化作战平台是指能携载攻击性武器的无人驾驶航空器,通常是指无人驾驶飞机,简称无人机。无人机技术的历史已经有 70 多年了,过去赋予无人机的任务通常是侦察与监视,一般不携载攻击性武器,按理不应该算为新概念武器技术。无人机种类繁多,分为高空、中空、低空,大型、中型、小型和微型,主要任务是侦察和作为空军演习的靶机。攻击型的无人机在 20 世纪是没有的,但是在信息技术、指挥控制技术迅猛发展的 21 世纪,无人化作战飞机相继出现。无人机与载人飞机相比,它具有体积小、造价低、使用方便、对作战环境要求低、战场生存能力较强等优点,备受世界各国军队的青睐。随着现役无人机的飞行时间越来越长,功能将越来越全,威力也越来越大。

空间无人化作战平台是指不载人的天基武器系统。包括反卫星卫星、反卫星及反弹道导弹功能武器平台和定向能武器平台等。

2. 新型无人化武器装备产生的影响

无人化武器装备是 20 世纪末出现的新概念,目前的发展情况可以说比较顺利,这些无人化武器装备在 21 世纪头 20 年内将取得重大进展。国外提出发展无人化武器装备都是有明确的需求背景的,即考虑到未来信息化局部战争的战场环境十分严峻,信息作战(含电子战)、导弹攻防战、空中攻防战、机动作战,甚至核生化战争都有可能同场竞技,各种信息化武器装备充斥战场,命中精度高,机动性强,射(航)程远,杀伤威力大,这对交战双方都构成极大的威胁。如何以最小的损失、最少的人员伤亡取得最大的战果,这是各国军队十分关注的问题。此外,各国在发展新武器装备时都面临着军费预算紧张,而武器装备造价日趋上涨使一些国家陷入一个两难的困境中。为谋求经济上能负担得起,不会增加作战牺牲,选择效费比高的武器装备也就成为各国军方优先考虑的选项。无人化武器装备的造价低、有较高的作战效费比、可减少作战人员伤亡的特点,正好迎合了上述需求。无人化武器装备不断进入军队的装备序列,将对未来信息化战争的作战产生深远的影响,甚至是革命性的影响,具有重大军事价值。无人化武器装备与指挥自动化一样将成为作战力量的倍增器。

"萨德"系统

"萨德"系统是美国全球导弹防御系统的一个子系统。该导弹系统由美国航空航天制造商洛克希德·马丁公司承担主要的研发和生产,是一种可车载机动部署的反导系统,具备在大气层内外拦截来袭的短程、中程和远程洲际弹道导弹的独特能力。

一套"萨德"系统通常由指挥中心、1部地面X波段雷达、6部8联装发射装置和48枚拦截弹组成,其拦截高度介于大气层内40千米以上至大气层外150千米,射程可达200千米,可以击中超音速8倍以上速度发射的弹道导弹。而现有的导弹防御系统通常都是在距离地面10~15千米的末段低空进行拦截。

"萨德"系统最大的亮点在于它的X波段雷达。"萨德"的核心装备AN/TPY-2雷达探测距离最远可达2000千米,且分辨率非常高,可以完成探测、搜索、追踪、目标识别等多功能任务。

"萨德"在已经进行的13次拦截试验中,取得11次命中的优异成绩,可以说"萨德"是当今世界上最先进的导弹防御系统之一。如果部署在韩国,将成为美国东亚反导体系的重要一环。事实上,"萨德"探测距离最远范围远远超出防御朝鲜导弹所需,不仅直接损害中国等国的战略安全利益,也破坏地区和全球的战略稳定。

2016年2月7日,韩美两国宣布启动有关在驻韩美军部署"萨德"的磋商。此后,韩美于3月4日成立联合工作组,就"萨德"部署日程、地点、费用等相关问题全面开展磋商。

东风-41洲际弹道导弹

一、基本介绍

东风-41洲际弹道导弹,是我国对外公布的战略核导弹系统中的最先进系统之一。采用三级固体运载火箭作为动力,最大射程可达约14000公里,其载车能在公路进行机动,同时具有一定的越野性能。另外,该型导弹采用了计算机控制的惯性制导系统,这使得导弹的命中精度得到大幅提高。

东风-41是东风-31洲际弹道导弹的一种发展改进型。其最大射程可以使它几乎打击地球上的任何点。根据20世纪80年代初国家提出的大规模毁灭性核报复,目的是研制一种能够打击美国本土任何一地区的固体燃料洲际导弹,用来代替东风-5液体燃料洲际导弹。原国防科工委向航天部第一设计院下达了研制固体燃料多弹头洲际导弹的命令。

东风-41采用多弹头独立重返大气层载具技术,从而实现了运载火箭及分弹头自适应变轨。该技术并非是简单地在一枚导弹上装载多枚分弹头,而是让每个分弹头都

有独立的飞行弹道,可调整轨迹攻击不同目标。这样每枚反导拦截导弹最多只能摧毁一个分弹头。让反导系统的效能大为降低,东风-41可携带6~10枚分导式核弹头,这将严重动摇各国反导系统的可靠性。

二、基本参数

弹头:一枚1600公斤550万吨级当量热核弹头,或者是6枚250公斤65万吨级当量热核弹头,也可以是10枚我国21世纪初新设计的165公斤15万吨核弹头。

弹长16.5米,弹径2.78米,整体重量达到63.5吨,采用三级固体燃料推进,载重上限为2000公斤,精度100~200米。

制导方式为:惯性制导,星光制导,北斗导航,准备时间5~15分钟,射程11000~14000公里。

三、技术特点

东风-41型洲际弹道导弹均采用三级固体运载火箭作动力,其载车能在公路进行机动,提高在敌方发动第一次核打击时的幸存力。

另外,该型导弹采用了计算机控制的惯性制导系统,命中精度得到大幅提高。若配用多弹头分导重返大气层方式进行攻击,以西方技术是无法进行拦截的。

由于不像东风-31那样受到核潜艇导弹发射管大小的制约,东风-41可以将弹体设计得更长,并且使用更大的第三级火箭推动器。同时配套的机动发射系统将极大提高该导弹的生存能力。

四、发射方式

东风-41洲际导弹采用公路机动平台、铁路机动平台和加固地井发射三种方式部署,其中公路机动平台为陕西特种汽车制造厂生产的sx-4320重型牵引车,集储存—运输—发射一体化三用拖车,导弹置于拖车的弹舱内,在运输状态下呈封闭状态,拖车装有两扇对折舱门,发射前舱门开启,导弹通过液压装置起竖发射。

由于东风-41弹体重量巨大,已经达到了公路机动平台所能承受的极限,所以放弃了较复杂的冷发射而采用热发射,与冷发射相比,热发射对导弹本身的固体火箭发动机的质量要求较高,但是节省了发射载车上的有限空间。

 思考题

1. 现代军事高技术的特征有哪些?
2. 你如何看待军事高技术?
3. 描述一项你感兴趣的军事高技术。

第五章 信息化战争

第一节 信息化战争概述

一、国防的基本要素

所谓信息化战争,是指信息化军队在陆、海、空、天、电等多维战略空间用信息化武器装备进行的战争,是对于信息技术以及信息系统的研究、生产、装备、使用等进行的一种新型独特的高技术战争。也可以说,信息战就是以信息占主导地位,信息手段起主要作用的,使用信息化装备或信息化部队进行的一种战争行动。从军事领域来看,信息战的内容包括使用信息技术手段进行的探测、侦察、引导、指挥、控制、通信、信息处理、伪装和打击杀伤等作战行动。

二、信息化战争的基本特征

（一）武器装备信息化

武器装备的信息化是信息化战争的首要条件。战争工具决定着战争形态,有什么样的战争工具,就会有什么样的战争形态。信息时代的战争工具主要是信息化武器装备,信息化武器装备的主要特征是实现了武器装备的信息化、智能化和一体化。

信息化武器装备主要包括硬杀伤性信息化武器、软杀伤性信息化武器及新概念武器。硬杀伤性信息化武器主要是指精确制导武器和遥感性杀伤武器。软杀伤性信息化武器主要包括信息干扰武器、计算机病毒武器、"黑客"攻击武器等。新概念武器是应用高新技术,特别是高新信息技术和新的毁伤机理制造完全不同于传统武器装备的全新信息武器,主要有超动能武器（电磁炮）、定向能武器、人工智能武器、思维控制武器和微型机电武器等。

信息化战争中,战争能量从传统的体能、化学能、电能、电磁能、机械能、核能等物理能量转变为智能。机械时代的动力、平台、武器等仍具有重要作用,但能量释放结构产生了变化,电子信息装备由辅助性、保障性装备变为主导性装备,并通过系统方式渗透、融合到动力、平台、武器中去,对能量及能量释放的时机、方式、数量、比例等进行精确控制,从而达到投入最小、效益最高的目的。

(二) 战争时空全维化

信息化战争中,弹道导弹速度达到15马赫,战术导弹速度达到3~5马赫。只要眼睛看见目标,就意味着这个目标会立即被击毁。

冷兵器战争和热兵器战争,都是在平面单维空间内进行的战争。机械化战争中,不断向空中、海洋、水下、太空和电磁空间拓展。信息化战争仍然需要分别制权,各军兵种仍可继续主宰各自传统的作战空间,所不同的是在时间、空间和力量诸要素之间必须统一标准,实现互联、互通、互操作,最终形成一个相互融合的体系。这样一个横向一体化的网络体系建立起来之后,陆、海、空、天、电等相互分离的作战空间将成为一个全维一体的作战空间。在这个全维空间内,战场是流动的,信息是实时的,时间、空间和力量等诸要素是融合的,力量的运用将非常灵活而且可调、可控。

(三) 战争力量整体化

信息化战争中,作为主要武器装备的 C4ISR 系统、信息战装备、精确制导武器和信息化作战平台,通过全球信息栅格进行无缝链接之后,将形成全维度、全天时、全天候的一体化、实时化作战体系。在这样的作战体系中,传统战争中那种贪大、求全和追高的观念将没有任何意义,因为品种、规模、性能不再是提高作战效能的关键性要素,系统集成和横向一体化成为最关键的要素。武器装备品种再多、规模再大、性能再好,如果不能并入系统,则不可能发挥作用,在战场上不仅不能形成战斗力,反而将成为被打的目标。

信息化战争中,智能和知识处于力量凝聚的核心和主导位置,战争力量的凝聚主要依靠信息控制。从力量要素来看,信息化武器装备成为主导性要素,传统的机械化作战平台地位下降。力量的凝聚必须是在掌握制权优势,尤其是在夺取并控制信息优势和空天优势的前提下进行的。只有这样,才能确保在准确的时间,把所需的力量准确地调整和机动到准确的地点和方向,对目标进行精确打击。信息化战争中,指挥艺术和军事谋略仍非常重要,但重点偏向两个方面:一是战略层面交战双方的排兵布阵、斗智斗勇和战略欺骗;二是战役战术层面的自动化指挥和控制。

(四) 战争实施精确化

信息化战争中,当全球信息栅格建立起来之后,全维空间将呈现一体化模式。在这样的作战空间内，传统的战场概念将不复存在，依托于特定战场和特定军兵种而萌生的作战方式也将自然消亡。精确控制将成为信息化战争的精髓。精确控制主要是全频谱控制战，侧重进行战略信息战和战场信息战，目的是对全维空间、全频谱信息、全部作战力量和战争资源进行有效控制。控制的结果有两个：对己方而言，通过系统集成使力量倍增，作战效能呈指数增加；对敌方而言，通过控制使之处于瘫痪，部队因失去指挥而成为乌合之众，兵力兵器因失去空间将无法机动，因失去时间只能坐失良机、被动挨打。在这种情况下，即便拥有力量，也已经被分割、瓦解，难以发挥有效作用。

（五）战争保障多元化

信息化战争中，侧重于智力、知识、信息、网络的综合保障，并在此基础上加强对保障要素的融合与控制。由于信息化武器装备与机械化武器装备是相互融合的，所以机械化战争中的保障要素大部分将继续存在下去，但必须用信息化理念、网络和软件加以改造，使所有保障要素融入作战体系中去，从而达到有效控制和精确保障的目的。

在信息化战争全维保障的情况下，战场建设将更加具备军民两用特征，而且平时和战时必须实现快速转换。信息化战争中，更加强调质量效能，质量表现为知识，效能表现为控制，数量规模依然重要，但将是有知识、能控制的数量和规模。战争不再是军人的专利，以计算机和网络为核心的军事装备也不再是军队的专属，最先进的技术可能最先应用于民用装备。因此，保障力量表现为信息化保障，这种性质的保障难以区分是军用的还是民用的。所以，军队专有保障开始向社会化保障发展，专业清晰、分工明确的机械化保障开始向专业模糊、系统集成的信息化保障推进，用来进行实际作战的兵力兵器越来越少、越来越精，而软件设计、网络控制、信息资源、装备维修等保障力量明显增加。

（六）制胜人机一体化

信息化战争中，人的智能与武器的性能融为一体，人赋予武器以智慧和灵性。信息化武器不再是机器组件，而是具有人工智能、会思考、能判断，可以自动发现、识别和打击目标的机器人。"战斧"巡航导弹、JDAM 卫星制导炸弹等都是这样的机器人武器。人的高超智慧、指挥艺术等可先期融入武器系统之中，也可在作战过程中通过对武器的实时控制来提高其作战效能。

全球信息栅格建成之后，在战役战术层面将实现自动化实时指挥，人工干预、边想边干的指挥模式越来越少。指挥艺术和军事谋略在很大程度上表现在战前的作战运筹和战中的战略性交战，甚至被融入人机交互系统、专家知识库系统和武器智能制导系统中去。因此，指挥层次越来越少，指挥效能越来越高，呈现实时化、扁平化、一体化特征。战略指挥员直接指挥到单兵、单舰、单机的现象越来越普遍，战略性战斗将成为信息化战争中的

主要作战样式。

三、信息化战争的动因

（一）打赢战争的需求牵引

自古以来的战争，特别是海湾战争以来的现代战争实践已经表明，战争形态和武器装备对于战争胜负有着重要作用；存在代差的交战双方，落后一方往往需要付出巨大代价（人员大量伤亡、赢得最后胜利时间漫长、人民被长期奴役、国家/地区部分被占领）才能取得战争胜利，如朝鲜战争、越南战争等。目前，世界多数国家开始了适应信息化战争要求的武器装备体系建设，美国、俄罗斯、法国、日本等国家走在了前列。打赢战争的需求牵引是战争形态转变的最大动力，也是武器装备发展的最大动力，由机械化战争形态向信息化战争形态的转变也不例外。

（二）以信息技术为核心的高新技术的推动

人类所经历的冷兵器战争、火器战争、机械化战争等战争形态，都是当时科学技术发展水平在战争领域的反映，适应信息时代要求的战争必然是信息化战争。包括传感技术、通信技术、计算机技术、宇航技术及其基础技术的广义信息技术的飞速发展和应用，使军队获取和处理信息的方式和手段日益多样化、实时化，战场空间日益扩展，武器装备的信息化水平和精确化打击能力不断提高，进而大大丰富了作战样式，使现代战争逐步发展成为体系之间的对抗，攻防无处不在、无时不在；掌握制信息权的一方，战场空间相对透明，武器装备作战效能和部队作战能力能够充分发挥出来；同时，信息化还促进了作战指挥形态的变革和武器装备的网络化、智能化、集成化，使一体化作战能力大大增强。

因此，信息化战争是以信息技术为核心的高新技术发展推动下战争形态的必然选择。

四、信息化战争的三个范例

（一）海湾战争

海湾战争以机械化战争为主导，将大规模机械化作战发展到极致，信息化作战初露端倪。信息化武器装备在战争中发挥了重大作用，海湾战争是机械化战争向信息化战争过渡的一个重要转折点。海湾战争的特点有：

一是使用了先进的作战指挥系统，多国部队投入战场的计算机就达3000多台，确保了快速、准确的信息传递。

二是使用了大规模的高性能侦察器材，共动用了30多颗卫星、130多架侦察机以及大量的侦察器材，进行了地、空、天覆盖性侦察。

三是使用了多种新型的夜视器材,形成了连续作战的能力。

四是以精确制导武器为主实施了高强度的空中打击。这次战争空中使用精确制导弹药虽然仅占总投弹量的9%,却炸毁了70%~80%的目标。多国部队共发射了200多枚战斧巡航导弹实施远程打击。

五是多国部队投入电子战部队人数达5000多人,电子战飞机和预警机200多架从战前到结束进行了全方位的电子干扰。

(二)科索沃战争

1999年3月,以美国为首的北约对南联盟发动了科索沃战争。在此次战争中,夺取信息优势、控制机动、精确打击成为战争的主导。主要表现有:

一是实现了全球网络化、信息化、一体化,具备了跨军兵种、跨地域无缝连接和实时指挥控制能力。

二是首次使用了电磁脉冲炸弹、计算机病毒、石墨炸弹等信息化武器装备。

三是首次大批量使用了"JDAM"等精确制导弹药。

(三)阿富汗战争

2001年10月,美国以"反恐"为名发动了阿富汗战争,但信息化程度和联合作战水平都很高。表现为:

一是首次使用了侦察攻击型无人机、全球信息网络,验证了网络中心战理论。

二是首次使用了单兵数字通信系统、掌上电脑、光电侦察设备、地面传感器和GPS等系统,验证了信息化战争中的特种作战理论。

三是首次使用了GBU-28钻地炸弹、BLU-118B燃料空气炸弹等新型武器,验证了大规模毁伤性武器的可控性理论。

四是首次实现了以C4ISR系统为主的一体化作战模式。

第二节 信息化战争的发展趋势

一、拓展战争内涵

未来的信息化战争将在战争的主体、战争的目的、战争的暴力性以及战争层次等方面发生重大的变化,从而使传统的战争概念受到巨大的冲击,战争的内涵将得到更大的拓展。

(一)主体多元化

传统的战争主要发生在国家和政治集团之间,战争打击的目标主要是对方的军事力量

和战争潜力,战争的主体是军队。而在未来信息化战争中,由于信息战和反恐战所具有的特点,战争的主体除了军队之外,还包括恐怖组织、贩毒集团、工商集团、民族组织、宗教组织等。随着科学技术的发展,制造常规弹药易如反掌,制造核武器、化学武器和生物武器的技术也正在越来越多地被人们了解和掌握,这就使一些社会团体和组织,不仅可以掌握和使用常规武器,而且也有可能掌握和使用核生化武器与计算机病毒等信息武器。因此,战争不仅会在国家与国家之间展开,而且也有可能在社会团体与社会团体之间、社会团体与国家之间、少数个人与社会团体或国家之间展开。战争主体的多元化,使国家安全面临着严峻和复杂的挑战,为了应对这种挑战,仅仅依靠军队力量是不够的,还必须依靠各种社会力量。

(二) 目的宽泛化

在工业时代,因为人力、土地、矿产等资源是经济发展的基础和主导因素,所以战争的目的主要表现为对这些有形物质资源的争夺。但是,进入信息化时代后,知识经济不仅依赖于有形的物质资源,更依赖于无形的知识和信息资源。联合国教科文组织曾做过调查,各国知识占有量上的差距,已经成为最终导致国与国之间竞争力和经济实力差距的主要因素。因此,未来信息化战争的目的将发生变化,将不再主要是攻城略地、赤裸裸地抢占自然资源,而是通过争夺和控制知识与信息资源,包括控制敌对国领导层和民众的精神、意识与价值观,进而控制有形的物质资源,最终维护和发展国家与集团的政治利益与经济利益。

(三) 层次更加模糊

在未来信息化战争中,战争的战略、战役和战术层次将会逐渐模糊。一方面,战役或战术行动具有战略意义。由于武器装备的作战效能越来越高,精确打击和信息战等作战行动对敌方军事、政治、经济和心理的攻击威力越来越大,因而小规模的作战行动就能有效达成一定的战略目的,一场战斗或一场战役就有可能是一场战争。另一方面,作战行动将主要在战略级展开。信息化战争不再是从战术突破到战役突破再到战略突破,而是战争一开始就把敌方的军事、政治和经济等重要战略目标作为打击对象。战略信息战和超视距非接触式的精确打击,使战争在全纵深内展开,使战略、战役和战术融为一体。

(四) 暴力性减弱

在信息化战争中,信息和信息系统既是武器,也是交战双方攻击的主要目标。进攻一方可以不动用大量的军队,不实施传统意义上的大规模火力交战,只需通过网络供给、黑客入侵和利用新闻媒介实施的大规模信息心理战等"软"打击的方式,破坏敌方的计算机信息网络,瘫痪敌方指挥系统,瘫痪敌方的经济,制造敌方社会的动乱,把战争意志强加

给对方，以不流血的形式换取最大的政治和经济利益。即使在使用各种"硬"摧毁手段的战争中，进攻一方也不再以剥夺敌国的生存权利，或完全夺占对方的领土等作为最终目标，而是注重影响对手的意志，尽可能地减少战争的伤亡，力争以最小的伤亡代价换取最大的胜利，战争暴力性将会减弱。

二、谋取全谱优势

"全谱优势"一词由美军率先提出，是指在所有军事行动中美军都能单独地，或与多国及跨机构伙伴协同击败任何对手并控制局势。具体描述出现在《2020年联合构想》中，"美军的最高宗旨是达成国家最高指挥当局指定的各项目标。就未来的联合部队而言，实现这一宗旨的途径是掌握全谱优势。"

谋取全谱优势，就是要夺取陆、海、空、天、电等各个战场空间里的优势，获得制空、制海和制信息权，其中信息权是重中之重。信息优势具有以下几个方面的含义：一是信息优势是信息化军队的核心能力，只有具备这种能力，才能使军队具有"交互式作战空间态势感知与共享能力"；二是比敌方更全面地掌握战场空间状况，包括敌对双方的态势和企图；三是拥有比敌方更先进的天基信息系统，有阻止敌方利用太空实施威胁的能力；四是有比敌方更强的情报搜集与评估能力、侦查与监视能力、信息传输能力与信息处理能力；五是拥有很强的信息防护能力，能确保传感器、通信和信息处理网络系统不被敌方干扰、破坏和利用；六是有很强的信息进攻能力，能使用"软""硬"手段，影响、干扰、削弱、破坏或摧毁敌方的信息系统。

今天，谋取全谱优势不断被注入新的内涵：如为了确保对太空领域的优势地位，保证网络基础设施不会受到严重破坏，美国拟准备将信息网络中心建在火星之上；再如，纳米技术和生物技术的发展将会拓展战争的空间，使战争向微型化和生物化方向发展，谋取全谱优势就必须包括谋取在纳米尺度下的微型空间的优势、谋取在生物领域内的优势。

三、实现智能化

信息化发展的高级阶段是智能化阶段，因此信息化战争的发展趋势之一就是实现战争的智能化。

（一）作战武器平台的智能化

随着人工智能技术的发展，在信息化战争中将会大量使用具有智能化的作战武器平台。例如：人工智能制导武器，它具有自主进行敌我识别、自主分析判断和决策能力，可以自动寻找目标并实施攻击；无人驾驶的智能化坦克、飞机和舰船，它们可以深入危险地

区执行攻击任务；智能电子战系统，它可以自动分析并掌握敌方雷达的搜索和跟踪工作程序，发出有关敌方导弹发射的警告信号，并确定出最佳防卫和干扰措施；众多类型不同、功能各异的机器人；等等。随着纳米技术的发展，军用微型机器人将大量被投放于战场，执行侦察探测、信息传递、破袭敌电子设备和武器系统以及杀伤敌作战人员等任务。

(二) 作战指挥手段的智能化

随着计算机技术的发展，未来将会出现神经网络计算机、光计算机、高速超导计算机、生物计算机等新概念计算机，将使人工智能技术迈上新的台阶。未来计算机的功能，将在运算、存储、传递、执行命令的基础上大大拓展其职能，将会由信息处理转向知识处理。以这种高度智能化计算机为核心的 C4ISR 系统，不仅能够实现实时的战场侦察监视、情报搜集和通信联络，而且可以辅助指挥员下决心和制订计划，将会为作战指挥提供更加先进的智能化手段，使作战指挥真正进入智能化时代。

(三) 作战行动将发生在智能化领域

在未来的信息化战争中，由于信息化的广泛运用，智能化领域将会发生激烈的对抗。知识、信息和思维这些智能化的范畴，既有可能是作战所使用的手段，也有可能是作战所要打击的目标，因此，在智能化领域将会发生大量的直接对抗的作战行动。为了阻止敌人及时制定出正确的作战决策，不仅需要采用谋略行动欺骗敌人，而且更需要采取信息供给手段，直接打击敌人的 C4ISR 系统，破坏敌人的决策程序。

四、全面性威慑

信息时代，战争指挥者为了得到世界民众的支持，不引发民众强烈的反战情绪，不得不对战争的规模和进程实施严格的控制，因而未来信息化战争基本上都是一种局部战争。在这种局部战争中，为了以最小的代价获得所需要的政治、经济和军事利益，就必须高度重视军事威慑的作用，力争采取速决的方法赢得战争的胜利。

这种作战理论的核心思想，是通过广泛使用政治、经济等各种手段，整合战略、战役、战术各层次力量，把打击的要害目标直指国家，特别是国家领导层以及该国军民的抵抗意志，以最经济的手段达成最大的政治利益，从而达到"不战而屈人之兵"的理想境界。

第三节　信息化战争的作战样式

作战样式是战争形态的具体表现，与侧重物质力量的传统作战不同，信息战是以信息获取权、控制权和使用权为核心进行的争夺，因此信息化战争的作战样式更加多样。

一、信息网络中心战

信息网络中心战是利用通信系统和计算机系统组成信息栅网，把地理上分散部署在陆、海、空、天的各种侦察探测系统、指挥控制系统和打击武器系统有机地、一体地连接起来，形成快速反应的、统一高效的作战体系，通过信息优势达成先敌行动，从而使作战行动近乎实时，联合作战效能极大提高。从结构模块来说，它是以计算机系统为核心的高度智能化的综合网络，由信息栅网、传感器网和交战网三部分组成。信息栅网是各种通信渠道、计算机和信息自我管理设备等组成的永久型物理网络，是实施网络中心战的核心基础设施；传感器网由分布在陆、海、空、天等各类专用侦察设备和各种武器平台上的嵌入式侦察设备以及情报中心等构成，是依托于信息栅网的动态组合的网络；交战网是由分布在陆、海、空、天等各类火力打击武器与电子战、病毒战等软杀伤武器组成。

二、信息争夺战

信息争夺战的进攻就是充分利用各种信息技术手段，通过信息封锁、信息欺骗、信息干扰、信息污染、信息摧毁等方式，影响和削弱对方的信息作战能力。信息争夺战的信息防御是采用信息保密、信息防护等方法，保护己方的信息、信息系统、信息作战能力不受对方信息进攻的影响。军事发达国家正在大力发展信息进攻与防御的装备和手段，主要包括计算机病毒武器、高能电磁脉冲武器、微米/纳米机器人、网络嗅探和信息攻击技术及信息黑客组织等。

三、信息舆论战

广义的舆论战是指围绕国家发展战略、安全战略以综合国力为基础，通过系统运用传播学、舆论学、心理学等学科原理，利用各种传媒，进行有针对性的信息渗透，从而影响公众信念、意见、情绪和态度，有效控制舆论态势，争取舆论强势的政治战模式。狭义的舆论战，一般是指战时新闻舆论战，即交战各方综合运用报纸、广播、电视、网络等新闻传媒，有计划、有针对性地向受众传输有利于己方作战的信息，达到鼓舞己方军民的战斗热情、瓦解敌方的战斗意志、引导国际舆论、争取广泛支持等目的。舆论战有三个特征：首先，舆论战是为实现一定的政治、军事、经济利益服务的。其次，舆论战是通过信息作用于人的认知系统而实现作战功能的。最后，舆论战是通过大众传媒来进行的。

四、信息电子战

信息电子战又称电子对抗，是指为削弱、破坏敌方电子设备的使用效能和保护己方电子设备正常发挥效能而采取的措施和行动，主要包括电子侦察、电子进攻和电子防御三部分。电子战的主要特点是：第一，手段的重复有效性低。一种干扰往往只对某一种电子设备有效，一种反干扰措施往往只对抗某一种干扰。第二，广泛性。电子战已经渗透到陆战、空战、海战的各个领域，并向外层空间扩展。第三，电子战主要是软杀伤手段，其实质是敌对双方争夺对电磁频谱的有效使用权，即制电磁权的斗争。第四，连续性。电子对抗不仅在战时，而且在平时也在激烈地进行着，其平时的主要形式是电子对抗侦察和反电子侦察。第五，电子战在作战过程中实践性强，几乎影响到所有的作战行动。

五、信息心理战

信息心理战是指战争中应用心理学的原理，通过多种手段对人的心理（情绪、情感、意志、观念和信仰）施加刺激和影响，促进战争向着有利于己方而不利于敌方发展的作战模式。信息心理战是以改变个体或者群体心理状态为目标，着眼于对人的精神和心理上的征服，利用人在对抗环境中的心理变化规律，通过大量的信息传递干扰破坏敌方的决策过程和决策结果，瓦解敌方的士气，削弱其抵抗意志，使其作出错误的决定，放弃抵抗、逃避战斗乃至缴械投降。

六、指挥中枢瘫痪战

指挥中枢瘫痪战是在信息化战争中以指挥决策者为主体，以破坏和瘫痪敌战场认知系统、信息处理系统和指挥控制系统为主要作战目标，综合运用以信息技术为核心的武器装备、作战系统和作战手段，剥夺敌战场信息获取权、控制权和使用权，使敌决策者和指挥机关难以定下正确的决策和进行有效的作战指挥。

第四节　信息化战争力量的运用

信息化战争在一开始就可能遭到敌人从陆地、海上、空中多方向、多样式的猛烈袭击。敌我双方将在多维一体化战场展开激烈的较量。这种多维空间作战不仅是诸军兵种的一体化联合作战，而且包括各种武装力量及非武装力量之间的相互协同。未来的信息化战争，需要正确运用各种战争力量，形成并发挥战争力量的整体优势，赢得战争胜利。

一、信息化条件下战争力量运用新特点

(一) 战争力量强弱的指标以信息为主导

同农业时代和工业时代不同,信息时代战争力量的构成要素中,信息的地位凸显,并上升为主导因素。尽管信息作用的发挥仍然需要物质和能量的配合,但作为战争力量的倍增器,信息将把物质和能量的功效成几何倍数放大。

掌握信息优势带来的"战场透明"使得战争力量的运用由"面"趋向于"点"。"知己知彼"是千百年来兵家一直追求的制胜之道,但在农业时代和工业时代要真正做到这一点却是"难于上青天",为此只能通过拥有大规模的军队和频繁的兵力、火力机动来弥补情报信息的不足。为达成对敌人的有效毁伤,往往需要依靠向目标区倾泻大量的弹药才能实现,战争力量的运用是"广撒网"以求"多捞鱼"。在信息时代,布满战场的各种信息传感器为彻底完全意义上的"知己知彼"提供了可能。掌握信息优势的一方,不但可以增强己方对整个战场感知的透明度,而且大大提高了精确打击目标的能力,使"百步穿杨"成为可能,战争力量的运用实现了"指哪打哪"。

信息化条件下,信息以其特有的渗透功能,将战场感知要素聚能和力量运用有机结合,实现战场力量的"综合聚能",从而使战争力量形成体系型战争力量。这种体系型战争力量的效能远远大于工业时代的单元型战争力量,具有"$1+1>2$"的整体效能。其间的优劣差,单纯依靠增加军队数量或集中兵力难以弥补。因此,在未来战争力量的对抗中,掌握信息优势的一方,将更易于发挥力量的"拳头"式打击,从而更能牢牢控制战争主动权,这与以往战争中掌握物质、能量优势的一方通常就能获得战争主动权有着本质的区别。

(二) 战争力量构成的主体向军民融合发展

随着信息技术的发展,民众受教育程度的不断提高,军与民之间的界限日益模糊,信息技术呈现出军民兼容、军民通用的特点,而武器装备的发展和战争攻防样式的变化,要求越来越多的民间组织、非政府力量、非军方人员直接或间接地参加作战和保障。在信息化条件下的局部战争中,军队不再是唯一的战争主体。信息技术具有军民兼容的"天性",使战争正在超出军人、军队和军事范畴。民众的地位由以前的参战支前逐步上升为参加主体,成为战争中的重要力量。

信息技术的发展,为信息化和网络化人民战争提供了一个可资利用的全球化平台。依托这些平台,广大的民众可以直接参与到战争中来,并且成为网络战场上的主力军。近几场信息化条件下的局部战争,把民众力量在信息化条件下的运用演绎得淋漓尽致。如科索

沃战争中，南斯拉夫民众运用网络向北约指挥系统发送大量的空数据包和电子邮件，使其不能正常工作，创造了民众实施信息网络战的成功战例。民众的网络攻击带有明显"主攻性"，直接影响着战争进程的发展。从这个角度来讲，战争日益向平民化发展，战争力量构成的主体日益军民融合。

（三）战争力量对抗的领域向无形战场扩展

同以往的战争力量对抗集中在有形战场不同，信息化条件下战争力量对抗的领域已经由军事、经济等有形战场向电磁信息、网络认知等无形战场扩展，无形战场的对抗更加激烈也更具有决定性。

电磁信息战场空间，是在电磁信息领域进行信息对抗活动的空间。随着微电子技术在军队的指挥控制、通信、情报系统和武器装备中的广泛运用，在信息化战争中，电子对抗、光电对抗等作战样式将贯穿于战争的全过程，争夺电磁空间的斗争将越来越激烈，电磁优势将成为信息化战争战场空间的"第一制高点"，没有制电磁权就没有制陆权、制海权、制空权和制天权。网络战场空间，是由计算机系统及其网络共同构成的虚拟空间，是快速处理和利用战场信息活动的主要空间领域。

网络战场空间的出现，使作战制胜的关键在已有传统制权论的基础上，出现了"制网络权"。在信息化战场上，网络作为争夺制信息权的重要阵地，必将成为交战双方攻防的核心目标。认知战场空间，是指借助现代军事技术所进行的以心理较量为主要作战活动的空间，是信息化战争中作战人员的意识领域。信息化战争中，借助以网络为中心的先进手段，人对战场认知能力显著提高，对信息处理能力空前增强，对战争的认知将扩及前所未有的领域。认知空间作为信息化战争中新一轮军事斗争的制高点，成为迄今为止人类搏斗的最高层次。可以预见，在未来战争中，战争指导者掌控舆论的力量、运用法律的力量和实施心理作战的力量将在战争力量对抗中扮演越来越重要的角色。

二、信息化条件下战争力量运用新举措

（一）从战略着眼，整合战争力量谋"形"

战争是力量的竞赛，力量强大，就拥有了战争取胜的基础。在信息化条件下，必须谋求战争力量的强大，这是打赢信息化战争的前提。

完善战争力量快速动员机制。在信息化条件下，战争具有初期决胜的特点，战争力量动员、展开和发挥的时间、空间有限。交战国如果不能在最短时间内迅速动员起有效的战争力量，并在战争一开始就投入全力，就很可能丧失战略主动，造成战争力量尚未充分发挥战争就已结束的局面。此外，信息化战争的高投入、高消耗对战争动员的快速反应能力

和持续能力要求更高，一国如果不能迅速有效地组织利用好本国的各种战略资源，即便军事上暂时占优，也可能因为后续力量无法跟上，而造成战争后劲不足。这就要求我们不断更新战争动员观念，完善战争力量快速动员机制。在战争"狼来了"时，能够迅速形成有效的反击力量，取得战争的胜利。创新"三结合"的战争力量体制。在战争年代和维护国家安全的斗争中，着眼于发挥人民群众的力量，建立正规部队、地方部队与武装群众相结合的武装力量体制，是毛泽东人民战争思想的重要内容。这种人民战争所特有的武装力量组织形式，对革命战争的胜利和国家的安全，曾发挥过巨大的作用。然而，进入信息化时代，面对信息化战争，传统的"三结合"武装力量体制需要发展。我军未来面临的信息化条件下的人民战争，不仅是军事斗争的任务，而且更需要各条战线和各种斗争形式的密切配合。因而，信息化条件下人民战争的力量组织形式，不能仅从军事力量而必须从整个国家力量的角度去考虑。为适应未来信息化条件下人民战争的需要，应建立精干的常备军、强大的后备力量和社会各领域、各行业具有专业特长的群众相结合的新的"三结合"战争力量体制。

（二）从实际出发，灵活运用力量造"势"

战争胜负不仅决定于力量的大小，更重要的还决定于力量的运用。国家的整体力量是物质的、有形的，是一个确定值，力量运用则是艺术、方法、谋略，是主观指导，是一个不确定值。在战争活动中，有形的力量只有和无形的力量相结合，才能成为真正的战斗力。打赢信息化战争，必须紧紧围绕战争力量的运用这一核心主题。

以力量的高效运用谋求胜势。以往战争中，交战双方特别是进攻一方为实现攻城略地、解除武装等极限目的，往往会最大限度地使用兵力以形成力量上的绝对优势。如进攻时至少形成3倍于对方兵力优势的"定律"，就是这种极限使用的生动写照。在信息化时代，战争的政治性更加突出，战争的目的更加倾向于为政治和外交斗争创造有利的态势；信息化武器装备系统作战效能的大幅提高，使对抗双方更加强调集中力量对敌战略要害实施斩首式、点穴式的打击而不是大量歼灭对方的有生力量。由此体现出的战争目的的有限性，使战争指导者对战争力量的运用从追求极限向追求高效转变。技术手段的信息化，又为这种转变提供了条件。如美军提出的"基于效果"的作战，就是强调充分利用自己在军事、技术上的优势有针对性地攻击敌方要害目标，并注重各种手段的协调与配合，强调力量的高效使用。伊拉克战争中，美军仅出动了10多万军队，将打击目标直接指向萨达姆政权，以求速战速决的战争目的，与以往的"韩信点兵，多多益善"和不留死角的全面进攻形成了鲜明反差，体现了对战争力量的高效运用。以力量运用的灵活结合谋求胜势。人民战争之所以有力量，一个重要原因就是创造了具有中国特色的武装斗争形式，使我们能

够把战争力量的合力,在激烈的敌我军事对抗中充分发挥出来,成为我们以劣势装备战胜强敌的一大法宝。但是,战争在不断发展,信息化条件下局部战争的武装斗争形式也需要发展。基于信息化条件下战争力量的特点,在战争中要力求实现各种力量运用的灵活结合,以谋求战争的胜利。根据信息化战争的特点和规律,信息化条件下要实现战争力量的结合,应注重做到威慑方式与实战方式相结合、正规作战与非正规作战相结合、军事系统与民用系统相结合的军事斗争形式。以这三种斗争形式的结合,实现战争力量的灵活运用,进而获得战争的胜利。

三、信息化条件下战争力量运用注意把握的问题

（一）坚持党的统一领导

坚持党对军队的绝对领导是我军的根本原则,也是人民军队的"军魂"。在长期的中国革命战争中,我们党培育和绝对领导下的人民军队,紧紧依靠广大人民群众,形成了"兵民"的战争力量,夺取了中国革命的伟大胜利。新中国成立特别是进入新的历史时期,我们党绝对领导下的野战军、地方军、武装警察部队、民兵预备役部队等人民武装力量不断发展壮大。但是,在信息化条件下的人民战争中,作战对象主要是拥有优势武器装备的强敌及其支持下的军队;参战力量将以军队为主体,与加强的海军、空军及武装警察部队、民兵预备役部队等兵力共同编成,还需要广大人民群众的大力支持甚至直接参与。为了动员教育广大参战军民,正确贯彻党中央、中央军委的军事战略和作战方针,合理配置、科学使用参战力量,形成诸军兵种在地面、海上、空中的立体、全纵深协调一致的作战部署,实现统一指挥、统一行动,就必须坚持和加强党对战争力量的领导,以增强参战力量和广大人民群众的凝聚力和战斗力。

（二）坚持"你打你的,我打我的"

"你打你的,我打我的"是我军在革命战争中通过扬长避短、趋利避害而运用战争力量夺取战争主动权的一种战争艺术,是毛泽东同志指导中国革命战争的基本出发点之一,也是毛泽东军事思想中战略战术的精髓。在信息化条件下,从军事力量上看,我军与强敌相比,就装备而言,总体上仍然敌优我劣;就整个作战系统而言,基本态势也仍是敌强我弱。尽管强敌综合国力强、武器装备先进、人员素质较高、有信息化局部战争的实践经验等,但其信息化武器造价高、维修不易、保障复杂,存在相互制约因素多、对系统的协同配合要求高、过于依赖相对脆弱的信息系统等问题。尽管我军与强敌相比还存在差距,但我军进行的信息化条件下的人民战争是正义的,有广大人民群众的支持,有一定的高科技装备,有经过实践检验并不断创新的指导战争的科学理论、原则、方法等。这就给我军通

过战争力量的灵活运用夺取战争主动权留下了空间。在未来可能发生的信息化条件下的人民战争中,我们要立足自身实际,发扬己之力量优势,"不与龙王比宝",坚持"你打你的,我打我的"指导思想,努力在争取人民最大支持、建立广泛统一战线、发挥国家整体优势、各种斗争形式配合等战争力量运用上下功夫,把握住战争的主动权,进而赢得战争胜利。

(三) 注重精神力量的发挥

精神力量在战争力量构成中是一种无形的要素,它具有广泛的渗透力、凝聚力和震撼力。强烈的民族精神所表现出来的意志、决心、觉悟和作风,能够极大地提高战争力量的增幅。中华民族向来富有革命斗争的传统,以不屈不挠的斗争精神、英勇顽强的伟大形象自立于世界民族之林,并受到世人的尊敬。优良的民族传统、强烈的民族自尊心和高尚的爱国主义精神,可以形成强大的凝聚力。未来战争无论武器如何先进,人的因素永远是决定战争胜负的第一要素,全民族的整体参战将是赢得战争胜利的根本保证。同时,也要看到,新技术深刻影响着战争形态、作战原则和作战方式。这就要求,在信息化条件下,我们要着眼于民族精神力量的积聚,始终坚持做好全民国防教育工作,增强全民国防观念,大力进行爱国主义教育,全面提高军民整体素质。在发展武器装备、做好物质准备的基础上,大力弘扬民族精神,提高民族凝聚力,确保国家安全,维护世界和平。

第五节 信息化战争与国防建设

一、信息化战争视域下国防建设新思路

今天,世界各国都将信息化国防作为国防建设的发展目标,极力提高建设的信息化程度。

(一) 确定信息化国防建设目标

信息化时代,信息安全处于国家安全最高层,包括经济信息安全、政治信息安全和军事信息安全、科技信息安全及文化信息安全,经济信息安全关系到国家经济的正常运转;政治信息安全关系到政局稳定,军事信息安全关系到国家军事力量的可靠程度;科技信息安全关系到国家的发展潜力;文化信息安全关系到国家文化艺术的发展和民族价值的继承。必须把信息安全提高到国家安全的最顶层予以谋划。并且,信息使国家的政治、经济、军事、科技、外交正以前所未有的耦合度联系在一起。对于国防建设来说,军事信息安全更是重中之重。我国树立大战略、大国防、大安全观念,确定信息化国防建设目标,

用好信息武器，捍卫国际安全。

（二）树立"信息边疆"新观念

人类社会的发展，使人们逐渐用地缘、领土、领空、领海，甚至领天来区分国家疆域。战场也随着疆域的拓展而拓展到陆、海、空、天四维战场。每一维战场的出现，都带来了国家每一维"边界"的产生。每一维战场的对抗能力都决定了国家哪一维"边界"的安全程度。信息战争形态的出现，使国家或政治集团的传播力和影响力所能达到的空间成为"信息疆域"。传统的军事攻击，只能指向对方的军事力量和经济潜力，而信息攻击将贯穿于对方的军事、政治、经济和整个社会，乃至国民的精神、观念、心理等。因此，必须树立起保卫国家"信息疆域"观念，建设"信息疆域"。

（三）发展信息化军事力量体系

我国应根据信息化战争的要求，建设适应信息化战争的军事力量体系。有了领海，才建立了海军；有了领空，才建立了空军；"信息边疆"的出现，要求必须建立相应的"信息防护部队"。国家应该建立一支由科学家、信息专家、警察和精通信息战的"军人"组成的知识密集、技术密集的专业化部队，保卫国家"信息"的安全，反击其他国家、政治团体，甚至个人的信息入侵，防止和打击本国的信息犯罪活动，抢修"网络事故"和"信息事故"，以确保国家和信息安全。并且，传统军队成分将被改变，信息时代的军队将由电子信息网络专家、工程师和知识型军人组成；战争在战略层次攻击的首要目标将是联结国家政治、经济、军事和整个社会的网络系统；利用新奇的信息技术手段，多渠道、多形式地对敌方军用与民用计算机网络系统进行快速、隐蔽和摧毁性的破坏，将是"不战而屈人之兵"或"少战而屈人之兵"的最佳选择。

（四）调整国防建设目标

从未来信息化战争对国防建设的要求看，我国国防还应加大调整步伐。国防建设的目标不能只盯着机械化战争，国防建设的规模不能只体现在量上，国防力量建设不能只盯着军队。应当把国防建设的目标定在确立信息技术、装备和系统的质量优势上；把国防建设的规模定在缩小传统的国防建设项目、增强潜在的力量建设上，即把更多的与国防建设有关的企业和行业都纳入国防力量体系建设，使国防力量形成适应信息化战争需要的精干的常备力量与强大的后备力量相结合的军事力量体系。

二、信息化战争视域下的军队建设

新军事革命露出的种种端倪，预示着军队建设会发生许多新变化。从打赢战争的需要来看，信息化条件下军队的建设主要方向如下。

（一）军队建设信息化

首先，要树立军队信息化武器装备的发展必须依赖于社会、国家经济和科学技术发展的思想。要在国家经济发展和科学技术发展的基础上，大力发展军队的信息化武器装备。其次，重点发展电子技术，使信息和信息技术在国防和军队建设中的应用在广度上和深度上有较大的提高，这是打赢信息化战争的决定性因素。大力发展信息化武器应在以下方面做出努力：一方面要提升单个武器装备和各种作战要素的水平，使武器装备的性能倍增，看得更远更清，打得更远更准，走得更远更快；另一方面要着力发展信息化作战体系，体系对抗是未来作战的最大特征。我军要在建设机械化的基础上，努力实现跨越式发展，加快我国国防信息化建设的发展速度。

（二）指挥体制网络化

军事组织体制实现从工业时代向信息时代的跨时代跃升是新军事变革的主要内容。这种跃升的实质是：使信息这一构成战斗力的主导要素能在军队内部和战场上快速、有序地流动，以适应未来信息化战争的要求。因此，军队体制改革的大方向就是使军队体制编制"适于信息的快速流动和使用"。

这就要求变纵长形"树"状领导指挥体制为扁平形"网"状领导指挥体制。在工业时代，机械化战争规模大，杀伤破坏大，战线绵长，战场广阔。这不仅要求建立规模庞大的军队和兵员众多的大型部队，还造就了从最高统帅部到基层分队纵长横窄的"树"状领导指挥体制。这种体制适于打机械化战争的要求。现在，随着信息技术在军事上的大量应用，信息在作战力量中的地位日益突出，这种领导指挥体制逐渐暴露出信息流程长、信息流动速度慢、抗毁能力差等弊端。为了改变这种情况，应逐步建立外形扁平、横向连通、纵横一体的"网"状领导指挥体制。

（三）军队建设"一体化"

军队建设向"一体化"趋势发展是科学技术发展在军事领域的体现。信息技术的发展正在把各个作战系统连接成一个"一体化"的整体，使军队建设必然朝"一体化"的方向迈进。军队建设的"一体化"就是将军队的决策指挥系统、武器装备系统、战斗部队、支援部队、勤务保障部队等融为一体，高度合成。打破传统军兵种界限，将在建制上分属各军兵种的陆、海、空、天、信息多维作战力量和作战平台，在统一协调下进行多维立体作战，真正形成陆、海、空、天、信息等一体化作战力量，实现最佳作战效果。

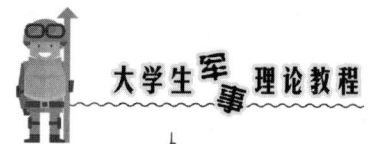

信息化战争复杂性与脆弱性并存

战争系统的组成、结构、行为、演变、状态充满了自主性、适应性、不确定性等,是一种典型的复杂自适应系统。信息化战争除具备战争的普遍特征外,还具有信息化、网络化、一体化特征,作战空间的全覆盖,一体化攻防对抗无限多种可能的作战样式,信息攻防的无处无时不在,使其复杂性更强、更难以把握。对处于信息优势地位的一方,信息(网络)既是其优势,也可能成为其弱点。

优势在于,节点数达到一定数量级的信息网络很难被彻底破坏,构建完善的信息网络系统具有较强的鲁棒性;敌方难以判定信息网络系统的核心节点和关键节点,难以实施有效打击,核心关键节点多在"绝对安全区域"(如大山深处、己方重兵护航的预警机/轰炸机),并有功能"备份";部分节点遭到破坏后,信息网络系统具有较强的重构能力,对信息传输、分析影响不大。

弱点在于,信息技术与网络是一把"双刃剑"。信息技术、计算机系统和人才可隐藏于民间,伺机而动。处于相对弱势的一方,可使用少量的电脑高手、针对性信息技术破坏敌方关键信息系统,阻滞敌方军事行动等;庞大的信息网络系统不可能完全杜绝漏洞和信息渗透,需要时刻关注信息安全、防范信息攻击。远距离信息通信基本采用无线方式,理论上不存在"不可攻破"的系统,卫星可以被硬摧毁、软干扰,甚至可以被敌方"遥控、劫持",预警机、无人机、雷达等更面临诸多软硬打击手段。

信息化战争双方对 C4ISR 系统和其中"流淌"的信息具有较大的依赖性,而 C4ISR 系统和信息系统较易受到干扰、破坏、欺骗、跟踪等,还易受到自然环境条件(如沙尘、潮湿、迷雾、高低温、海水和雨水侵袭、持续强烈振动)的影响,使信息化战争双方依赖的物质基础具有较大程度的脆弱性和风险性;交战双方常常需要处理多样化的可选方案和海量信息,需要时时、处处鉴别信息的真伪并解决信息安全问题,总要处于复杂性的旋涡,承受"莫名"风险的巨大压力,指挥决策人员的压力尤其明显。因此,信息化战争是复杂性与脆弱性并存的战争。

世界新军事变革中的"中国浪潮"

纪念中国人民抗日战争暨世界反法西斯战争胜利七十周年阅兵式,展示了近年来中国特色新军事变革战略思想的重大转变。与以往阅兵不同的是,胜利日大阅兵的受阅装备方队首次按照作战体系模块化编组,分为地面突击、防空反导、海上攻击、战略打击、信息支援和后勤保障 6 个模块;空中梯队也以空域攻防的作战体系模块化编队受阅,首次把中国特色新军事变革的战略取向与强军目标和"能打仗、打胜仗"的

第五章 信息化战争

根本要求相连接，与维护国家安全、拓展国家利益和巩固大国地位的需要相适应。这一重大转变具有特殊战略意义和现实意义。

2013年发布的《中国武装力量的多样化运用》和2015年5月发布的《中国的军事战略》，这两份重要的国防白皮书将解放军的总体任务设定为："以国家核心安全需求为导向，着眼建设信息化军队、打赢信息化战争，努力构建中国特色现代军事力量体系，不断提高军队应对多种安全威胁、完成多样化军事任务的能力。"正是在这样的框架下，人们把中国特色新军事变革的相关内容分解为"四个转变"：陆军按照机动作战、立体攻防的战略要求，实现以区域防卫型力量向全域机动型力量的转变；海军根据近海防御、远海护卫的战略要求，逐步实现由近海防御型力量向近海防御与远海护卫力量结合的转变；空军按照空天一体、攻防兼备的战略要求，实现由国土防空型力量向攻防兼备型力量的转变；第二炮兵则按照精干有效、核常兼备的战略要求，加快推进信息化转型。研读"四个转变"的核心内容，它的最终落脚点是打赢一场信息化条件下的高科技局部战争，以捍卫国家领土主权、统一和安全。

依据这些基本思路，解放军以海、空、（导）弹为重点，有针对性地积极推进武装力量的多样性发展，硕果累累。中国第一艘按信息化标准改装的航母正式服役，舰载机战斗力的形成也进入了最后阶段。以新型驱逐舰和护卫舰为基干的护航编队多次驶往亚丁湾执行国际反海盗任务，提升了训练水平和远洋活动能力；新型攻击型潜艇和战略核潜艇进入常年战备巡航。完全自主创新开发的第三代战斗机大批交付部队，以两款型号研发的全新的第四代战斗机也进入了试飞和技术攻关阶段。新型战略导弹和多用途中程导弹在提升防御战略灵活性的同时，和战略核潜艇一起，使中国的二次核打击力量获得了更稳妥的确保。中段反导、反卫星和高超声速动能武器研发进入新阶段。

在阅兵中，核威慑与系统转型装备参阅。在"战略打击"方队中，新型东风（DF）-5B的回归同样引发了高度关注，背后也有着深远的意义。最早的东风（DF）-5是一种重型洲际导弹，其基本型最大射程9000多公里，可配备一枚重达3吨、爆炸当量高达500万吨TNT的热核弹头。后来随着技术改进，东风（DF）-5A将射程增加至14000公里，成为全球射程最远的洲际导弹之一。长期以来，国内外均认为东风（DF）-5、东风（DF）-5A导弹价值有限，因为它的体积重量过大，只能部署在陆基导弹发射井使用，而采用液体火箭发动机会导致其发射准备时间较长。这些都使东风（DF）-5、东风（DF）-5A生存能力显得太弱，没法抵御敌方的第一波核攻击，特别是在我国奉行不首先使用核武器政策的情况下。但战略环境在不断变化，东风（DF）-5

导弹的价值在于其运载能力强,能够将重达3吨的物体投掷到1万多公里之外。于是我国对其继续进行改进,这就使多弹头的东风(DF)-5B获得新生。特别是在我国继续坚持不首先使用核武器的郑重承诺时境下,即便是在敌方第一波核攻击下只要有数枚东风(DF)-5B存活下来,就可以对敌方形成极强的核威慑。

行进于历史与未来之间,要继续以机械化信息化复合发展为国防和军队现代化建设的发展方向。要立足国情军情,积极推进中国特色军事变革。特别需要围绕这个战略目标,最大限度地发挥后发优势,提高我军信息化建设水平,坚定地走跨越式发展的道路。必须坚持打仗导向,加快研制高新武器。当前尤其要进一步加强航天技术和太空武器的建设,通过攻防兼备的航天系统,加强对空中、地面、海洋作战系统的信息支援,提高战场目标控制和远程精确打击能力,必要时还可以遂行空间作战。只有这样,我们才能走出被动追赶式的发展模式,缩小与军事强国的"军事技术差",最终进入与发达国家同步发展的轨道。

习近平主席指出,创新始终是推动一个国家、一个民族向前发展的重要力量。正确认识创新驱动发展是适应新常态、引领新常态的迫切需求和根本要求。创新驱动是落实总体国家安全观的必然要求。国防科技工业要为国家安全提供更有效的战略威慑力量,就必须像过去搞"两弹一星一艇"那样抢占科学技术发展及应用的前沿和制高点,这就是历史给予我们的重要启示。

 思考题

1. 如何认识信息化战争?
2. 描述一下信息化战争的特点。
3. 说说信息化条件下军队的建设主要向哪几个方面发展?

第六章 军事技能训练基础

第一节 条令条例教育

条令是中央军事委员会以简明条文的形式发布给全军的命令,它是根据有关法律和军队建设的实际制定的,是保证军队高度集中统一,加强军队的革命化、现代化、正规化建设,巩固和提高部队战斗力的重要措施,是军队战斗、训练、工作、生活的基本依据和准则。

《内务条令》《纪律条令》和《队列条令》是中国人民解放军三大条令,是各军兵种和武警部队都必须遵守的共同条令,是每个现役军人、军队单位和预备役人员必须遵守的行为准则。

一、《内务条令》教育

《内务条令》共分21章62节420条,并有附录11项,是规定军人职责、军队内部关系和日常生活制度的法规,是军队加强内务建设、进行行政管理的依据。《内务条令》规定了军人职责、内部关系、礼节、军人着装、军容风纪、与军外人员的交往、作息、日常制度、值班、警卫、零散人员管理、日常战备和紧急集合、后勤日常管理、装备日常管理、营区管理、野营管理等方面的制度。

《内务条令》主要内容如下:

第一章 总则。是整个条令的纲,集中阐述了我军的性质和任务。特别强调了把科学发展观作为国防和军队建设的重要指导方针、全面履行新世纪新阶段我军历史使命、发扬"听党指挥、服务人民、英勇善战"的优良传统、大力培育当代革命军人核心价值观、实施科学管理、坚持安全发展理念等重要内容。

第二章 军人宣誓。规定公民入伍后,必须进行军人宣誓。军人必须履行自己所承诺

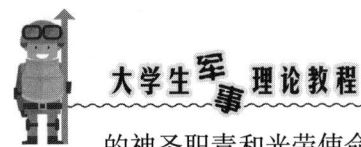

的神圣职责和光荣使命。

第三章　军人职责。规定了士兵、军官、首长和主管人员的职责。

第四章　内部关系。规定了军人相互关系、官兵关系、机关相互关系、部（分）队相互关系；强调了"中国人民解放军军人，不论职位高低，在政治上一律平等，相互间是同志关系"；"部属、下级必须服从首长、上级"等。

第五章　礼节。规定了军队内部的礼节、军人和部（分）队对军外人员的礼节及其他时机和场合的礼节。

第六章　军人着装。规定了军人着装的具体要求。针对服装序号多样、标志服饰繁多的情况，条令以图文并茂、分类列表的方式明确了军服穿着的基本要求、时机场合、配套标准和标志服饰的佩戴方法等，有利于统一军人仪容。条令还规定了"军官结婚举办仪式、与家人合影，可以着军官礼服"，有利于展现军官礼服的独特魅力和庄重，增强军官的光荣感责任感。

第七章　军容风纪。规定了军人仪容、举止的具体要求，并要求"部（分）队在经常进行军容风纪教育的同时，必须建立健全检查制度"。

第八章　与军外人员的交往。强调"军队单位和人员在与军外人员交往中必须遵纪守法，坚决维护国家和军队的利益"。

第九章　作息。规定了一日时间的分配以及连队和机关一日生活的具体项目、内容和要求。

第十章　日常制度。规定了行政会议、请示报告、内务设置、登记统计、请假销假、查铺查哨、留营住宿、点验、交接、接待、证件和印章管理和保密等方面的制度。

第十一章　值班。本章规定了值班制度、值班人员职责以及交接班和换班工作内容。

第十二章　警卫。本章规定了警卫工作的具体职责、注意事项和一般守则。

第十三章　零散人员管理。本章规定了对公勤人员、单独执行任务人员、探亲休假人员和伤病员的管理教育内容。

第十四章　日常战备和紧急集合。本章规定了部队日常战斗准备的主要工作，紧急集合实施的时机和紧急集合方案的内容。

第十五章　后勤日常管理。规定了财务、伙食、农副业生产、卫生、军事交通运输等管理工作的有关内容。

第十六章　装备日常管理。规定了武器装备的维护、保养、保管、检查和使用制度。

第十七章　营区管理。明确了营区治安和秩序规定，文化和生活设施建设、绿化建设的工作要求，规定了防火和消防工作的制度和措施。

第十八章　野营管理。规定了野营工作的任务和内容，明确了野营管理的有关事项。

第十九章 常见事故防范。明确了安全事故防范工作的基本要求，规定了各类常见事故的防范要求。

第二十章 对国旗、军旗、军徽的使用和国歌、军歌的奏唱作出了明确规定。

第二十一章 附则。包括我军军旗、军徽、军歌、报告词示例、着装序号、军服的配套穿着和标志服饰的佩带、标志服饰的缀钉方法、连队宿舍物品放置方法和军人发型示例等。

二、《纪律条令》教育

《纪律条令》共分7章16节179条，并有附录8项，是规定军队纪律的法规，是军队维护纪律、实施奖惩的依据。目的在于培养军人高度的组织性和纪律性，养成执行命令、服从指挥的习惯，确保部队令行禁止、协调一致的行动，巩固和提高战斗力。《纪律条令》规定了对军人可以实施的奖励、处分，首长在维护纪律方面的责任和纪律监察等内容。

《纪律条令》主要内容如下：

第一章 总则。明确了我军纪律的基本内容。强调了军人在任何情况下，都必须严格遵守和自觉维护纪律。本人违反纪律被他人制止时，应当立即改正；发现其他军人违反纪律时，应当主动规劝和制止；发现他人有违法行为时，应当挺身而出，采取合法手段坚决制止。

第二章 奖励。明确了奖励的目的在于调动广大官兵的积极性，发扬爱国主义、共产主义和革命英雄主义精神，保证作战和其他各项任务的完成；规定了奖励的项目、条件、权限和奖励的要求、手段和形式。

第三章 处分。明确了处分的目的在于惩前毖后，治病救人，增强团结，加强集中统一，提高部队的战斗力；规定了处分的项目、条件、权限和实施的具体要求、方法。

第四章 特殊措施。规定了为制止严重违纪行为和预防事故、案件发生，必要时可对军人采取行政看管措施；明确了在各种特殊情况下，如作战时对军人违纪违法行为的处理原则和方法。

第五章 控告和申诉。明确了控告和申诉的目的，军人实施控告和申诉的条件、程序和形式；保障军人控告、申诉权利的要求。

第六章 首长责任和纪律监察。明确了各级首长负有维护纪律的直接责任；各级机关应当履行职责，加强对下级机关、部队的纪律监察和监督；旅、团军人代表会议和连队军人委员会，应当履行职责和正确行使民主权利；等等。

第七章 附则。规定了本条令使用的范围和奖章、奖状、立功证书等制发的机关。

附录 附有"三大纪律八项注意"的具体内容；个人、单位奖励登记表和处分登记表的式样等。

三、《队列条令》教育

《队列条令》共分 11 章 71 条，并有附录 4 项，是规定部队队列动作、队列队形和队列指挥的法规，是军人队列训练和队列生活的基本依据。《队列条令》内容包括队列指挥、队列队形、单个军人的队列动作、班排连营团的队列动作、分队乘坐汽车火车舰（船）艇，以及敬礼、国旗的掌持、升降和军旗的掌持、授予与迎送、阅兵等方面的规定。

《队列条令》主要内容如下：

第一章 总则。明确规定了部队的队列纪律为：①坚决执行命令，做到令行禁止；②姿态端正，军容严整，精神振作，严肃认真；③按照规定的位置列队，集中精力听指挥，动作迅速、准确、协调一致；④保持队列整齐，出列、入列应当报告并经允许。

第二章 队列指挥。规定了队列指挥位置、队列指挥方法和队列指挥要求。

第三章 队列队形。规定了队列的基本队形、队列的间隔。

第四章 单个军人的队列动作。规定了单个军人的徒手队形动作，操枪队列动作等。

第五章 班、排、连、营、团的队列动作。规定了班、排、连、营、团的集合、离散、整齐、报数、行进、停止、队形变换、方向变换的队列动作；摩托化步兵各级部（分）队的队列动作等。

第六章 分队乘坐汽车、火车、舰（船）艇和飞机。规定了分队乘坐汽车、火车、舰（船）艇、飞机时的队列动作。

第七章 敬礼。规定了单个军人和分队在不同场合的敬礼动作。

第八章 国旗的掌持、升降和军旗的掌持、授予、迎送。规定了国旗的掌持、升降，军旗的掌持、授予以及部队和院校迎送军旗的队列动作。

第九章 阅兵。明确了阅兵权限、形式和程序，规定了师以上部队、其他部队和院校、海上和码头以及空中阅兵的队列动作。

第十章 晋升（授予）军衔、授枪和纪念仪式。规定了晋升（授予）军衔、授枪和纪念仪式的程序。

第十一章 附则。附有队列口令的分类、下达口令的基本要领和呼号的节奏等。

第六章 军事技能训练基础

第二节 队列动作训练

一、单个军人的队列动作

（一）立正、稍息、跨立、整理着装

立正、稍息是军人的基本姿势，是队列动作的基础。跨立主要用于军体操、执勤和舰艇站立等场合，可与立正互换。

1. 立正

口令：立正。

要领：两脚跟靠拢并齐，两脚尖向外分开约60度；两腿挺直；小腹微收，自然挺胸；上体正直，微向前倾；两肩要平，稍向后张；两臂下垂自然伸直，手指并拢自然微屈，拇指尖贴于食指第二节，中指贴于裤缝；头要正，颈要直，口要闭，下颌微收，两眼向前平视。持半自动步枪时，右臂自然下垂，右手拇指在内、余指并拢在外将枪握住，拖底钣在右脚外侧全部着地，枪托后踵同脚尖齐。其余动作同立正。

徒手立正姿势

2. 稍息

口令：稍息。

要领：左脚顺脚尖方向伸出约全脚的2/3，两腿自然伸直，上体保持立正姿势，身体重心大部分落于右脚。携枪（筒、炮）时，携带的方法不变，其余动作同徒手。稍息过久，可以自行换脚。

3. 跨立

口令：跨立。

要领：左脚向左跨出约一脚之长，两腿挺直，上体保持立正姿势，身体重心落于两脚之间。两手后背，左手握右手腕，拇指根部与外腰带下沿（内腰带上沿）同高，右手手指并拢，自然弯曲，手心向后。携枪时不背手。

跨立姿势

4. 整理着装

通常在立正的基础上进行。

口令：整理着装。

要领：双手从帽子开始，自上而下，将着装整理好。必要时，也可以相互整理。整理完毕，自行稍息。听到"停"的口令，恢复立正姿势。

（二）停止间转法

停止间转法是停止间变换方向的方法。分为向右转、向左转、向后转，需要时也可半面向右（左）转。

1. 向右（左）转

口令：向右（左）转。

要领：以右（左）脚跟为轴，右（左）脚跟和左（右）脚掌前部同时用力，使身体和脚一致向右（左）转90度，身体重心落在右（左）脚，左（右）脚取捷径迅速靠拢右（左）脚，呈立正姿势。转动和靠脚时，两腿挺直，身体保持立正姿势。半面向右（左）转，按照向右（左）转的要领转45度。

2. 向后转

口令：向后转。

要领：按照向右转的要领向后转180度。持枪（炮）转动时，除按照徒手动作要领外，听到预令，将枪（炮）稍提起（60迫击炮手，右手移握架头），拇指贴于右胯，使枪（炮）随身体平稳转向新方向，托前踵（座钣）轻轻着地，呈持枪（炮）立正姿势。

（三）行进与立定

1. 行进

行进的基本步法分为齐步、正步和跑步，辅助步法分为便步、踏步和移步。

①齐步。齐步是军人行进的常用步法。

口令：齐步走。

要领：左脚向正前方迈出约75厘米，按照先脚跟后脚掌的顺序着地，同时身体重心前移，右脚照此法动作；上体正直，微向前倾；手指轻轻握拢，拇指贴于食指第二节；两臂前后自然摆动；向前摆臂时，肘部弯曲，小臂自然向里合，手心向内稍向下；拇指根部对正衣扣线，并与最下方衣扣同高，离身体约25厘米；向后摆臂时，手臂自然伸直，手腕前侧距裤缝线约30厘米，行进速度每分钟116～122步。

②正步。正步主要用于分列式和其他礼节性场合。

口令：正步走。

要领：左脚向正前方踢出约75厘米（腿要绷直，脚尖下压，脚掌与地面平行，离地面约25厘米），适当用力使全脚掌着地，同时身体重心前移，右脚照此法动作；上体正直，微向前倾；手指轻轻握拢，拇指伸直贴于食指第二节；向前摆臂时，肘部弯曲，小臂略呈水平，手心向内稍向下，手腕下沿摆到高于最下方衣扣约10厘米处，离身体约10厘米；向后摆臂时（左手心向右，右手心向左），手腕前侧距裤缝线约30厘米。行进速度每分钟110～116步。

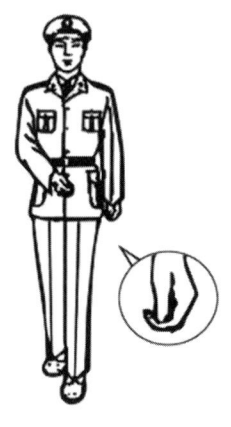

正步进的手势

正步姿势

③跑步。跑步主要用于快速行进。

口令：跑步走。

要领：听到预令，两手迅速握拳（四指蜷握，拇指贴于食指第一关节和中指第二节），提到腰际，约与腰带同高，拳心向内，肘部稍向里合。听到动令，上体微向前倾，两腿微弯，同时左脚利用右脚掌的蹬力跃出约85厘米，前脚掌先着地，身体重心前移，右脚照此法动作；两臂前后自然摆动，向前摆臂时，大臂略垂直，肘部贴于腰际，小臂略平，稍向里合，两拳内侧各距衣扣线约 5 厘米；向后摆臂时，拳贴于腰际。行进速度每分钟 170～180 步。

跑步姿势

④便步。便步用于行军、操练后恢复体力及其他场合。

口令：便步走。

要领：用适当的步速、步幅行进，两臂自然摆动，上体保持良好姿态。

⑤踏步。踏步用于调整步伐和整齐。

停止间口令：踏步走。行进间口令：踏步。

要领：两脚在原地上下起落（抬起时，脚尖自然下垂，离地面约 15 厘米；落下时，前脚掌先着地），上体保持正直，两臂按照齐步或者跑步摆臂的要领摆动。踏步时，听到"前进"的口令，继续踏两步，再换齐步或跑步行进。

踏步姿势

⑥移步。移步用于调整队列位置。

右（左）跨步。口令：右（左）跨×步走。

要领：上体保持正直，每跨1步并脚一次，其步幅约与肩同宽，跨到指定步数停止。

向前或后退。口令：向前×步走；后退×步走。

要领：向前移步时，应当按照单数步要领进行（双数步变为单数步）。向前1步时，用正步，不摆臂；向前3步、5步时，按照齐步走的要领进行。向后退时，从左脚开始，每退1步靠脚一次，不摆臂，退到指定步数停止。

2．立定

口令：立定。

要领：齐步和正步时，听到口令，左脚再向前大半步着地（脚尖向外约30度），两腿挺直，右脚取捷径迅速靠拢左脚，呈立正姿势。跑步时，听到口令，再跑2步，然后左脚向前大半步（两拳收于腰际，停止摆动）着地，右脚靠拢左脚，同时将手放下，呈立正姿势。踏步时，听到口令，左脚踏1步，右脚靠拢左脚，原地呈立正姿势（跑步的踏步，听到口令，继续踏2步，再按照上述要领进行）。

（四）步法变换

步法变换，均从左脚开始。

齐步、正步互换，听到口令，右脚继续走1步，即换正步或者齐步行进。

齐步换跑步，听到预令，两手迅速握拳提到腰际，两臂前后自然摆动；听到动令，即换跑步行进。

齐步换踏步，听到口令，即换踏步。

跑步换齐步，听到口令，继续跑2步，然后换齐步行进。

跑步换踏步，听到口令，继续跑2步，然后换踏步。

踏步换齐步或者跑步，听到"前进"的口令，继续踏2步，再换齐步或者跑步行进。

（五）行进间转法

1．齐步、跑步向右（左）转

口令：向右（左）转走。

要领：左（右）脚向前半步（跑步时，继续跑2步，再向前半步），脚尖向右（左）约45度，身体向右（左）转90度时，左（右）脚不转动，同时出右（左）脚按照原步法向新的方向行进。

半面向右（左）转走，按向右（左）转走的要领转45度。

2．齐步、跑步向后转

口令：向后转走。

要领：左脚向右脚前迈出约半步（跑步时，继续跑两步，再向前半步），脚尖向右约45度，以两脚的前脚掌为轴，向后转180度，出左脚按原步法向新的方向行进。

（六）坐下、蹲下、起立

1. 坐下

口令：坐下；枪靠右肩坐下。

要领：左小腿在右小腿后交叉，迅速坐下，手指自然并拢放在两膝上，上体保持正直。携枪（半自动）坐下时，枪靠右肩（枪面向右），右手自然扶贴护木，左手放在左膝上。

2. 蹲下

口令：蹲下。

要领：右脚后退半步，前脚掌着地，臀部坐在右脚跟上（膝盖不着地），两腿分开约60度，手指自然并拢放在两膝上，上体保持正直。蹲下过久，可以自行换脚。

蹲下时的姿势

3. 起立

口令：起立。

要领：全身协力迅速起立，呈立正姿势或持枪（半自动步枪）立正姿势。

（七）敬礼

1. 敬礼、礼毕

敬礼分为举手礼、注目礼和举枪礼。

口令：敬礼。

举手礼动作要领：上体正直，右手取捷径迅速抬起，五指并拢自然伸直，中指微接帽檐右角前约2厘米处（戴无檐帽或者不戴军帽时微接太阳穴，与眉同高），手心向下，微向外张（约20度），手腕不得弯曲，右大臂略平，与两肩略成一线，同时注视受礼者。

注目礼动作要领：面向受礼者呈立正姿势，同时注视受礼者，并目迎目送（右、左转头角度不超过45度)。

徒手敬礼姿势

半自动步枪举枪礼动作要领：右手将枪提到胸前，枪身垂直并对正衣扣线，枪面向后，离身体约10厘米，准星护圈与眼同高，大臂轻贴右胁；同时，左手接握表尺处，虎口对准枪面并与表尺上沿取齐，小臂略平，大臂轻贴左胁；同时，转头向右注视受礼者，并目迎目送（右、左转头角度不超过45度）。

举枪礼姿势

礼毕口令：礼毕。

要领：行举手礼者，将手放下；行注目礼者，将头转正；行举枪礼者，将头转正，右手将枪放下，使托底钣轻轻着地，同时左手放下，呈持枪立正姿势。

2. 单个军人敬礼

要领：单个军人在距受礼者 5～7 步处，行举手礼或者注目礼。徒手或背枪时，停止间，应面向受礼者立正，行举手礼，待受礼者还礼后礼毕；行进间（跑步时换齐步），转头向受礼者行举手礼（手不随头转动），并继续行进，左臂仍自然摆动，待受礼者还礼后礼毕。携武器（除背枪）等不便行举手礼时，不论停止间或行进间，均行注目礼，待受礼者还礼后礼毕。

行进间徒手敬礼

（八）半自动步枪的操枪

1. 托枪、枪放下

①托枪。

口令：托枪。

要领：右手将枪提到右肩前，枪身垂直，离身体约 15 厘米，枪面向右，手约同肩高、大臂轻贴右胁，同时左手握护木；将枪上提，左手将枪面转向前，同时右手拇指贴于托后踵，余指并拢握托底钣，两手协力将枪送上右肩（弹匣与肩同高），左手迅速放下；枪身要正，托后踵与衣扣线齐；右大臂轻贴右胁，小臂略平，呈托枪立正姿势。

②枪放下。

口令：枪放下。

要领：右手下压枪托，臂伸直，使枪离肩，同时左手接握护木。枪身垂直，枪面向前；左手将枪面转向右，同时右手握调整器附近；左手放下的同时，右手将枪放下，使托底钣轻轻着地，呈持枪立正姿势。

2. 肩枪、枪放下

①肩枪。

口令：肩枪。

要领：右手将枪提到右肩前，枪身垂直，离身体约 25 厘米，枪面向右，上背带环与锁骨同高，大臂轻贴右肋，同时左手握护木，右手移握背带（拇指由内顶住）向左后拉平；用左手的推力和右手腕的旋转力迅速将枪送上右肩，右大臂轻贴右肋，枪身垂直，左手放下，呈肩枪立正姿势。

②枪放下。

口令：枪放下。

要领：用右手腕的旋转力迅速将枪转到右肩前，离身体约 25 厘米，同时左手握护木，枪面稍向右后；右手握调整器附近，枪身垂直，左手放下的同时，右手将枪放下，使托底钣轻轻着地，呈持枪立正姿势。

肩枪（筒立正姿势）　　　　　　　持枪立正姿势

3. 背枪、枪放下

①背枪。

口令：背枪。

要领：右手将枪提到右胸前，左手将背带环向左拉平；两手将枪挂在颈上，右手移握下背带环；两手协力将枪转到背后，同时右臂由枪和背带之间伸出，两手放下，呈背枪立正姿势。

②枪放下。

口令：枪放下。

要领：右手握下背带环，左手在左胸前握背带，两手协力将枪转到身体前方，同时右臂由枪和背带之间脱出，右手移握上背带环下方；两手将枪从颈上取下，左手放下的同时，右手将枪放下，使托底钣轻轻着地，呈持枪立正姿势。

4．托枪、端枪互换

①托枪换端枪。

口令：端枪。

要领：行进时听到"端枪"的口令，继续向前3步，于左脚着地时，右手下压枪托，使枪离肩，同时左手接握护木；右脚再向前一步的同时，右手移握枪颈，并使枪面转向右；于左脚着地的同时，两手将枪导向前，枪面向上，左手掌心转向右，枪颈紧贴右胯，右肘与两肩成一线，枪刺尖约与眼同齐，并在右肩的正前方。

②端枪换托枪。

口令：托枪。

要领：听到"托枪"的口令，继续向前3步，于左脚着地时，左手收至右胸前，右手向下方推枪；右脚再向前一步，左手将枪稍向上提，右手移握托底钣，同时枪面转向右，于左脚着地时，将枪送上右肩，左手放下。

二、班排队列动作

（一）集合、离散

1．集合

集合是使单个军人、分队、部队按照规范队形聚集起来的一种队列动作。集合时，指挥员应先发出预告或者信号，如"全连注意"，然后站到预定队形的中央前，面对预定队形呈立正姿势，下达"呈××队集合"的口令。所属人员听到预告或者信号，原地面向指挥员呈立正姿势；听到口令，跑步到指定的位置面向指挥员集合（在指挥员后侧的人员，应从指挥员右侧绕过），自行对正、看齐，呈立正姿势。

①集合。

口令：成班横队（二列横队）集合。

要领：基准兵迅速到班长左前方适当位置，呈立正姿势；其他士兵以基准兵为准，依次向左排列，自行看齐。成班二列横队时，单数士兵在前，双数士兵在后。

口令：成班纵队（二路纵队）集合。

要领：基准兵迅速到班长前方适当位置，呈立正姿势；其他士兵以基准兵为准，依次向后排列，自行对正。成班二路纵队时，单数士兵在左，双数士兵在右。

②排集合。

口令：成排横队集合。

要领：基准班在指挥员前方适当位置，成班横队迅速站好；其他班成班横队，以基准班为准，依次向后排列，自行对正、看齐。

口令：成排纵队集合。

要领：基准班在指挥员右前方适当位置，成班纵队迅速站好；其他班成班纵队，以基准班为准，依次向右排列，自行对正、看齐。

③连集合。

口令：成连横队集合。

要领：队列内的连指挥员或基准排，在指挥员左前方适当位置，成横队迅速站好；各排和连部成横队，以连指挥员或者基准排为准，依次向左排列，自行对正、看齐。

口令：成连纵队集合。

要领：队列内的连指挥员或基准排，在指挥员前方适当位置，成纵队迅速站好；各排和连部成纵队，以连指挥员或者基准排为准，依次向后排列，自行对正、看齐。

口令：成连并列纵队集合。

要领：队列内的连指挥员或基准排，在指挥员左前方适当位置，成纵队迅速站好；各排和连部成纵队，以连指挥员或基准排为准，依次向左排队，自行对正、看齐。

2. 离散

离散是使列队的单个军人、分队、部队各自离开原队列位置的一种队列动作。离散包括离开和解散。

①离开。

口令：各营（连、排、班）带开（带回）。

要领：队列中的各营（连、排、班）指挥员带领本队迅速离开原队列位置。

②解散。

口令：解散。

要领：队列人员迅速离开原队列位置。

(二) 整齐、报数

1. 整齐

整齐，是使队列人员按规定的间隔、距离，保持行、列齐整的一种队列动作。整齐分为向右（左）看齐和向中看齐。

口令：向右（左）看齐。

要领：基准兵不动，其他士兵向右（左）转头（持枪、炮时，听到预令，迅速将枪、

炮稍提起,看齐后自行放下),眼睛看右(左)邻士兵腮部,前四名能通视基准兵,自第五名起,以能通视到本人以右(左)第三人为度。后列人员,先向前对正,后向右(左)看齐。

口令:以×××同志为准,向中看齐。

要领:当指挥员指定以×××同志为准(或者以第×名为准)时,基准兵答"到",同时左手握拳高举,大臂前伸与肩略平,小臂垂直举起,拳心向右。听到"向中看齐"的口令后,其他士兵按照向右(左)看齐的要领实施。

口令:向前看。

要领:要迅速将头转正,恢复立正姿势。一路纵队看齐时,可以下达"向前对正"的口令。

2. 报数

口令:报数。

要领:横队从右至左(纵队由前至后)依次以短促、洪亮的声音转头(纵队向左转头)报数,最后一名不转头。数列横队时,后列最后一名报"满伍"或"缺×名"。连集合时,由指挥员下达"各排报数"的口令,各排长在队列内向指挥员报告人数,如"第×排到齐"或"第×排实到××名"。必要时也可统一报数。连实施统一报数时,各排不留间隔,要补齐,成临时编成的横队队形。

(三)出列、入列

单个军人和分队出、入列通常用跑步(五步以内用齐步,一步用正步),或按照指挥员指定的步法执行;因故出、入列要报告(须经允许)。

1. 单个军人出、入列

①出列。

口令:×××同志(或第×名),出列。

要领:出列军人听到呼点自己的姓名或序号后,应答"到";听到"出列"的口令后,应答"是"。行进到指挥员右侧前适当位置或指定位置,面向指挥员呈立正姿势。

位于第一列(左路)的军人出列,按上述规定执行。

位于中列(路)的军人,向后(左)转,等到后列(左路)同序号军人向右后退一步(左后退一步)让出缺口后,按上述规定从队尾(纵队时从左侧)出列;位于"缺口"位置的军人,待出列军人出列后,即复原位。

位于最后一列(右路)的军人出列,先退一步(右跨一步)然后按有关规定从队尾出列。

②入列。

口令:入列。

要领：听到"入列"口令后，应答"是"，然后按出列的相反程序入列。

2. 班、排出列、入列

口令：第×班（排），出列（入列）。

要领：听到"第×班（排），出列（入列）"的口令后，由出、入列班（排）的指挥员答"到"和"是"，并用口令指挥本班（排）按有关规定，以纵队形式出、入列。

（四）行进、停止

横队和并列纵队行进，以右翼为基准，纵队行进以左翼为基准（一路纵队行进以先头为基准）。

行进口令：×步走。

要领：听到口令，基准兵向正前方行进，其他士兵向基准翼标齐，保持规定的间隔、距离行进。纵队行进时，排、连通常成三路纵队，也可成一、二路纵队。行进中可喊"一二一""一二三四"的口令或唱队列歌曲，以保持步伐的整齐。

停止口令：立定。

要领：听到口令，按立定的要领实施，分队的动作要整齐一致。停止后听到"稍息"的口令，先自行对正、看齐，再稍息。

（五）队形变换

队形变换，是由一种队形变为另一种队形的队列动作。

1. 横队和纵队的互换

横队变纵队。停止间口令：向右转；行进间口令：向右转走。

纵队变横队。停止间口令：向左转；行进间口令：向左转走。

要领：停止间，按照单个军人向右（左）转的要领实施。行进间，按照单个军人向右（左）转走的要领实施。分队动作要整齐一致。队形变换后，排以上指挥员应进到规定的队列位置。

2. 班横队和班二列横队的互换

①班横队变班二列横队。

口令：成班二列横队走。

要领：变换前，先报数。听到口令，双数士兵左脚后退一步，右脚（不靠拢左脚）向右跨一步，左脚向右脚靠拢，站到单数士兵之后，自行对正、看齐。

②班二列横队变班横队。

口令：间隔一步，向左离开，成班横队走。

要领：听到"间隔一步，向左离开"的口令，取好间隔；听到"成班横队走"的口令，双数士兵左脚左跨一步，右脚（不靠拢左脚）向前一步，左脚向右靠拢，站到单数士兵左侧,自行看齐。

3. 班纵队和班二路纵队的互换

①班纵队变班二路纵队。

口令:成班二路纵队走。

要领:变换前,先报数。听到口令,双数士兵右脚右跨一步,左脚(不靠拢右脚)向前一步,右脚向左脚靠拢,站到单数士兵右侧,自行对正、看齐。

②班二路纵队变班纵队。

口令:距离两步,向后离开,成班纵队走。

要领:听到"距离两步,向后离开"的口令,取好距离;听到"成班纵队走"的口令,双数士兵右脚后退一步,左脚(不靠拢右脚)向左跨一步,站到单数士兵之后,自行对正。

4. 连纵队和连并列纵队的互换

①连纵队变连并列纵队。

停止间口令:成连并列纵队,齐步走。

行进间口令:成连并列纵队走。

要领:连指挥员或者基准排踏步,其他排和连部逐次进到连指挥员或者基准排左侧踏步并取齐;然后,听口令前进或者停止。

②连并列纵队变连纵队。

要领:连指挥员或者基准排照直前进,其他排和连部停止间和行进间均踏步,待连指挥员或者基准排离开原位后,各排按照各排长、连部和炊事班按司务长的口令依次跟进。

(六)方向变换

方向变换,是改变队列方向的一种队列动作。

1. 横队和并列纵队的方向变换

停止间口令:左(右)转弯,齐(跑)步走,或左(右)后转弯,齐步走。

行进间口令:左(右)转弯走,或左(右)后转弯走。

要领:一列横队方向变换时,轴翼士兵踏步,并逐渐向左(右)转动;外翼第一名士兵用大步行进并同相邻士兵动作协调,逐步变换方向(愈接近轴翼者,其步幅愈小),其他士兵用眼睛的余光向外翼取齐,并保持规定的间隔和排面整齐,转到90度或180度时踏步并取齐,听口令前进或停止。

数列横队和并列纵队方向变换时,第一列轴翼士兵停止间用踏步、行进间用小步,外翼士兵用大步行进,保持排面整齐,边行进边变换方向,转到90度或180度后,听口令前进或停止;后续各列按上述要领,保持间隔、距离,取捷径进到前一列转弯处,转向新方向前进。

2. 纵队方向变换

停止间口令：左（右）转弯，齐（跑）步走，或左（右）后转弯，齐（跑）步走。向后一步，齐（跑）步走（按照横队和并列纵队向后转走的方法实施）。

行进间口令：左（右）转弯走，或左（右）后转弯走。

要领：一路纵队方向变换，基准兵在左（右）转时，按单个军人行进间转法（停止间，左转弯走时，左脚先向前一步）要领实施，在左（右）后转弯时，用小步边行进边变换方向，转到90度或180度后，照直前进；其他士兵逐次进到基准兵的转弯处，转向新方向跟进。数路纵队方向变换时，按照数列横队和并列纵队方向变换的要领实施。

第三节　轻武器射击

一、轻武器常识

（一）81式自动步枪常识

81式7.62毫米自动步枪，于1981年设计定型，1983年正式装备部队，是中国人民解放军装备的一种制式步枪，采用木质固定枪托的称81式自动步枪、采用折叠金属枪托的称81-1式自动步枪，均采用1956式7.62×39mm枪弹。

1. 战斗性能

战斗性能是指武器在作战使用上所具有的特性和能力，包括武器的用途、射程、战斗射速及射击能力等。

81式自动步枪有效射程为400米（射击效果最好），集中火力可射500米内的敌方飞机、伞兵以及集团目标，弹头在1500米处仍有杀伤力，最大射程2000米。其主要射击方式为2~5发的短点射，还可实施6~10发长点射和单发射。战斗射速为：点射每分钟90~110发，单发射每分钟40发。在100米距离上，使用56式普通弹可射穿6毫米厚的钢板、15厘米厚的砖墙、30厘米厚的土层或40厘米厚的木板。

2. 主要诸元

诸元	规格	诸元	规格
口径	7.62mm	瞄准基准线	315mm
枪全重	3.5kg	刺刀长	300mm
初速	710m/s	弹匣容量	30发
全枪长	1105mm	准星宽	2mm

3. 机件组成及用途

81式自动步枪主要由刺刀、枪管、瞄准具、导气装置、机匣、枪机、复进机、击发机、弹匣和枪托十大部分机件组成，另有一套附品。其各机件主要用途如下：

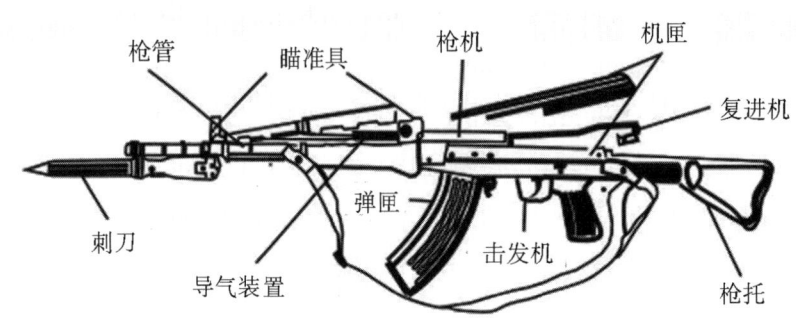

自动步枪十大部分机件

①刺刀：用于刺杀敌人。

②枪管：用于赋予弹头的飞行方向。

③瞄准具：由表尺和准星组成，用于瞄准。

④导气装置：用于调节和承受火药气体的压力，推压枪机向后。

⑤机匣：用于容纳枪机和复进机，固定击发机和弹匣。

⑥枪机：用于送弹、闭锁、击发和退壳，并能使击锤向后呈待发状态。

⑦复进机：用于使枪机回到前方位置。

⑧击发机：用于与枪机相互作用形成待发和击发。

⑨弹匣：用于容纳和托送子弹。

⑩枪托：用于操枪、据枪。

此外，还有附品：包括擦拭杆、鬃刷、铳子、附品盒、通条、油壶、背带和弹袋，用以分解结合、擦拭上油和排除故障。

4. 自动原理

扣扳机后，击锤打击击针，撞击子弹底火，点燃发射药，产生火药气体，推送弹头沿膛线向前运动；弹头一经过导气孔，部分火药气体通过导气孔涌入导气箍，冲击活塞，推动枪机向后，压缩复进簧。完成开锁、抛壳，并使击锤向后呈待发状态；枪机退到最后方时，由于复进簧的伸张，使枪机向前运动，推动一发子弹入膛、闭锁。此时，如保险机定在连发位置，扳机未松开，击发阻铁不能卡住击锤，击锤再次打击成击针，形成连发；如保险机定在单发位置，击锤被单发阻铁卡住不能向前，若再次发松开扳机，再扣扳机。

5. 分解结合

（1）分解结合的目的和要求

分解结合是为了擦拭、上油、检查和排除故障。

①分解前必须验枪。

②分解结合应按顺序和要领进行，不要强敲硬卸。

③分解下来的机件应按次序放在干净的物体上。

④除所讲的分解内容外，未经许可，不准分解其他机件。

⑤结合后，应拉送枪机数次，检查机件结合是否正确。

（2）分解的要领

①卸下弹匣。左手握护木，枪面稍向左，右手握弹匣，拇指按压弹匣卡笋（也可右手掌心向上握弹匣，以手掌肉厚部分推压弹匣卡笋），前推取下。

②拔出通条和取出附品盒。左手握护木，右手向外向上拔出通条。然后，用中、食指顶压附品盒底部，使卡笋脱离圆孔，取出附品盒，并从附品盒内取出附品。

③卸下机匣盖。左手握枪颈，以拇指按压机匣盖卡笋，右手将机匣盖上提取下。

④抽出复进机。左手握枪颈，右手向前推导管座，使其脱离凹槽，向后抽出复进机。

⑤取出枪机。左手握枪颈，右手拉枪机向后到定位，向上向后取出，左手转压机体向后，使导笋脱离导笋槽，再向前取出机体。

⑥卸下护盖。右手握上护木，左手将表尺转轮装定到"1"上，再向左拉转轮装定在数字"0"上，然后，左手握护木，右手向上向后卸下护盖。

⑦卸下活塞及调节塞。左手握护木，右手将活塞向右（左）转动到定位，压缩活塞杆簧，使调节塞前端脱离导气箍，向前卸下活塞及调节塞。

（3）结合的要领

结合时，按分解的相反顺序进行。

①装上活塞及调节塞。将调节塞套在活塞上，左手握下护木，右手将活塞杆插入表尺座的圆孔内，压缩活塞簧，使调节塞前端进入导气箍，并向左转动调节塞，使解脱凸笋进入凹槽。

②装上护盖。左手握下护木，右手将护盖前端两侧卡在导气箍，按压护盖后部到定位。左手将表尺转轮装定到"1"上。

③装上枪机。右手握机栓，使导笋槽向上。左手将机体结合在机栓上，使导笋进入导笋槽并转到定位。左手握枪颈。右手将枪机从机匣后部装入机匣，前推到定位。

④装上复进机。左手握枪颈。右手将复进机插入复进机巢内，向前推压，使导管座进入凹槽内。

⑤装上机匣盖。左手握枪颈，右手将机匣盖前端对正半圆槽，使后部的方孔对正机匣盖卡笋，向前下方推压机匣盖，使卡笋进入方孔内。

⑥装上附品盒和通条。将附品装入附品盒内，左手握护木，右手将附品盒装入附品盒

巢内,用中指、食指顶压附品盒底部,并使附品盒卡笋进入圆孔。

此时,拉送枪机数次检查机件结合是否正确,扣扳机,关保险。

⑦装上弹匣。左手握护木,枪面稍向左。右手握弹匣,将弹匣口前端插入结合口内,扳弹匣向后,听到响声为止。

二、子弹

子弹是从枪管内发射的配用于各种枪械的弹药,子弹的全称由枪弹年式、适用于枪械口径和弹种组成。

(一)子弹的结构

子弹由弹头、弹壳、底火和发射药组成。

弹头:由被甲和弹心两部分组成。一般弹头的被甲都是用镀有铜锌合金的铜制成的。其颜色为金黄色或铜红色。弹头按其构造可分为普通弹弹心和特种弹弹心。普通弹弹心有铅心和钢心两种。曳光弹弹头的上部为软质弹心,下部为曳光管,管内装有曳光剂。穿甲燃烧弹的弹心由很坚硬的金属制成,燃烧剂装在头部或后部。弹头碰到障碍物时,燃烧剂即行发火。

弹壳:用以连接枪弹各部分,盛装发射药,密闭火药气体。目前,步枪枪弹的弹壳是用镀有铜锌合金的软钢制成的。弹壳由弹壳口、斜肩、弹壳体、弹壳底和导气管五部分组成。

底火:用以点燃发射药。

发射药:在底火火焰的作用下迅速燃烧,产生大量气体,形成很大的气体压力,将弹头从弹膛内抛射出去。

(二)子弹的种类、用途及标识

1. 普通弹

普通弹是枪弹家族中的主力军。它的特点是:被甲内装铅心或钢心,用以杀伤敌人的有生力量。

2. 曳光弹

枪弹家族中的另一个小兄弟就是曳光弹。它可用步枪、冲锋枪、手枪发射。其主要作用是试射、指示目标和作信号用,不仅可以代替信号枪发射信号,还起着显示弹道、修正射击偏差的作用,若穿入易燃物时也可能引起燃烧,如命中干草能起火。黑暗中,曳光弹弹迹还可以给敌人造成心理上的威慑,曳光距离可达 800 米。弹头头部为绿色。

3. 燃烧弹

燃烧弹主要用以引燃易燃物体。弹头头部为红色。它是枪弹家族中的放火神,一旦钻

入油桶、木材、草堆等易燃物中，便即刻放火。它的胸部装有燃烧剂，中部为普通钢心，后部为曳光管。弹着时，钢心冲击燃烧发火。

4．穿甲燃烧弹

穿甲燃烧弹主要用于射击飞机和轻装甲目标（在200米距离上穿甲厚度为7毫米），并能在穿透装甲后引燃汽油。弹头头部为黑色并有一道红圈。它是射击油箱、油罐车及轻型装甲的攻坚武器，既能穿心，又能发火。

（三）子弹的使用和管理

1．注意密封保管

枪弹的发射多为单基药，比双基药容易吸潮。在使用时，应尽量少打开密封匣。对于已启封油的枪弹，若暂时不用仍可收入密封匣内，在启封处涂油，密封防潮。

2．防止携带枪弹的质量下降

在携带中，防止汗水和雨水等渗入弹壳，以免受潮变质。对弹壳表面不得过多过重擦拭，以防磨掉保护层，加快弹壳的锈蚀，降低强度，避免碰撞、震动、弯折，以免造成拔弹力下降、弹头活动、缩头甚至掉头等疵病。

在射击前，要认真检查枪弹。如发现弹头脱落，应做出处理；如果弹头松动，但取不下来，发射药没有受潮，仍可用于步枪、冲锋枪射击，但不能用于机枪射击，否则会产生掉头、卡壳等故障；如果弹头已缩入弹壳内，则不能用于射击。

三、武器保养

（一）爱护武器的要求

爱护武器、子弹是军人的重要职责，是一项经常性的战备措施，也是预防故障的有效方法。为此，必须做到勤检查、勤擦拭、不碰摔、不生锈、不损坏、不丢失，使武器、子弹经常保持完好状态。

（二）擦拭上油

1．擦拭时机和要求

实弹射击后，应用浸透油或沾碱水（肥皂水）的布，将武器内的烟渣、污垢擦洗干净，并用干布擦干后再上油，在以后三四天内应每天擦拭一次；训练、演习后，应适时地用干布或油布进行擦拭；不经常使用时，每周至少擦拭一次。在严寒的室外将枪带到室内时，应待出水珠后再擦拭上油。枪被海水浸过或遭受毒剂和放射性物质沾染后，应先用淡水冲洗后再擦拭。擦拭上油后，应放在通风干燥处晾干，严禁火烤和暴晒。

2．擦拭上油的方法

擦拭前，应分解武器，准备擦拭用具。使用通条时，应将通条穿过筒盖或枪口罩（冲

锋枪先穿过筒体），拧紧擦拭杆。然后，将通条与筒体、铳子或穿钉连接在一起（冲锋枪将扳子插入筒体内）。

首先，擦拭枪膛时，把布条缠在擦拭杆活动部分，并插入枪膛，将筒盖或枪口罩套在枪口上，沿枪膛全长均匀地来回擦拭（弹膛应从后面擦拭），直到擦净。而后，用布条或鬃刷涂油。

其次，擦拭导气箍、活塞筒时，用通条或木杆缠布擦拭。擦净后涂油。

最后，擦拭其他机件时，应先擦净表面的烟渣和污垢，对孔、槽、沟等细小部分，可用竹（木）签缠上布进行擦拭，而后薄薄地涂上一层油。

四、简易射击原理

（一）发射与后坐

1. 发射

发射就是火药气体压力将弹头（火箭弹、炮弹）从膛内推送出去的现象。发射的过程是：将子弹推送进枪膛，然后扣动扳机，击针撞击子弹，底火使起爆药发火，火焰通过导火孔引燃发射药，产生大量的火药气体在膛内形成巨大压力，迫使弹头脱离弹壳，沿膛线旋转加速前进，直至推出枪口。发射过程时间短促，过程却很复杂，整个过程可分为定容燃烧、变容燃烧、定量气体膨胀和后效作用四个阶段。

2. 后坐

后坐是发射时武器向后运动的现象。当发射药燃烧时，产生的气体同时作用于各个方向，作用于膛壁周围的压力为膛壁所抵消；向前作用于弹头后部的压力推送弹头前进；向后作用于弹壳底部的压力经过枪机传给整个武器，使武器向后运动，形成后坐。后坐对单发（连发首发）射击的命中影响极小。因为弹头在膛内的运动时间极短（约千分之一秒），并且枪比弹头质量大得多，所以弹头在脱离枪口以前，枪的后坐距离只有 1 毫米多，并且是正直向后运动，加之衣服和肌肉的缓冲，射手几乎感觉不出来后坐。射手感觉到的后坐，主要是由弹头脱离枪口的瞬间，火药气体猛烈向枪口外喷出形成的反作用力产生的。后坐对连发射击的命中有一定的影响。

（二）弹道及其实用意义

1. 弹道

（1）弹道及其形成

弹道是弹头运动中其重心所经过的路线。弹头脱离枪口在空气中进行飞行时，同时受到地心引力和空气阻力的作用。一方面，弹头受到地心引力的作用，逐渐下降；另一方面，受到空气阻力的作用，飞行速度越来越慢，因而形成了一条不均等的弧线，升弧较长较直,降弧较短较弯曲。

(2) 弹道要素

发射线:发射瞬间火身轴线的延长线。

发射角:发射线与火身口水平面所夹的角。

落点:弹道降弧与火身口水平面的交点。

弹道最高点:火身口水平面上弹道最高的一点。

升弧:由起点到弹道最高点的弹道。

降弧:由弹道最高点到落点的弹道。

弹道高:弹道上任何一点到火身口水平面的垂直距离。

最大弹道高:弹道最高点到火身口水平面的垂直距离。

落角:落点的弹道切线与火身口水平面的夹角。

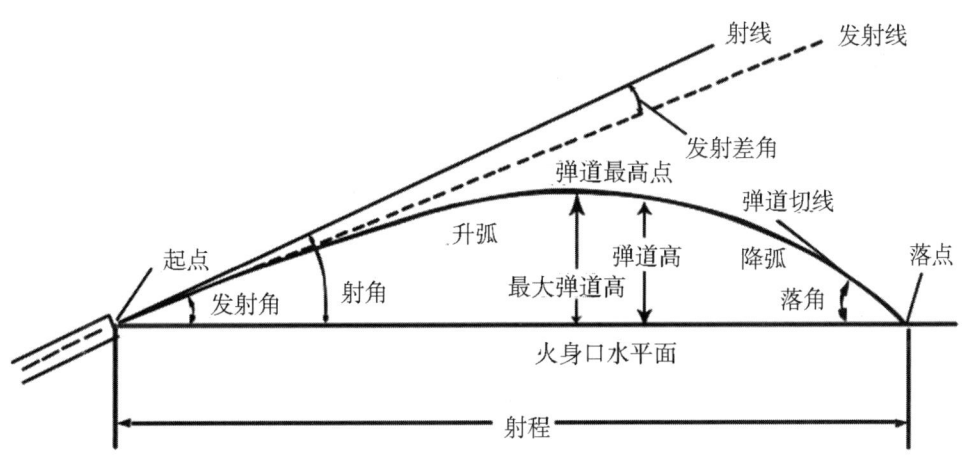

弹道要素

2. 危险界、遮蔽界和死角

危险界是指弹道高没有超过目标高的一段距离。目标暴露得越高,地形越平坦,弹道越低伸,危险界就越大,目标就越容易被杀伤;目标暴露得越低,地形越复杂,弹道越弯曲,危险界就越小,目标就越不容易被杀伤。

遮蔽界是指从弹头不能射穿的遮蔽物顶端到弹着点的一段距离。

死角是指目标在遮蔽界内不会被杀伤的一段距离。

遮蔽界和死角的大小是由遮蔽物的高低和落角的大小决定的,死角的大小还决定于目标的高低。遮蔽物越高,目标越低,死角越大;反之,死角越小。危险界、遮蔽界和死角有很大实用意义,是作战隐蔽自己和选择有利射击位置所必须考虑的因素。

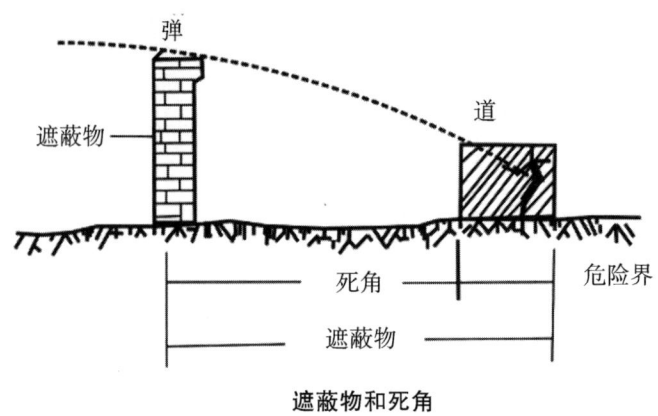

遮蔽物和死角

（三）选定标尺分划和瞄准点

1. 瞄准具的作用

弹头在飞行中，受到地心的引力和空气的阻力作用，逐渐下降和越飞越慢。如果用枪管瞄向目标射击，弹头就会打低打近。为了命中目标，必须将枪口抬高。各个距离上应该抬高多少，表尺上刻有相应的分划，只要按照目标的距离装定相应的表尺分划瞄准射击，就会命中目标。

2. 瞄准要素

瞄准基线：缺口的上沿中央到准星尖的直线。

瞄准线：视线通过缺口的上沿中央和准星尖到瞄准点的直线。

瞄准点：瞄准线所指向的一点。

瞄准角：射线与瞄准线的夹角。

弹道高：弹道上任何一点到瞄准线的垂直距离。

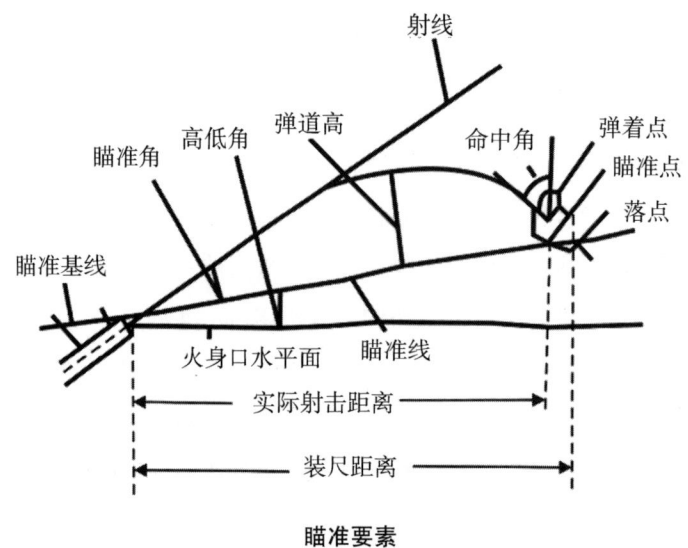

瞄准要素

3. 选定表尺和瞄准点的方法

第一，目标距离在几百米，就装定表尺，并瞄准目标中央。

第二，目标距离不是百米整数时，通常选定大于实际距离的表尺分划，适当降低瞄准点射击，也可选定小于实际距离的表尺分划，适当提高瞄准点射击。

第三，目标在300米距离内，通常装定表尺"3"或常用表尺，小目标瞄下沿，大目标瞄中央。

（四）外界条件对射击的影响及修正

1. 风对射弹的影响及修正

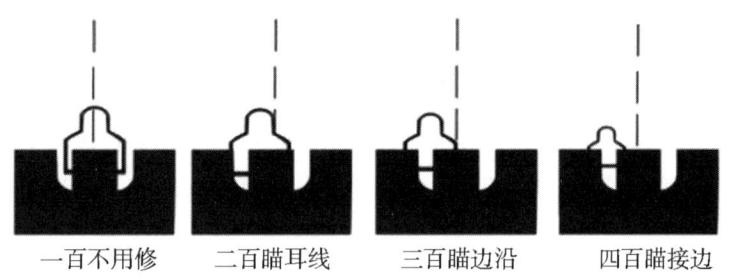

一百不用修　　二百瞄耳线　　三百瞄边沿　　四百瞄接边

横风时的修正情况

横（斜）风能对弹头的侧面施加压力，使射弹偏向一侧，产生方向偏差。风力越大，距离越远，偏差就越大。风从左面吹来，射弹偏右；风从右面吹来，射弹偏左。为运用方便，根据不同距离上的修正量，可将横风条件下对400米内的目标射击时的瞄准情况归纳出如下口诀：一百不用修，二百瞄耳线，三百瞄边沿，四百瞄接边。

纵风能影响射弹的飞行距离。顺风时，空气阻力较小，射弹打远（高）；逆风时，空气阻力较大，射弹打近（低）。在近距离内，风速为10米/秒时，纵风对射弹影响很小。在400米内，风速小于10米/秒可不修正。如对远距离目标射击时，应适当降低或提高瞄准点。

2. 阳光对瞄准的影响及克服方法

在阳光下瞄准时，由于阳光照射作用，缺口部分产生虚光，形成三层缺口：虚光部分、真实缺口、黑实部分。如果不注意辨清真实缺口位置，就容易产生误差，使射弹产生偏差。若用虚光瞄准，射弹就偏向阳光照来的方向；若用黑实部分瞄准，射弹就偏向阳光照来的反方向。在阳光照射下，缺口和准星同时产生虚光时，若用虚光部分瞄准，射弹偏低；若用黑实部分瞄准，射弹偏高。

缺口部分产生虚光形成三层缺口

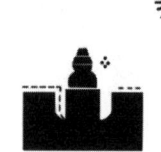 

用虚光部分瞄准，射弹偏向阳光照来的方向

用黑实部分瞄准，射弹偏向阳光照来的相反方向

为了克服阳光对瞄准的影响，可在不同方向的阳光照射下练习瞄准，采用遮光瞄准不遮光检查，或不遮光瞄准遮光检查的方法，反复练习，辨清真实缺口位置和正确瞄准的情况。此外，在阳光下瞄准的时间不宜过长，以免眼花而产生误差。平时要注意保护好瞄准具，不要让其磨光反光。

五、射击动作与方法

（一）验枪

验枪是一项保证安全的重要措施。使用武器前后及必要时，均应验枪，认真检查弹膛、弹匣和教练弹中有无实弹。验枪时，严禁枪口对人。

口令：验枪、验枪完毕。

动作要领：听到"验枪"的口令后，以右脚掌为轴，身体半面向右转，左脚顺势向前迈出一步（两脚约与肩同宽，背带从右肩上脱下），左手接握下护木，左大臂紧靠左肋，枪托贴于右胯，准星约与肩同高，右手掌心向下，虎口向前，拇指打开保险卸下弹匣（使弹匣口向后变曲部朝上），交给左手握于护木右侧，移握机柄。

当指挥员检查时，拉枪机向后，验过后，自行送回枪机，装上弹匣，扣扳机，关保险，移握枪颈。

听到"验枪完毕"的口令后，左手反握护木，将枪倒置于胸前，上背带环约与肩同高，右手挑起背带，身体半面向左转，在右脚靠拢左脚的同时，两手协力将枪送上右肩，恢复肩枪姿势。

打开保险

（二）装退子弹及定复表尺

1. 向弹匣内装子弹

左手握弹匣，使弹匣口向上，挂耳向前，右手将子弹放于受弹口，两手协力将子弹压入弹匣内。

2. 卧姿装退子弹及定复表尺

口令：卧姿——装子弹、退子弹——起立。

动作要领：听到"卧姿——装子弹"的口令后，右手移握上护木，使枪口向前（背带从肩上脱下），左脚向右脚尖前迈出一大步（也可右脚顺脚尖方向迈出一大步），左臂伸出，掌心向下，手指稍向右，按照膝、手、肘顺序顺势卧倒。以身体左侧、左肘支持全身。右手将枪向目标方向送出，左手接握下护木，枪面稍向左，枪托着地，右手卸下空弹匣（弹匣口朝后，弯曲部朝上）交给左手握于护木右侧，解开弹袋扣取出并换上实弹匣，将空弹匣装入弹袋内并扣好，拇指打开保险，拉枪机送子弹上膛，并上保险。右手拇指和食指转动表尺转轮，使所需分划对正表尺座一侧定位点。然后，右手移握握把，全身伏地，两脚分开约与肩同宽，身体右侧与枪身略成一线，目视前方，准备射击。

听到"退子弹——起立"的口令后，稍向左侧身，右手卸下实弹匣交给左手，打开保险，拇指慢拉枪机向后，余指接住从膛内退出的子弹，送回枪机，将子弹压入弹匣内，解开弹袋扣，取出并换上空弹匣，将实弹匣装入弹袋内并扣好。扣扳机，关保险，表尺转轮分划归"3"，移握上护木，将枪收回，同时左小臂向里合，屈左腿于右腿下。以左手和两脚撑起身体，右脚向前一大步，左脚再向前一步，左手反握护木，将枪倒置于胸前，右手挑起背带，在右脚靠拢左脚的同时，两手协力将枪送上右肩，恢复肩枪姿势。

卧姿装子弹　　　　　　　　　装定表尺的分划

接住退出的子弹

3. 跪姿装退子弹及定复表尺

口令：跪姿——装子弹、退子弹——起立。

动作要领：听到"跪姿——装子弹"的口令后，右手移握上护木，使枪口向前（背带从肩上脱下），左脚向右脚前方迈出一步，右手将枪口向目标方向送出，左手接握护木，同时右膝向右跪下,臀部坐在右脚跟上,左小腿略垂直,两腿约成90度角,左小臂放在左大腿上,枪面稍向左,准星约与肩同高。然后,按要领换上实弹匣,打开保险,拉枪机送子弹上膛,关上保险,定表尺,右手移握握把,目视前方,准备射击。

听到"退子弹——起立"的口令后,按要领卸下实弹匣,打开保险,退出膛内子弹,换上空弹匣,将实弹匣装入弹袋内并扣好。右手扣扳机,关保险,将表尺转轮分划归"3",移握上护木,左脚尖向外打开同时起立,左手反握护木,将枪倒置于胸前,右手挑起背带,在右脚靠拢左脚的同时,两手协力将枪送上右肩,恢复肩枪姿势。

4. 立姿装退子弹及定复表尺

口令:立姿——装子弹、退子弹。

动作要领:听到"立姿——装子弹"的口令后,右手移握上护木,以右脚掌为轴,身体大半面向右转,左脚顺势向前迈出一步(两脚分开约与肩同宽),体重落在两脚上,右手将枪向目标方向送出(背带从肩上脱下)。左手接握下护木,左大臂紧靠左肋,枪托贴于右胯,准星约与肩同高。然后,按要领换上实弹匣,打开保险,拉托枪机送子弹上膛,关上保险,定表尺,右手移握握把,目视前方,准备射击。

听到"退子弹"的口令后,按要领卸下实弹匣,打开保险,退出膛内子弹,换上空弹匣,将实弹匣装入弹袋内并扣好。扣扳机,关保险,表尺转轮分划归"3",右手移握上护木,身体大半面向左转,左手反握护木,将枪倒置于胸前,右手挑起背带,在右脚靠拢左脚的同时,两手协力将枪送上右肩,恢复肩枪姿势。

(三)据枪、瞄准、击发

1. 有依托据枪、瞄准、击发

(1)据枪

卧姿有依托据枪时,下护木前端放在依托物上,身体右侧与枪身略成一线。左手握弹匣(也可托握下护木),左肘着地外撑。右手拇指将保险机扳到所需的位置,虎口向前紧握握把,食指第一节靠在扳机上,右大臂略垂直,右肘着地外撑(肘皮控制在内前侧)。两肘保持稳固。胸部挺起,身体稍前跟(右肘不离地),上体自然下塌,两手用力保持不变,使枪托确实抵于肩窝。头稍前倾,自然贴腮。依托物的高低应以射手的身体而定,一般为25~30厘米,依托物内侧应陡些。在紧急情况下,还应善于利用不同高度的依托物实施射击。

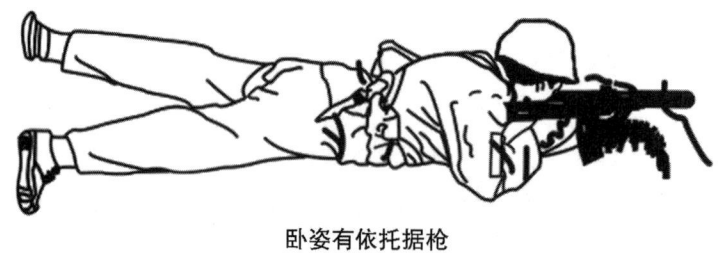

卧姿有依托据枪

掩体内跪姿有依托据枪时，通常跪左膝，右膝靠掩体前崖或右脚向右后蹬，也可跪双膝。上体紧靠掩体前崖，两肘抵在臂座上。其他要领同卧姿。

掩体内立姿有依托据枪时，上体左前侧紧靠掩体前崖，左腿微屈，右脚向后蹬，两肘抵在臂座上。其他要领同卧姿。

（2）瞄准

首先使瞄准线自然指向目标。若未指向目标，不可迁就而强扭枪身，必须调整姿势。需要修正方向时，可左右移动身体或两肘；需要修正高低时，可前后移动整个身体或两肘里合、外张（连发射击时，右肘不宜外张），也可适当调整依托物。

正确瞄准：右眼通视缺门和准星，使准星尖位于缺口中央并与上沿平齐，指向瞄准点。

瞄准时，应集中主要精力于准星与缺口的平正关系上。正确的瞄准情况，应是准星与缺口的平正关系看得清楚，而目标看得较模糊。

瞄准误差对命中的影响：

准星与缺口关系：不正确。瞄准时，准星尖在缺口内偏差1毫米，在100米以上射弹偏差21厘米。距离增加几倍，偏差量就增加几倍。

甲　准星与缺口的正确关系　　　乙　正确的瞄准情况

正确瞄准

瞄准线指向的偏差。瞄准时，若准星与缺口的关系正确，而瞄准线指向产生偏差时，射弹也会产生偏差，射弹的偏差与瞄准线指向的偏差相一致。如瞄准线指向偏差15厘米，射弹也就偏差15厘米。

枪面倾斜。枪面倾斜对命中精度也有一定影响，因为枪面倾斜，使枪身轴线的指向产生了偏差。枪面偏左，射弹偏左下；枪面偏右，射弹偏右下。

检查瞄准的方法：

各人检查。瞄准时，头稍上下移动，检查准星是否位于缺口中央；头稍左右移动，检查准星尖是否与缺口上沿平齐。也可以用平正准星检查器遮蔽的方法，检查准星与缺口是否平正。

固定枪检查。将枪放在依托物上，瞄准后不动枪，互相检查瞄准的正确程度。

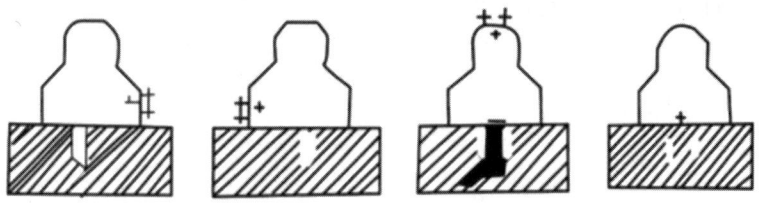

准星与缺口关系不正确对命中的影响

（3）击发

用右手食指第一节均匀正直地向后扣压扳机（食指内侧与枪应有不大的空隙），余指力量不变。当瞄准线接近瞄准点时，开始预压扳机，并减缓呼吸；当瞄准线指向瞄准点时，应停止呼吸，继续增加对扳机的压力，直至击发。击发瞬间应保持正确一致的瞄准。若瞄准线偏离瞄准点或不能继续停止呼吸时，应既不增加也不放松对扳机的压力，待修正或换气后，再继续扣压扳机。

操纵点射时，应稳扣快松，扣到底松开为 2～3 发，在扣扳机的过程中，应始终保持姿势稳固，据枪力量不变，以提高连发射击命中精度。

2. 无依托据枪、瞄准、击发

（1）据枪

卧姿无依托据枪时，左手托握下护木或握弹匣（弹匣可着地），小臂尽量里合于枪身下方，小臂与大臂约成 90 度角，将枪自然托住。右手握握把，大臂略垂直，两肘保持稳固。两手正直向后用力，使枪托确实抵于肩窝，自然贴腮。

跪姿无依托据枪时，左手托握下护木或握弹匣，左肘平面略过左膝盖前或膝盖后，使枪、左小臂、左小腿略在同一垂直面上。右手握握把，大臂自然下垂，上体稍前倾，两手正直向后用力，使枪托确实抵于肩窝。其他要领同卧姿。

立姿无依托据枪时，左手握弹匣，大臂紧靠左胁，小臂尽量里合于枪身下方。也可左手托握下护木，大臂不靠左胁。右手握握把，大臂自然抬起，两手正直向后用力，使枪托确实抵于肩窝外侧。其他要领同卧姿。

（2）瞄准

首先应选择好瞄准点（区）；而后，使瞄准线自然指向瞄准点（区）。若未指向瞄准点（区），不可迁就而强扭枪身，必须调整姿势；需要修正方向时，可左右移动身体或两肘；需要修正高低时，可前后移动整个身体或两肘里合、外张，也可适当移动左手托握下护木或弹匣的位置。

（3）击发

当瞄准线接近瞄准点（区）时，开始预压扳机，并减缓呼吸。当瞄准线在瞄准点附近

（瞄准区内）轻微晃动时，应停止呼吸，继续增加对扳机的压力，果断击发（切忌为捕捉瞄准点而猛扣扳机），击发瞬间应保持正确一致的瞄准。若瞄准线偏离瞄准点较远（瞄准区外）时，则不增加也不放松对扳机的压力，应迅速修正，再继续扣压扳机。

（四）射击中的常见毛病及纠正方法

1. 抵肩位置不正确

射击时，射手若不能正确地抵肩，会使射弹产生偏差。在通常情况下，抵肩过低易打低，抵肩过高易打高。纠正时，射手要反复体会正确的抵肩位置，并通过他人摸、推的方法检查位置是否正确。

2. 两手用力不适当

射击时，射手为了命中目标，往往以强力控制枪晃动，造成肌肉紧张、用力方向不正、姿势不稳，使枪产生角度摆动，增大射弹散布。纠正时，应强调据枪的正直向后适当用力，使用力方向与后坐方向一致。连发射击时，还应注意保持姿势稳固和操枪力量不变。练习时，可在据枪后协助者向后推枪、拉枪机或射手自己两手向后引枪等方法，检查用力是否正确，发现偏差，及时纠正。自动武器射击应特别注意防止右手上抬、下压或向后引枪等毛病。

3. 击发时机掌握不好

无依托射击时，有的射手常为捕捉瞄准点，造成勉强击发或猛扣扳机。纠正时，应指出瞄准线指向在瞄准点附近轻微晃动时，即应适时击发。练习时，可让射手在反复体会到保持准星与缺口平正关系的基础上，自然指向瞄准点的情况，也可用加强臂力锻炼和采取逐步缩小瞄准区的辅助练习法，摸索枪的晃动规律，掌握击发时机。

4. 停止呼吸过早

射击时，停止呼吸过早，易造成憋气，使肌肉颤动、据枪不稳或猛加扳机。纠正时，应使射手反复体会在瞄准线指向瞄准点或在瞄准点附近轻微晃动时，自然停止呼吸的要领。在剧烈运动后，无法按正常情况停止呼吸时，应进行深呼吸后再停止。

5. 耸肩、眨眼和扣扳机

射击时，由于射手过多地考虑枪响时机、点射弹数、射击成绩等原因，造成心情紧张，产生耸肩、眨眼和猛扣扳机等错误动作，影响射弹命中。纠正时，应强调按要领操作，把主要精力、视力集中在准星与缺口的正确关系上，达到自然击发。

6. 枪面倾斜

瞄准时，如枪面偏左（右），射角减小，枪身轴线指向瞄准点左（右）边，射击时，弹着点偏左（右）下。纠正时，强调射手据枪应保持枪面平正。

第四节 阅 兵

一、阅兵权限和阅兵形式

阅兵是由党和国家领导人、中央军事委员会主席、副主席、委员及团以上部队军政主要首长或者被上述人员授权的其他领导和首长实施的。通常由1人检阅。阅兵分为阅兵式和分列式。通常进行两项，根据需要，也可以只进行一项。

阅兵分为上级首长检阅和本级首长检阅。当上级首长检阅时，由本级军事首长任阅兵指挥；当本级军政主要首长检阅时（由1人检阅，另1名位于阅兵台或者队列中央前方适当位置面向部队），由副部队长或者参谋长任阅兵指挥。

二、阅兵程序

步兵团阅兵程序如下。

（一）迎军旗

迎军旗在阅兵式开始前进行。

步兵团迎军旗时，主持迎军旗的指挥员下达"立正""迎军旗"的口令，听到口令后，掌旗员（扛旗）、护旗兵齐步行进，当由正前或者左前方向本团右翼进至距队列 40～50 步时，主持迎军旗的指挥员下达"向军旗敬礼"的口令，听到口令后，位于指挥位置的军官行举手礼，其余人员行注目礼；掌旗员（由扛旗换端旗）、护旗兵换正步，取捷径向本团右翼排头行进，当超过团机关队形时，主持迎军旗的指挥员下达"礼毕"口令，部队礼毕；掌旗员（由端旗换扛旗）、护旗兵换齐步。军旗进至团指挥员右侧3步处时，左后转弯立定，呈立正姿势。

（二）阅兵式

团阅兵式的队形，通常为营横队的团横队，或者由团首长临时规定。列队时，各枪手持枪（冲锋枪手握枪）。阅兵程序：

1. 阅兵首长接受阅兵指挥报告

当阅兵首长行至本团队列右翼适当距离时或者在阅兵台就位后（当上级首长检阅时，通常由团政治委员陪同入场并陪阅），阅兵指挥在队列中央前下达"立正"的口令，随后跑到距阅兵首长 5～7 步处敬礼，待阅兵首长还礼后礼毕并报告。例如："师长同志，步兵第×团列队完毕，请您检阅。"报告后，左跨1步，向右转，让首长先走，而后在其右后侧（当上级首长检阅时，团政治委员在团长右侧）跟随陪阅。

2. 阅兵首长向军旗敬礼

阅兵首长等到距军旗适当位置时，应立正向军旗行举手礼（陪阅人员面向军旗，行注目礼）。

3. 阅兵首长检阅部队

当阅兵首长行至团机关、各营部、各连及后勤分队队列右前方时，团机关由副团长或者参谋长，各营部由营长，各连由连长，后勤分队由团指定的指挥员下达"敬礼"的口令。听到口令后，位于指挥位置的军官行举手礼，其余人员行注目礼，目迎目送首长（左、右转头不超过45度）。当首长问候"同志们好"或者"同志们辛苦了"的时候，队列人员应当齐声洪亮地回答"首长好"或者"为人民服务"；当首长通过后，指挥员下达"礼毕"的口令，队列人员礼毕。

4. 阅兵首长上阅兵台

阅兵首长检阅完毕后上阅兵台，阅兵指挥跑步到队列中央前，下达"稍息"口令，队列人员稍息。当上级首长检阅时，团政治委员陪同首长上阅兵台，然后跑步到自己的列队位置。

（三）分列式

团分列式队形由团阅兵式队形调整变换，或者由团首长临时规定。

团分列式，应当设四个标兵。一二标兵之间和三四标兵之间的间隔各为15米，二三标兵之间的间隔为40米。标兵应携带81式自动步枪或者半自动步枪，并在枪上插标兵旗。

分列式程序：

1. 标兵就位

分列式开始前，阅兵指挥在队列中央前，下达"立正""标兵就位"的口令。标兵听到口令后，成一路纵队持（托）枪跑步到规定的位置，面向部队呈持枪立正姿势。

2. 调整部（分）队为分列式队形

标兵就位后，阅兵指挥下达"分列式，开始"的口令，而后，跑步到自己的列队位置。听到口令后，各分队按规定的方法携带武器（掌旗员扛旗），团、营指挥员分别进到团机关和营部的队列中央前，各分队指挥员进到本分队队列中央前，下达"右转弯，齐步走"的口令，指挥分队变换成分列式队形。

3. 开始行进

变换成规定的分列式队形后，团机关由副团长或者参谋长下达"齐步走"的口令。听到口令后，团指挥员、团机关人员齐步前进，其余分队依次待前一分队离开约15米时，分别由营、连长及后勤分队指挥员下达"齐步走"的口令，指挥本分队人员前进。

4. 接受首长检阅

各分队行至第一标兵处，将队列调整好。进到第二标兵处，掌旗员下达"正步走"的口令，并和护旗兵同时由齐步换正步，扛旗换端旗（掌旗员和护旗兵不转头）。此时，阅兵首长和陪阅人员应当向军旗行举手礼。副团长或者参谋长和各分队指挥员分别下达"向右看"的口令，队列人员听到口令后（可喊"一、二"），按照规定换正步（步枪手换端枪）行进，并在左脚着地的同时向右转头（位于指挥位置的军官行举手礼，并向右转头，各列右翼第一名不转头）不超过45度注视阅兵首长。此时，阅兵台最高首长行举手礼，其他人员行注目礼。

进到第三标兵处，掌旗员下达"齐步走"的口令，并与护旗兵由正步换齐步，同时换扛旗；其他分队由上述指挥员分别下达"向前看"的口令，队列人员听到口令后，在左脚着地时礼毕（将头转正），同时换齐步（步枪手换托枪）行进。

当上级首长检阅时，团长和团政治委员通过第三标兵后，到阅兵首长右侧陪阅。各分队通过第四标兵，换跑步到指定的位置。待最后一个分队通过第四标兵，阅兵指挥下达"标兵，撤回"的口令，标兵按照相反顺序跑步撤至预定位置。

（四）阅兵首长讲话

分列式结束后，阅兵指挥调整好队形，请阅兵首长讲话。讲话完毕，阅兵指挥下达"立正"口令，向阅兵首长报告阅兵结束。当上级首长检阅时，由团政治委员陪同阅兵首长离场。

（五）送军旗

送军旗在阅兵首长讲话后或者分列式结束后进行。

步兵团送军旗时，主持送军旗的指挥员下达"立正""送军旗"的口令。听到口令后，掌旗员（呈扛旗姿势）、护旗兵按照迎军旗路线相反方向齐步行进。军旗出列后行至团机关队形右侧前时，主持送军旗的指挥员下达"向军旗敬礼"的口令。听到口令后，掌旗员（由扛旗换端旗）、护旗兵换正步，全团按照迎军旗的规定敬礼。当军旗离开距队列正面40～50步时，主持送军旗的指挥员下达"礼毕"的口令，部队礼毕；掌旗员（由端旗换扛旗）、护旗兵换齐步，返回原出发位置。

第五节　实弹射击基础

一、实弹射击条件

学生军训中通常使用半自动步枪，对固定目标进行射击练习，半自动步枪对固定目标射击的条件如下。

半自动步枪对固定目标射击的条件

枪种	半自动步枪
目的	锻炼射手对不动目标准确射击的技能
目标	胸环靶
距离	100 米
姿势	卧姿有依托
使用弹数	5 发
成绩评定	优等：命中 45 环以上。良好：命中 40 环以上。及格：命中 30 环以上。
实施方法	1. 表尺、瞄准点自选。自下达"装子弹"口令起，10 分钟内射击完毕。 2. 每发射一次后报靶，并指示弹着点。

二、实弹射击的组织

为保证实弹射击安全、顺利地进行，应事先建立组织，明确职责，应设立射击指挥员、警戒组、示靶组、信号员等。

射击指挥员主要负责设置场地，派遣勤务，督促全体人员遵守射击场的各项规定和安全措施，指挥射击；警戒组主要负责射击场的警戒和观察任务，防止人员和牲畜进入射击场；示靶组负责设靶、示靶和报靶；信号员负责发出各种信号，并负责观察射击场的安全情况，发生险情立即报告。

三、实弹射击的场地设置

（一）目标设置

设置目标一般是根据射击练习和射击编组的人数，确定相应的靶子和数量。第一练习射击的胸环靶，根据人数，从左至右依次在靶子的右上角编写序号。靶子之间的距离以 3 米为宜，靶牌的高度应尽量保持一致。在靶壕靠近射手一端，目标序号的中间插上一面小红旗，以示靶壕地段。在靶壕旗的后方设置红、白信号旗。开始射击显示红旗，停止射击时显示白旗。

（二）设置出发地线和射击地线

出发地线是射手做好射击前的各种准备工作的界限。出发地线应距射击地线 20 米以上，并要有明显的标记。射击地线按规定的距离，在与靶壕平行的线上。射击位置的地形要平坦，并按靶子右上角的靶牌序号设置靶位牌。在射击地段的中间与靶壕地段旗相对应的位置设置射击地线地段旗。

（三）标示射击指挥员和勤务人员的位置

射击指挥员的位置设置在射击场中央距出发地线10米左右。指挥员的后方设置信号员的位置，并有红、白旗各一面。红旗表示开始射击，白旗表示停止射击。在指挥员和信号员的左侧设置发弹员和修械员的位置，右侧设置记录员和医务人员的位置。

四、实弹射击的有关规定

第一，实弹射击时，射手必须使用手中的武器，如因武器机件损坏或射效不合格无法矫正不能使用手中武器射击时，须经批准。

第二，实弹射击的第一练习，应在良好天气条件下实施，其他练习可不受天气条件的限制。

第三，组织基本射击时，射手进到出发地线后，指挥员令发弹员发给射手子弹。口令的下达是："发弹员——发给每个射手5发子弹"，然后下达"装填弹匣"的口令。装填子弹均采取跪姿。接着发出准备射击的信号，待靶壕竖起红旗发出可以射击的信号后，下达向射击地线前进的口令。射手进入射击地线后，按指挥员发出的口令做好射击的准备。指挥员按规定的时间发出开始射击的口令，射手开始射击。射击中，如发生故障，射手应自行排除，继续射击。如因武器、子弹不良发生故障，可重新进行射击；跳弹命中靶子，不计算成绩；对环靶射击，命中环线算内环；打错靶算脱靶；被打错靶者如无法判明错弹，可重新进行射击；不及格者可补射一次，但补射成绩不算单位成绩。

五、实弹射击的安全措施

射击场必须有可靠的靶档，并构筑示靶场；射击场内，应区分出发地线和射击地线。射击前，应向全体人员明确开始射击、停止射击等信号；开始射击信号发出后，示靶员应迅速到位，严禁向外观望。射击前后，必须验枪；不准将实弹与教练弹混在一起；没有指挥员的命令，不准装填实弹。报靶时，严禁无关人员进入射击线范围摆弄武器或向靶区瞄准。

六、实弹射击报靶方法

（一）用报靶杆报靶

把报靶杆圆头（直径15～20厘米，一面红或黑，一面白）放在靶板上。靶子的不同位置表示不同的环数：左下角为1环，正下方为2环，右下角为3环，左中间为4环，右中间为5环，左上角为6环，正上方为7环，右上角为8环。在靶子中央上下移动为9环，在靶子中央左右移动为10环。围绕靶子画圆圈为脱靶。为了报出弹着点的偏差，报出环数后，将报靶杆圆头放在靶子中央（白面朝外），再缓慢向偏差方向移出靶板2次。

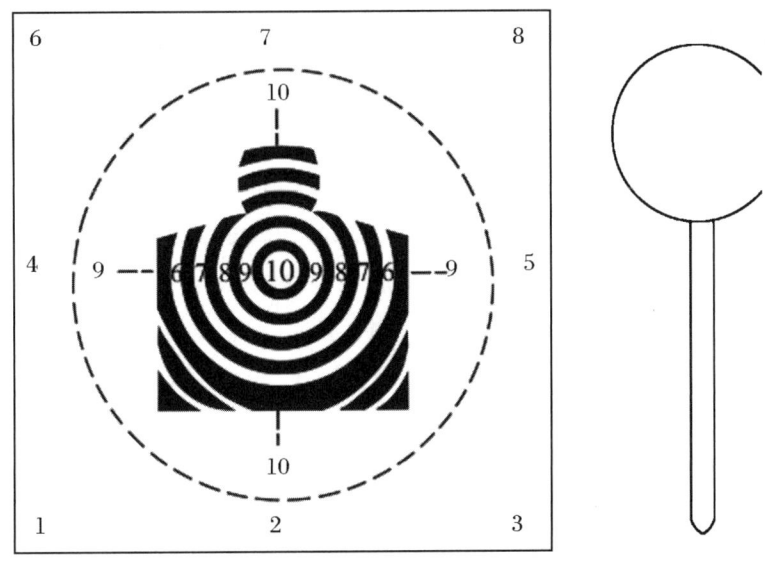

靶板和报靶杆

（二）用红、白旗报靶

用红、白旗报靶是示靶手面向靶子，以红、白旗放在靶子的不同方向表示环数。

白旗：举在靶子左侧为1环，举在靶子右侧为2环，高举不动为3环，垂直上下移动为4环，左右摆动为5环。

红旗：举在靶子左侧为6环，举在靶子右侧为7环，高举不动为8环，垂直上下移动为9环，左右摆动为10环。

红、白旗一起绕靶子画圆圈为脱靶。

为了报出弹着点的位置，示靶手应站在靶子的一侧，用旗杆头指在弹着点上向偏差方向移动2次。

周亚夫军细柳

汉文帝后元六年，匈奴大规模侵入汉朝边境。于是，朝廷委派宗正官刘礼为将军，驻军在霸上；祝兹侯徐厉为将军，驻军在棘门；委派河内郡太守周亚夫为将军，驻军细柳，以防备胡人侵扰。

皇上亲自去慰劳军队。到了霸上和棘门的军营，长驱直入，将军及其属下都骑着马迎送。旋即来到了细柳军营，只见官兵都披戴盔甲，兵器锐利，开弓搭箭，弓拉满月。皇上的先行卫队到了营前，不准进入。先行的卫队说："皇上即将驾到。"镇守军

营的将官回答:"将军有令:'军中只听从将军的命令,不听从天子的诏令。'"过不多久,皇上驾到,也不让入军营。于是皇上就派使者拿了天子的凭证去告诉将军:"我要进营慰劳军队。"周亚夫这才传令打开军营大门。守卫营门的官兵对跟从皇上的武官说:"将军规定,军营中不准纵马奔驰。"于是皇上也只好放松了缰绳,让马慢慢行走。到了大营,将军亚夫手持兵器,长揖到地说:"我是盔甲在身的将士,不能跪拜,请允许我以军礼参见。"皇上为之动容,马上神情严肃地俯身靠在车前横木上,派人致意说:"皇帝敬重地慰劳将军。"劳军礼仪完毕后辞去。

出了细柳军营的大门,许多大臣都深感惊诧。文帝说:"啊!这才是真正的将军了。刚才霸上、棘门的军营,简直就像儿戏一样,那里的将军是完全可以通过偷袭而俘虏的,至于周亚夫,岂是能够侵犯他的吗?"长时间对周亚夫赞叹不已。过了一个多月,三支军队都撤防了,文帝就任命周亚夫做中尉。

 思考题

1. 立正的动作要领是什么?
2. 正步走的动作要领是什么?
3. 子弹由哪几部分组成?分别说明一下。
4. 简要介绍射击中的常见毛病及纠正方法。

第七章 军事地形学

第一节 地形对战斗行动的影响

一、地形的分类

地形是军队行动的环境与条件,军队的一切行动均受地形条件的影响和制约。不同的地形对军队战斗行动有着不同的影响。

地形是地貌和地物的总称。地貌是指地面高低起伏的状态,如山地、丘陵地、平原等。地物是指分布在地面上的固定性物体,如居民地、道路、江河、森林等。不同的地貌和地物的错综结合,形成了不同的地形。地形,依地貌的状态可分为平原、高原、山地和丘陵地,依地物的分布和土壤性质可分为居民地、山林地、石林地、沼泽地、水网稻田地、江河、湖泊、岛屿、海岸、草原、沙漠、戈壁等,依对军队战斗行动的影响又可分为开阔地、荫蔽地和断绝地等。

二、地形的作用

军队的活动都是在一定地形条件下实施的,如军队的运动、观察、射击、工事构筑、隐蔽伪装、技术兵器的运用、防核、化学武器袭击,以及后勤保障等,都和地形有着密切的关系,都要受地形条件的影响和制约。战争经验证明,无论进攻或防御,在其他条件都具备的情况下,善于利用地形,可以减少损失,取得战斗的胜利;不善于利用地形,会给战斗增加困难,甚至导致失败。所以,古今中外的军事家,无不重视了解地形、研究地形对军队战斗行动的影响,趋利避害,以使自己立于不败之地。

三、主要地形对战斗行动的影响

地形对战斗行动的影响,主要表现在对军队的运动、观察、隐蔽伪装和对核、化学武

器的使用与防护等方面的影响。

（一）平原

地面平坦或起伏微缓的宽广地区叫平原，一般海拔在 200 米以下，高差在 50 米以下。和高原相比，平原较低；和丘陵相比，平原地势缓，起伏小。

1. 平原的地形特点

通常情况下，平原地区地面平坦，交通发达，人烟稠密，物产丰富，大部分为耕种地。对于我国来说，北方平原，地势开阔，起伏和缓，间有小的岗丘、垄岗，道路四通八达，耕地多为旱地，地下水位较低；南方平原，江河、湖泊遍布，沟渠纵横，除公路外，乡村路窄而弯曲，且多桥梁，耕地大部分为水稻田，地下水位较高。

2. 平原对战斗行动的影响

平原地区便于组织指挥和通信联络，便于观察、射击，便于物资补给，适于机械化部队和大兵团协同作战。但不易选择良好的观察所，直射火器不便于超越射击。在冬春两季，隐蔽伪装困难，炮兵不易选择良好的遮蔽阵地，不利于对核、化学武器的防护。

（二）山地

地面起伏显著，高差一般在 200 米以上的高地叫山，群山连绵、岭谷交错的地区叫山地。

1. 山地的特点

山地坡陡谷深，山顶高耸，山背、山脊纵横起伏，死角荫蔽地多，地形复杂，人烟稀少，交通不便。

2. 山地对战斗行动的影响

山地地区军队运动困难，尤其是坦克、大型火炮等重型兵器的行动受到限制；观察、射击死角多，通信联络、指挥协同均较困难，容易迷失方向。但山地便于隐蔽伪装；便于选择良好的制高点，设置观察所和指挥所；便于构筑坚固的工事，凭险固守；利于对原子、化学武器的防护。

山地一般有利于防御。山地的制高点、山垭口和隘路，往往是作战双方争夺的要点。

（三）丘陵地

岗丘错综连绵，地面起伏较缓，高差一般在 200 米以下的地区叫丘陵地。

1. 丘陵地的地形特点

丘陵地高差不大，谷宽岭低，坡度平缓，断绝地较少，人烟较密，农产品丰富，交通比较发达，大的城镇多在广阔的谷地和水陆交通要冲。就我国来说，北方丘陵地多为土质丘陵，形状圆浑，局部有陡坡、冲沟，斜面及山脚多为旱地、梯田，多高秆作物；南方丘陵地，多为石质丘陵，呈尖顶、山脊、山背狭窄，地形起伏零乱，部分地区有陡坡和断绝地，山脚多为水稻田、梯田。

2. 丘陵地对战斗行动的影响

丘陵地对军队的机动和各种兵器的使用限制较少，有一定的隐蔽条件，便于诸军队、兵种隐蔽机动和协同作战，便于组织指挥和通信联络，便于观察、射击和构筑野战工事，便于军队后勤补给，对核武器袭击有较好的防护作用，但山谷和凹地容易滞留毒剂。

（四）水网稻田地

湖泊池塘密布，江河、沟渠纵横交错，遍地水稻田的地区叫水网稻田地。

1. 水网稻田地的地形特点

水网稻田地势平坦开阔，河渠相连，岸堤不高，稻田积水、泥深，公路较少，乡村小路多蜿蜒于河岸和田埂，桥梁、涵洞较多，人口稠密。居民地多分布于道路和河流两侧，农产品丰富。

2. 水网稻田地对战斗行动的影响

水网稻田地势平坦，展望良好，视界、射界均较开阔，但不易选择良好的观察所、指挥所和火炮发射阵地，直射火器不便实施超越射击；由于河渠交错，岸陡水深，河底淤泥，形成断绝地形，严重影响诸兵种的机动，特别是机械化、装甲和炮兵部队的越野运动极为困难，战斗队形易被河渠分割，不便于指挥、联络和协同；部队连续通过泥泞稻田，体力消耗大，运动速度要低；道路易被破坏，工程保障难度大；便于步兵分队、轻便炮兵或船载炮兵、水陆坦克利用河流、沟渠实施水上机动；由于地下水位高，防御时不易构筑坚固工事，防御配置易受水网分割，但可利用河流、沟渠、湖泊等天然障碍组织防御；居民地、小高地、土丘等，常为防御的依托，有些居民地是水陆交通的枢纽，更是攻防双方争夺的要点。对核、化学武器的防护作用与平原地区相近，但水有利于吸收辐射热和洗消，故消除袭击后果的条件相对较好。

（五）居民地

按照生产和生活需要而形成的集聚定居的地区叫居民地。居民地根据性质和人口多少可分为城市、集镇、村庄等。

1. 居民地的地形特点

大的城市居民地常是某一地区的政治、经济和文化中心，又多是交通枢纽。一般依山、临河或滨海、濒湖而筑，人口众多，房屋密集，建筑物高大而坚固，还有地下建筑和防空工事设施，街道排列整齐，纵横交叉，交通方便，有机场、港口、铁路、公路等运输设施。中小城市通常都有公路或铁路相通。

集镇是一种较大的居民地，房屋较多，建筑形式比较简单。山地的集镇，街道比较曲折，房屋布置分散；平原上的集镇，一般靠近道路或江河两侧，街道比较平直，房屋密集,交通发达,一般都有公路、大车路、乡村路相通。村庄是指较小的居民地。就我国来说,北方村庄多平房、院墙,部分有突围、寨墙,建筑材料多为土坯、砖石,房顶覆盖较厚,比较坚固;南方村庄多楼房,建筑材料沿海地区多为砖石、水泥,山区多为砖木、泥瓦。

2. 居民地对战斗行动的影响

居民地对战斗行动的影响程度,取决于它的大小、所在位置、建筑物状况和附近地形条件等。较大的居民地通常是攻、防要点,也是敌人航空兵、炮兵、导弹和核武器、化学武器袭击的目标。居民地便于构成坚固的防御阵地,利于近战、夜战和小分队战斗活动;利用城市电信设备可组织部队通信联络,便于军队宿营和后勤补给,但观察、指挥和协同不便,战斗队形易被分割,城市附近的高地、隘路、交通枢纽、桥梁、渡口和机场、火车站、发电厂、水源以及重要的工业区等,常成为攻、防双方争夺的地方。

(六)岛屿和海岸

岛屿是散布于海洋、江河、湖泊中的陆地,面积大的叫岛,面积小的叫屿。海水面与陆地接触的滨海地带,叫海岸;海边多年形成的大潮高潮线,称海岸线。

1. 岛屿地形的特点和对战斗行动的影响

岛屿的地形特点是:四面环水,面积狭小。岛屿多数为列岛或群岛,少数为孤岛。一般岛上多山,坡度陡峻,地形复杂;岸线弯曲,岸陡滩狭;道路少,且曲折狭窄;居民少,物产有限,淡水缺乏;多数岛上土壤贫乏,植被较少,但热带地区的岛上多茂密丛林;岛屿气象复杂多变,夏季台风威胁较大;有些岛屿之间水浅礁多,航道狭窄。岛屿对战斗行动的影响,主要取决于岛屿的位置、形状、大小、岛上地形以及港湾、交通和给水条件等。

2. 海岸地形的特点和对战斗行动的影响

海岸对战斗行动的影响,主要取决于海岸性质和曲折程度、港湾的大小与设备、滨海地形、近岸岛屿及潮汐情况等。海岸依其性质可分为泥岸、岩岸和沙岸。

第二节 地形图基本知识

一、地图的定义、分类及用途

(一)地图的定义

将地球表面的自然、社会要素和现象的空间分布,按一定的投影方法、比例关系和制图综合原则,用规定的符号、颜色和注记综合绘制的图,称为地图。

（二）地图的分类

地图按其内容，可分为普通地图和专门地图；按比例尺规格，可分为大、中、小比例尺地图；按表现形式，可分为线划地图、影像地图、数字地图；按色彩种类规格，可分为单色地图和多色地图。

（三）地图的用途

普通地图是综合反映地表自然现象和社会经济现象的地图。其内容包括：自然地理要素，如地貌、水系、土壤、植被等；社会经济要素，如居民地、行政区域、工矿、交通网等。普通地图分为地形图和地理图，是编制专门地图的基础。

专门地图也称专题地图或主题地图，是以普通地图为底图、着重表示一个专题内容的地图，如地质图、地貌图、水文图、人口图、交通图、历史图等。

地形图是普通地图的一种。其比例尺大于 1∶1000000，是国家经济建设、国防建设和军队作战、训练不可缺少的重要地形资料。在地形图上，可以进行长度（距离）、高度、坡度、水平角度、坐标和面积的量读、计算。

二、地图比例尺

（一）地图比例尺的定义

地图上某两点间直线长度与相应实地水平距离之比，叫地图比例尺。地图比例尺通常以数字比例尺或直线比例尺标注在地图图廓外，是判定地表实地水平长度在地图上的缩小比例和根据图上量测长度计算实地水平距离的依据。

（二）地图比例尺的大小

地图比例尺的大小是按比值的大小来衡量的。在幅面大小相等的地形图上，比例尺越大，图中所包括的实地范围越小，显示的内容越详细，精度越高；比例尺越小，图中所包括的实地范围越大，显示的内容越简略，精度越低。我国地形图的比例尺系列为 1∶10000、1∶25000、1∶50000、1∶100000、1∶250000、1∶500000、1∶1000000 等 7 种。

（三）在地图上量算距离

1. 用直尺量算

其方法是：用直尺量取所求两点的图上长度，然后除以该图比例尺，即得相应的实地水平距离。其换算公式为：实地距离＝图上长度除以比例尺。

2. 依据线比例尺量读

其方法是：先用两脚规量出两点间的长度，并保持其张度，再到直线比例尺上比量。比量时，先使两脚规的一脚落在尺身的整千米数上，再使另一脚落在尺头上，即可读出两点间实地水平距离。

3. 用里程表量读

其方法是：在地形图上量取弯曲路段或曲线距离时，使用指北针上的里程表比较方便。里程表由表盘、指针及滚轮三部分组成。量读时，先使指针归零，然后手持里程表，将滚轮放在起点上（使指针按顺时针方向转），沿所量线段滚至终点，指针在相应比例尺分画圈上所指的千米数，即为所求实地距离。

（四）地图上量算距离的改正

从图上量算的实地距离，都是水平距离，而图上量算的实地水平距离，都小于相应的实地实际距离。为使图上量算的距离接近于实地实际距离，应将量算的实地水平距离加上坡度及弯曲改正数（改正数＝水平距离改正率）。改正率如下表所示。实地实际距离＝水平距离＋水平距离改正率。

坡度及弯曲改正数表

坡　度	改正率（％）	坡　度	改正率（％）
0°～4°	3	20°～24°	40
5°～9°	3	25°～29°	50
10°～14°	3	30°～34°	65
15°～19°	3	35°～40°	80

三、地物符号

地面上的地物通常在地图上用统一规定的符号结合注记表示，这些符号称地物符号。地物符号是构成地图的重要因素，是地图的语言。

（一）符号的图形特点

地物符号的图形，依其形状，主要有以下三个特点。

1. 图形与地物的平面形状相似

地物符号的图形与地物正射投影后的平面形状相似，并保持一定的比例关系，所以叫正形图形。它一般用于表示实地较大的地物，如居民地、森林、河流等。

2. 图形与地物的侧面形状相近

地物符号的图形与地物的侧面形状相近，所以叫侧形图形。它用以表示实地较小的独立地物，如突出树、烟囱、水塔等。

3. 图形与地物的有关意义相应

地物符号与地物的有关意义相应，用抽象符号表示，通常体现地物的主要功能。

地物符号的图形特点

图形特点	符号及名称		
与平面形状相似	居民地	河流、苗圃	公路、桥梁
与侧面形状相近	突出阔叶树	烟囱	水塔
与有关意义相应	变电所	矿井	气象站

（二）符号的分类

1. 依比例尺表示的符号

实地面积较大的地物，如大居民地、森林、江河、湖泊等，其图形是按比例尺缩绘的，文字注记是按配置需要填绘的。

2. 半依比例尺表示的符号

实地的窄长线状地物，如道路、土堤、通信线等，其转折点、交叉点位置是按实地精确测定的，其长度是按比例尺缩绘的，而宽度不是按比例尺缩绘的。

3. 不依比例尺表示的符号

实地上一些对部队战斗行动有影响或有方位意义的地物，如突出树、亭、塔、油库等，因其实地面积小，不能按比例尺缩绘，只能用规定的符号表示。

4. 说明符号和配置符号

说明符号是用来说明某种情况的，如表示街区性质的晕线、表示江河流向的箭头等；配置符号是用来表示某地区的植被及土质特征的，如草地、果园等。

（三）符号的有关规定

1. 颜色的规定

为使地图内容层次分明、清晰易读，地物符号采用不同颜色来区分地形的性质和种类。我国现在出版的地形图均为四色。其规定如下：

地物符号颜色规定

颜　色	使用范围
黑色	居民地、独立地物、管线、垣栅、道路、境界、森林符号和注记等
绿色	森林、果园等植被普染
蓝色	水系及其普染、水系注记、雪山等高线及注记
棕色	地貌和等高线的高程注记，公路普染

2. 定位点的规定

定位点是指符号中表示地物真实位置的部位。地物符号中，不依比例尺和半依比例尺的符号，实际上都是夸大了的符号，因此，它们在地形图上的定位点，制图时就必须明确规定。

不依比例尺符号（主要是指独立地物符号），其定位点的规定如下：

不依比例尺符号的定位点

定位点	符号及名称		
图中有一点在该点上	三角点 ▲	亭 	窑 
几何图形在图形的中心	油库 ●	独立房屋 ■	发电厂 ✕
底部为直角的在直角的顶点	水塔	气象站 	碑 
底部为直角的在直角的顶点	路标 P	突出阔叶树 	突出针叶树 
由两个图形组成的在下方图形的中心	变电所 	散热塔 	石油井 

半依比例尺符号（主要是指线状地物符号），其定位线的规定如下表所示。

半依比例尺符号的定位线

定位线	符号举例	定位线	符号举例
成轴对称的符号，在中心线上	公路 上堤 高出地面的渠	不成轴对称的符号	城墙 土城墙 陡岸

3. 注记的规定

地物符号只能表示地物的形状、位置、大小和种类，不能表示其质量、数量和名称，因此还需要用文字和数字予以注记，作为符号的补充和说明。

名称注记：用于注明地物的名称，如居民地、山和山脉、水系名称及地理单位名称分别以不同字体和颜色注记。

说明注记：用来说明地物的性质和特性，如公路路面的质量，渡口、桥梁的性质，森林的种类，河流的流向，井水的咸淡等，均采用不同颜色的文字简注在符号内或一旁。

数字注记：用来说明地物的数量特征，如山的高程，土堆、冲沟、陡崖的比高，森林的平均树高和树径的大小，公路的宽度，江河的宽、深和流速等，均用不同颜色的数字表示。

4. 方向的规定

地物符号在地形图上的描绘方向，有以下四种情况：

直立方向：直立方向，也叫固定方向，即符号始终保持与南北图廓线垂直。不依比例尺的符号绝大多数是按此种方向描绘的。

真方向：真方向，即符号的描绘方向与实地地物的真实方向一致。依比例尺和半依比例尺的符号通常是按真方向描绘的。此外，还有窑洞、山洞、泉等，也是按真方向描绘的。

光照方向：地形图上有少数符号是按照阳光照射方向描绘的，如陡石山、溶斗和简易公路等。

风向方向：依风向描绘的主要是沙地地貌以及反映土质特征的个别符号，如波状沙丘等，其符号与主要风向垂直；窝状沙地，其符号是顺风方向描绘的，粗点绘在迎风面。因此，这类符号又是判断所在地区主要风向的标志。

四、地貌判读

(一) 等高线显示地貌

1. 等高线

在地图上将地面上高程相等的各点连成的闭合曲线称等高线,亦称水平曲线,用以显示地貌高低起伏、倾斜陡缓形态,量取某一地段的坡度或任一点的绝对高程与相对高程等。

2. 等高线显示地貌的原理

等高线显示地貌的原理是:设想将一座山从底到山顶按照相等的高度一层一层地水平切开,这样,在山的表面就出现许多大小不同的截口线,再把这些截口线垂直投影到同一平面上,便呈现出一圈套一圈的等高线图形。地图就是根据这个原理来显示地貌的。

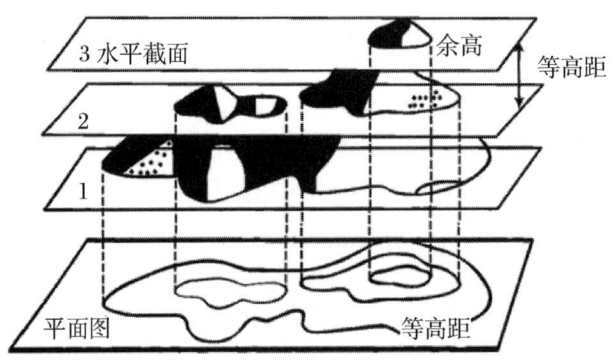

等高线显示地貌的原理

3. 等高线显示地貌的特点

在同一等高线上,各点的高程相等,并各自闭合。

在同一幅地图上,等高线多的山就高,等高线少的山就低,凹地与此相反。

在同一幅地图上,等高线间隔大的坡度缓,间隔小的坡度陡。

地图上等高线的弯曲形状与相应实地地貌的形状相似。

4. 等高距的规定

相邻两条等高线间的实地垂直距离叫等高距。等高距的大小,在很大程度上决定着地貌表示的详略。等高距越小,等高线越多,地貌表示就越详细;等高距越大,等高线越少,地貌表示就越简略。等高距地区的地貌特征依据地图比例尺和地图的用途等状况来规定,我国基本比例尺地形图等高距的规定如下表所示。

等高距的规定

比例尺	1:25000	1:50000	1:100000	1:250000
等高距/米	5	10	20	50

5. 等高线的种类和作用

等高线按其作用不同,分为四种。

首曲线:又叫基本等高线,是按规定的等高距,由平均海水面起算而测绘的细实线,用以显示地貌的基本形态。

计曲线:又叫加粗等高线,规定从高程起算面起,每隔四条首曲线加粗描绘一条粗实线,以便在图上检算高程。

间曲线:又叫半距等高线,是按1/2等高距描绘的细长虚线,用以显示首曲线不能显示的局部地貌。

助曲线:又叫辅助等高线,是按1/4等高距描绘的细短虚线,用以显示间曲线不能显示的局部地貌。

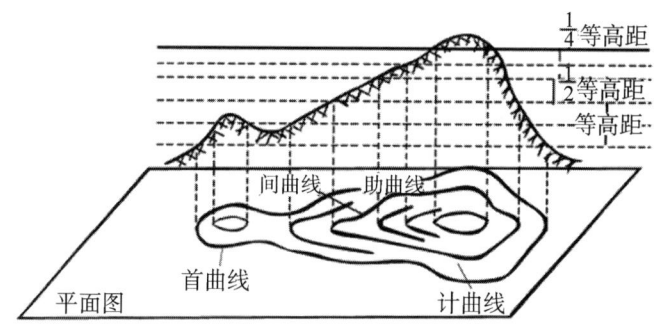

等高线的种类

6. 高程起算和注记

我国从1987年开始,采用1952~1979年青岛潮沙观测资料计算的平均水面,作为全国统一的高程起算面,称为"1985年国家高程基准"。从这个基准面起算的高程叫真高,也叫海拔。地貌、地物由所在地面起算的高度,叫比高。起算面相同的两点间高程之差,叫高差。地形图上的高程注记有三种,即控制点的高程、等高线的高程和比高。控制点的高程注记,用黑色,字头朝向北图廓;等高线的高程注记,用棕色,字头朝向上坡方向;比高注记与其所属要素的颜色一致,字头朝向北图廓。

(二)地貌识别

1. 山的各部形态

山的各部形态是不同的,具体特征如下。

山顶:山的最高部位,叫山顶。图上表示山顶的等高线是一个小环圈,环圈外通常绘有示坡线。

凹地:比周围地面凹陷,且经常无水的地方,叫凹地。图上表示凹地的等高线是一个或数个小环圈,并在环圈内侧绘有示坡线。

山背：从山顶到山脚的凸起部分，叫山背。图上表示山背的等高线是以山顶为准向外凸出的部分。各等高线凸出部分顶点的连线，叫分水线。

山谷：两个山背或山脊间的低凹部分，叫山谷。图上表示山谷的等高线，逐渐向山顶或鞍部方向凹入。各等高线凹入部分顶点的连线，叫合水线。

鞍部：相连两个山顶间形如马鞍状的低凹部分，叫鞍部。图上是用表示山谷和山背的两组对称的等高线表示的。

山脊：由若干山顶、鞍部相连所形成的凸棱部分，叫山脊。山脊的最高棱线，叫山脊线。图上山脊是由若干表示山顶和鞍部的等高线连贯起来表示的。

2．地貌符号

地貌符号用于表示等高线无法显示的地貌，如变形地、山隘、岩峰、露岩地等。由于这类地貌的形态复杂多变，用等高线无法逼真形象地反映出地形的全貌，因此必须采用特殊地貌符号。地貌符号主要有三种：微型地貌符号、变形地符号、土质特征符号。

（三）高程、起伏和坡度的判定

1．高程、高差的判定

高程判定：判定点的高程，应先在判定的点附近找到高程标记，然后根据等高距推算。

当判定的点在等高线上时，该条等高线的高程，就是该点的高程。

当判定的点在两条等高线之间时，应先查出相邻两条等高线的高程，再按其所在位置估计。

当判定的点在山顶，而山顶又无间曲线或助曲线表示时，应先判明最高一条等高线的高程（如是鞍部则应先判明较低的一条等高线的高程），通常再加上半个等高距的米数。

高差判断：判定两点间的高差时，首先要判明两点的高程，将两点的高程相减，即得两点的高差。

2．起伏判定

在地图上判定战斗行动区域或运动方向上的起伏状况时，首先应根据等高线的疏密概况，河流的位置和流向，找出各山脊的分布状况和地形总的下降方向，再具体明确山顶、鞍部、山脊、山谷的分布，详细判明起伏状况。通常，当等高线在河流一侧时，靠近河流的等高线表示下坡方向，反之为上坡方向；当等高线横穿河流时，上游的等高线表示上坡方向，反之为下坡方向。

3．坡度判定

用坡度尺量：地形图南图廓的下方绘有坡度尺。当量取某段道路的坡度时，先用两脚规（或纸条）量取图上两条等高线间的宽度，然后移到坡度尺第一条曲线与底线间的纵方向上比量，找到与其等长的垂直线，即可读出相应的坡度。如几条首曲线的间隔大致相等，可一次量取 2～6 条等高线的间隔。量取几条等高线，就在坡度尺上相应的曲线上比几条，然后读出相应的坡度。

根据等高线间隔计算：地形图如果采用统一规定的等高距，当两条相邻的首曲线的间隔为 1 毫米时，则相应现地的坡度约为 12 度。如果间隔大于或小于 1 毫米，只要用间隔的毫米数除 12 度就可以得出实地坡度。例如，相邻两条首曲线的间隔为 2 毫米，则坡度为 6 度。但若坡度超过 30 度时，则因估算误差较大，不宜采用此法。

第三节　现地使用地形图

一、方位判定

（一）利用指北针判定

判定方位时，先将指北针放平，待磁针静止后，磁针涂有荧光粉的一端所指的方向，就是北方。如果面朝北，则背后是南，右边是东，左边是西。使用指北针前，应检查磁针是否灵敏。使用时，应避免靠近高压线和钢铁物体，在磁铁矿区和磁力异常地区不能使用。

（二）利用太阳和时表判定

一般说来，在当地时间 6 时左右，太阳在东方，12 时在正南方，18 时左右在西方。根据这一规律，便可概略地判定方位。如带有手表，可利用太阳和手表判定方位。判定的要领是：时数折半对太阳，"12" 指的是北方。如在北京上午 9 时判定方位时，先将手表放平，以时针所指时数（每日以 24 小时计算）折半的位置，即以 4 时 30 分对向太阳，表盘刻度 "12" 所指的方向就是北方。为便于判定，可在时数折半的位置上竖一细针或草棍，使针影通过表盘中心。

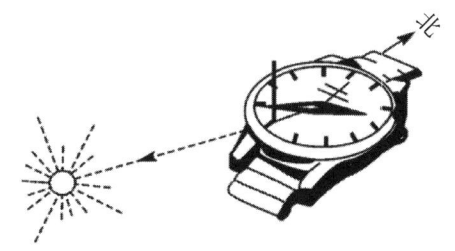

利用太阳和手表判定方位

北京时间是东经 120° 经线的地方时，在远离东经 120° 的地区判定方位时，应将北京时间换算为当地时间，即以东经 120° 为准，每向东 15°，将北京时间加上 1 小时，每向西

15°，减去1小时。如在新疆塔城地区（东经83°）上午12时判定方位时，应减去2小时30分，即当地时间为9时30分，以4时45分对向太阳，"12"所指的方向就是北方。

在北回归线以南地区，夏季中午时间太阳偏于天顶以北，不宜采用上述方法。

（三）利用北极星判定

北极星是正北方天空的一颗恒星，夜间找到北极星，就找到了北方。北极星的位置可根据大熊星座或仙后星座寻找。北极星位于小熊星座的尾端，它和大熊星座（俗称北斗七星）、仙后星座（又叫W星座）的关系位置，如下图所示。大熊星座主要由7颗明亮的星组成，形状像一把勺子，将勺端两星（叫指极星）的连线向勺口方向延长，约在两星间隔的5倍处，有一颗较亮的星就是北极星。仙后星座主要由5颗明亮的星组成，在缺口方向约为缺口宽度的两倍处，就可找到北极星。

北极星的高度大约与当地的纬度相等。在北纬40°以北地区，全年可以看到大熊星座和仙后星座，以南地区，有时只能看到其中的一个星座，另一个则移到地平线以下。

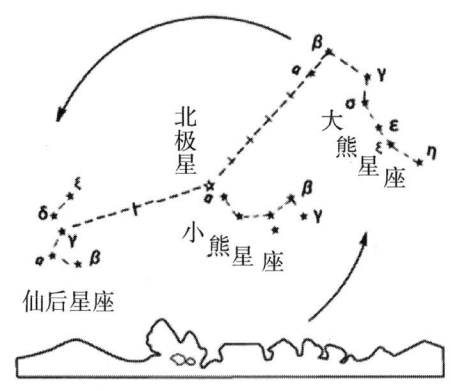

利用北极星判定方位

（四）利用地物特征判定

有些地物由于受阳光、气候等自然条件的影响，形成了某种特征，可用来概略地判定方位。

独立大树，通常南面的枝叶较茂密，树皮较光滑；北面的枝叶较稀疏，树皮较粗糙。独立大树的树桩年轮，通常北面的间隔小，南面的间隔大。

突出地面的物体，如土堆、土堤、田埂和建筑物等，通常南面干燥，青草茂密，冬季雪融化较快；北面潮湿，易生青苔，冬季雪融化较慢。凹陷物体如土坑、沟渠以及林中空地的特征则相反。

我国北方较大庙宇的正门，农村房屋的门窗多向南开。

我国幅员辽阔，各地区有其不同的特征。例如，内蒙古高原冬季因受西北风的作用，山的西北坡积雪较少，东南坡积雪较多；而在新月形沙丘地区，地面比较平坦，风向比较稳定，沙丘受风力的作用，顺着风向伸展，朝风的一面坡度较缓，背风的一面坡度较陡；

草原上的蒙古包门多朝向东南。因此，利用地物特征判定方位时，应多种方法结合运用，并注意调查当地的特殊规律，以避免错误。

二、地图与现地对照

（一）标定地图

标定地图，就是使地图的方位和现地的方位一致。标定的方法有：

1. 利用指北针标定

用指北针标定地图，一般按磁子午线标定。地形图的南、北内图廓线，分别绘有一小圆圈，分别注记磁北和磁南，虚线连接，这两点的连线就是磁子午线。标定时，先使指北针的指标归零，"北"字朝向北廓，直尺边切于子午线，转动地图，使磁针北端对准"北"字，地图即已标定。

2. 利用直长地物标定

当站在直长地物（如道路、土堤、河渠）时，可先在图上找到这段地物符号，将图平放转动地图，并对照两侧地形，使图上和现地直长地物的方位一致，地图即已标定。

3. 利用明显地形标定

先确定站立点在图上的位置，再选定图上和现在地都有的远方明显地形点（如山顶、独立地物等），平放地图，并将直尺边切于图上站立点和该地形点上，转动地图，使远方地物符号在前，通过直尺边瞄准现地明显地形点，地图即已标定。

4. 利用北极星标定

夜间可利用北极星标定地图。面向北极星，使地图的上方概略朝北，然后转动地图，使东（西）图廓线（即真子午线）对准北极星，地图即已标定。

（二）确定站立点

确定站立点就是确定站立点在地形图上的位置，以达到正确使用地图，实施战斗行动的目的。主要方法如下：

1. 利用明显地形点确定

当站立点在明显的地形点（如山顶、鞍部、桥梁、岔路口等）上时，从图上找出该地形点的符号，即是站立点在图上的位置。

当站立点在明显地形点的近旁时，可先标定地图，对照周围明显的地形细部，找出其与站立点的关系位置，即可判定站立点在图上的位置。

2. 截线法、垂直线法、叠标线法

沿直长地物（如直长的路段、土堤、河渠等）行进时，可采用以下方法确定站立点。

截线法：先标定地图，在直长地物的一侧选定图上和现地都有的明显地形点，将直尺

边紧靠地形符号定位点（最好在定位点插一细针），转动直尺向现地明显地形点瞄准，并绘方向线。该方向线与直长地物符号的交点，即为站立点在图上的位置。

垂直线法：当明显地形点与站立点的连线正好垂直于直长地物时，不用标定地图，在地图上通过相应的地形符号的定位点直长地物符号画垂线，其交点即为站立点在图上的位置。

叠标线法：如现地有两个明显地形点和站立点正好在一直线上时，不用标定地图，在地图上通过两个相应的地形符号绘一方向线与线状地物相交，其交点即为站立点在图上的位置。

3. 后方交会

后方交会法是在站立点附近无明显地形点时所采用的一种方法。首先标定地图，选择图上和实地都有的两个明显地形点，在图上一个地形点插上一根细针，将直尺边靠针转动，瞄准实地相应的地形点，并向后描画方向线；再用同样的方法瞄准另一个地形点，并向后描画方向线，图上两方向线的交点就是站立点的位置。但应注意，角度小于30度或大于150度时，精确度较差。

（三）确定目标点

1. 目测法

当目标点在明显地形点上时，从图上找出该明显地形点，即为目标点在图上的位置。当目标点在明显地形点附近时，应先标定地图，在图上找出该明显地形点，再根据目标与明显地形点的方位、距离和高差等关系，目测判定目标点在图上的位置。

2. 光线法

当目标较多，其附近没有明显地形点时，多采用光线法来确定目标点在图上的位置。其方法是：

第一，标定地图。

第二，确定站立点在图上的位置。

第三，向目标瞄画方向线。其方法是，先将指北针直尺边切于图上的站立点（可插细针），再向现地各目标瞄准，并向前画方向线。

第四，目测站立点至目标点距离，并根据距离按地图比例尺在各方向线上截取相应目标的图上位置。不易目测距离时，也可通过分析地形层次，或目标点与附近地形的关系位置，在方向线上目测判定目标点的图上位置。

3. 前方交会法

当目标点较远而附近又无明显地形点时，可采用前方交会法确定目标点在图上的位置。其方法是：

第一，选定现地与图上都有的2~3个明显地形点，如1、2点作为站立点。

第二，在第一点上先标定地图，确定该点图上位置并插一细针；再以指北针直尺边紧靠细针向现地目标点瞄准，并向前画方向线。

第三，以同样的方法在第二点上瞄画方向线，两线的交点就是目标点在图上位置。

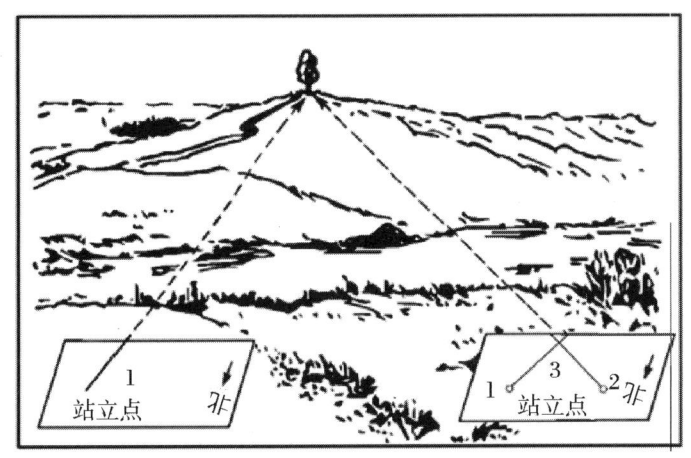

前方交会法判定目标点

(四) 现地对照地形

地图与现地对照，就是通过作业使图上的各种地形符号找到其相应的实地位置。现地对照通常是在标定地图和在图上确定站立点的基础上进行的。

对照的顺序是：先主要方向，后次要方向；由右至左（或由左至右）；由远至近；先由地图到现地，再从现地到地图；先对照大而明显的地物、地貌，再以此为骨干，以大带小，由点到面，逐段分片地对照细部地形。

对照平原地形时，可先对照主要的道路、河流、居民地和高大突出的建筑物，再根据地物分布规律和关系位置，逐点分片地进行对照。

对照山地和丘陵地的地形时，可根据山脉的走向，先对照大而明显的山顶、山脊、谷地；然后顺着山脊、谷地的走向具体对照山顶、鞍部、山脊、山谷等地形细部。

在山岳丛林地，由于通视不良，对照地形时，应尽量选择在地势较高的地形点或攀登到便于通视的大树上进行对照。对照过程中还应勤走动，多查附近的地形特征，并根据关系位置，准确判明图上和现地的地形。

如果地形复杂或通视不良时，应变换对照位置或登高观察对照。某些目标不易判定时，可用指北针的直尺切于图上站立点和所要对照的目标，依方向和距离判定该目标的具体位置。

由于地形图的测制总是跟不上建设的发展，因而同现地地形有一定差距。一般规律是：地物变化大，地貌变化小；交通枢纽和工矿区地形变化大，偏僻地区地形变化小；城

镇、大村扩大，深山小村减少；公路、桥梁、水库、水渠增多，庙宇、坟地减少。所以，现地对照地形，还应根据现地地形的变化规律，仔细分析，找出哪些是变化的地形，哪些是不变的地形，从而得出正确的结论。

三、按地图行进

按地图行进就是利用地形图选定的路线，在现地对照地形行进。它是保障部队行动自如、夺取有利战机的一个重要方法。

（一）行进前的准备

行进前必须认真仔细地进行图上作业，切实做到一标、二量、三熟记。

1. 一标

一标，就是根据任务、敌情、地形及部队装备等情况，在地形图上研究选定行进路线，并将行进路线、沿途方位物，如岔路口、转弯点、居民地进出口等标绘在地形图上。

2. 二量

二量，就是量算行进路线上各段里程，计算行进时间，并注记在图上。量算起伏较大地区的行进路线时，要考虑坡度对行进速度的影响，并应依据季节、天候、土质、植被等对行进可能造成的影响，考虑行进速度。

3. 三熟记

三熟记，就是熟记行进路线。一般按行进的顺序，把每段的里程，经过的居民地、两侧方位物和地形特征，特别是道路转弯处，岔路口和居民地进出口附近的方位物及地形特征等都要熟记在脑子里，做到心中有数。

如时间和条件允许时，还应调查通行情况，如前进路上的水库、水渠、道路、桥梁、渡口等有无变化，确定保障措施。

（二）行进要领

行进时要做到"三明"，即方向明、路线明、位置明。无论是沿道路行进或越野行进，都要先在出发点上标定地图，对照地形，明确行进的路线和方向，然后计时出发。行进中，要随时标定地图，对照地形，做到"人在实地上走，心在图中移"，随时明确站立点的图上位置。当遇有怀疑时，则应精确标定地图，找出站立点在图上的位置，仔细对照周围地形，全面分析地形有无变化，待判明后再继续前进。

第四节　方位角及其应用

一、方位角与偏角

（一）方位角

从某点的指北方向线起，依顺时针方向到目标方向线之间的水平夹角，叫方位角。

由于每点都有真北、磁北和坐标纵线北三种不同的指北方向线，因此，从某点到某一目标，就有三种不同的方位角。

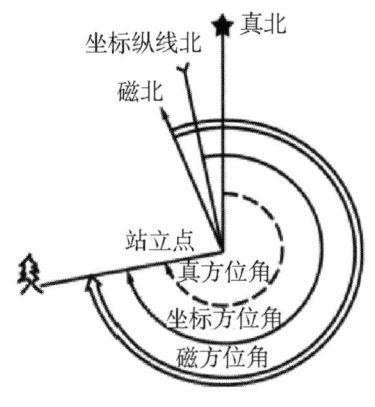

方位角的种类

1. 真方位角

某点指向北极的方向线叫真北方向线，即经线，也叫真子午线。从某点的真北方向线起，依顺时针方向到目标方向线间的水平夹角，叫该点的真方位，通常在精密测量中使用。

2. 坐标方位角

从某点的坐标纵线北起，依顺时针方向到目标方向线间的水平夹角，叫该点的坐标方位角，炮兵一般使用较多，它不仅便于从图上量取，还可换算为磁方位角在现地使用。

3. 磁方位角

某点指向磁北极的方向线叫磁北方向线，也叫磁子午线。在地形图南、北图廓上的磁南、磁北两点间的连线，为该图的磁子午线。从某点的磁北方向线起，依顺时针方向到目标方向线间的水平夹角，叫该点的磁方位角。

（二）偏角

由于真子午线、磁子午线、坐标纵线（简称三北方向线）三者方向不一致，所构成的水平夹角，叫偏角。

1. 磁偏角

某点的磁子午线与真子午线间的夹角,叫磁偏角。磁子午线在真子午线以东的为东偏,在真子午线以西的为西偏。它随时间和地点的不同而变化。

2. 坐标纵线偏角

某点的坐标纵线与真子午线间的水平夹角,叫坐标纵线偏角,又叫子午线收敛角。坐标纵线在真子午线以东的为东偏,在真子午线以西的为西偏。在同一高斯投影带内,距中央经线和赤道愈近,偏角愈小,反之偏角愈大,但最大的偏角不超过3度。

3. 磁坐偏角

某点的磁子午线与坐标纵线间的水平夹角,叫磁坐偏角。磁子午线在坐标纵线以东的为东偏,在坐标纵线以西的为西偏。它有时为磁偏角和坐标纵线偏角值之和,有时为两者之差。为便于计算,上述三种偏角,都以东偏为正,西偏为负。在地形图南图廓的下方,均绘有偏角图。

(三) 方位角的量度及换算

1. 在地图上量读坐标方位角

在量取某点至目标点的坐标方位角时,先将该点和目标点连成直线,使其与坐标纵线相交(若两点在同一方格内,可延长直线)。然后,用量角器按方位角的定义量读。如下图所示,71.4三角点至162.6高程点的坐标方位角为:17-40(即1740密位)。

当坐标方位角大于30-00时,应将量角器放在坐标纵线的左边,使零分划朝南,再将读出的密位数加上30-00,即为所求的坐标方位角。

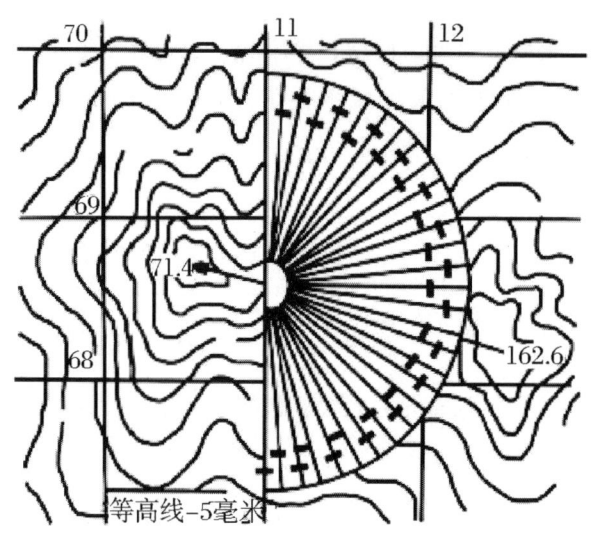

坐标方位角量读

2. 在地图上量读磁方位角

磁方位角通常用指北针量取，如下图所示，量度李家至虹山磁方位角方法如下：

首先，在地形图上，将出发点至目标点两点之间连一直线。

其次，标定地图。标定时，先将指北针的直尺边切于磁子午线，并使准星的一端朝向地图上方；然后转动地图，使磁针北端对准指标，地图即已标定。

最后，不动地图，再将指北针直尺切于出发点至目标点两点的连线上，并使准星朝向目标方向，待磁针静止后，其磁针北端所指的密位数 4–54，即为李家至虹山磁方位角。

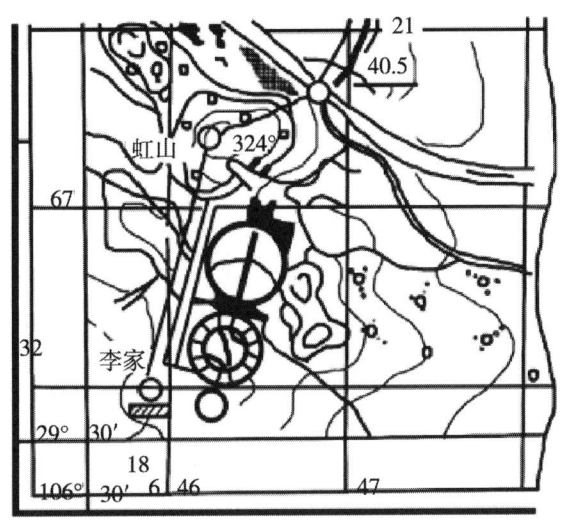

磁方位角量读

3. 坐标方位角和磁方位角的换算

求坐标方位角：当磁方位角已知时，可按下式计算：

坐标方位角 = 磁方位角 +（磁坐偏角）。

求磁方位角：当坐标方位角已知时，可按下式计算：

磁方位角 = 坐标方位角 –（磁坐偏角）。

式中的磁坐偏角值可在地图下方的偏角图中查取。计算中，当两个角度相加大于 60–00 时，应减去 60–00；若小角度减大角度时，应加上 60–00，再与大角度相减。

二、磁方位角交会法确定站立点

在丛林地区使用地图，四周不能通视，可采用磁方位角交会法确定站立点在图上的位置。

第一，先攀登到便于向远方通视的大树上，选定图上和现地都有的远方两个明显地形点，用指北针分别测出至该两个地形点的磁方位角。

第二，在树下近旁标定地图，将指北针的直尺分别切于图上被瞄准的两个地形点符号定位点上，转动指北针，使磁针北端指向所测相应的磁方位角分划，并描绘方向线，两方向线的交点，就是站立点在图上的位置。

确定站立点时应注意：

第一，不论采取何种方法确定站立点，均应首先仔细分析研究站立点周围的地形，防止判错点位，用错目标。

第二，选择地形点作已知点时，图上位置要准确。

第三，标定地图后，在定点过程中，地图方位不能变动，并应注意检查。

采用交会法时，为提高交会点的准确性，两方向线的交角一般不要小于30度或大于150度，在条件允许时，最好再用第三条方向线或其他方法进行检查。

三、按方位角行进

按方位角行进就是在地形图上预先选定行进路线，利用指北针等工具测定行进方向上各转折点的磁方位角和距离而实施的行进方法。通常在缺少方位物的沙漠、草原、山林地等地形上，或在浓雾、大风雪等不良天候和夜间视度不良的条件下行进时采用。

（一）行进资料的准备

1. 在地图上选择行进路线

根据任务、敌情和地形情况选定，一般应选择在地貌起伏不大，障碍较少，特征明显的地段。路线的各转弯点，应有便于观察和识别的明显方位物，如突出树、土堆、岔路口、桥梁等。为防止行进时方位偏差过大，要求各转弯点间的距离在1000米左右，平原地区可远一些，山区和夜间则应近些。

2. 量测方位角和距离

在图上绘出各转弯点之间的连线，测定各段的磁方位角，同时量出各段距离，并换算成复步数或行进时间。换算公式为：复步数 = 实地距离（米数）÷复步长（约1.5米）；行进时间 = 实地距离（米数）÷行进速度（白天70米/分钟，夜间50米/分钟）。

3. 绘制行进路线图

路线图可直接在地图上标绘，即在各段方向线一侧注记行进路线的资料。也可以绘制成略图。略图可按比例尺绘制，也可不按比例尺绘制。绘制略图时，先将出发点、转弯点、终点等附近的主要地形和方位物标绘出来，再把各转弯点按行进顺序依次编号，最后注记各段磁方位角和行进距离或行进时间。然后根据略图或地图熟悉沿线地形，做到心中有图。

（二）行进要领

1. 在出发点上

部队在出发前，首先依据行进资料在现地找到出发点的准确位置，查明到达下一点的磁方位角、距离和时间，并记住沿途经过的重要地形和下一点的地形及方位物特征；然后打开指北针，使磁针北端指向下一点的方位角密位数。这时，由照门至准星的方向就是行进方向；在该方向线上寻找预定的方位物（如看不见时，可在该方向线上选择辅助方位物），并按此方向行进。行进一般是越野照直行进，也可记准方向，选择便于通过的道路走到该点。

2. 行进中

行进中要随时根据地图或记忆，对照地形，用指北针检查行进方向，记清走过的复步数或行进时间。如到达辅助方位物后，仍看不见第二点的方位物时，则按原磁方位角再选一辅助方位物，继续前进，直至到达第二点为止。若在起伏较大的地段上行进时，要注意调整步幅。

3. 在转弯点上

当快到达第二点时，应特别注意该转弯点方位物的特征和周围的地形情况，以找到转弯点的确实位置。当走完预定距离，仍未找到转弯点的方位物时，可在这段距离 1/10 为半径的范围内寻找。如仍找不到，应仔细分析原因，或者利用反方位角向第一点瞄准，进行检查，反复对照，直至找到该点。到达第二点方位物后，仍按出发时的要领，再向下一点前进，依此方法逐段前进，直到终点。行进中遇到障碍时，一般可在行进方向上的前方选一辅助方位物，目测至该点的距离，绕过障碍物到达辅助方位物后，仍按原方向继续行进。

（三）夜间按方位角行进应注意的事项

1. 行进的特点与准备工作

夜间行进的特点是：视度不良，观察不便，地形重叠，远近不分，高低难辨，地图与现地对照困难，行进容易迷失方向。因此，行进前除一般准备外，还应特别注意下列几点：

第一，行进路线各转弯点间的距离应适当短些。方位物应选明显高大、透空、发光的物体，如行进道路上的岔路口、桥梁或者临近路旁的高大突出目标，透空可见的山顶、鞍部等，数量要多一些，需要时还应测出各转折点间的磁方位角，并标注于图上。

第二，对沿路地形特征，方位物的特点和有关名称等，更要熟记。同时，照明联络器材（如手电、白毛巾等）和联络信号，都要事先做好准备与规定。

2. 行进要领与注意的问题

夜间一般多采用按地图与方位角相结合的方法行进。

第一，在出发点上，要仔细标定地图，对照地形，确定出发点的图上位置，明确行进方向，记录出发时间，并注意利用指北针上的夜光标志保持行进方向。

第二，行进中，要做到多找点，勤观察，勤对照，及时确定站立点位置，明确行进方向。

第三，要严格按照预定的路线行进，切不可贪走捷径，以防迷路；凡是经过的地方，要留心记下主要特征，以便万一迷失方向走错了路，也好按原路返回到发生错误的地方，查明原因，找准正确路线后，再继续前进。

第四，要注意掌握行进速度和时间，必要时，可根据行进速度、时间判断到达的地点。

第五，夜间行进时应尽量避开穿行居民地，若必须穿过居民地时，在进出口处要仔细判读，认真分析，切勿弄错方向、走错路。

水淹七军

建安二十四年（公元219年）七月，关羽在安排好南郡太守糜芳守江陵，将军傅士仁守公安之后，觉得后方没有什么问题了，于是就率驻扎在江陵的大部分荆州军队，浩浩荡荡地向襄阳、樊城进发，很快将襄阳、樊城分别包围起来。

当时关羽主攻的是樊城，樊城守将曹仁抵挡不住关羽军队的进攻，一方面坚守在樊城不出战，另一方面连连向曹操告急求援。

曹操在长安除了指使曹仁拒守樊城不能弃城之外，又急忙派遣左将军于禁、立义将军庞德前去樊城援助曹仁，抵御关羽军队的进攻。

由于关羽长期征战在荆襄地区，了解当地的地理环境和气候条件。他看到曹军秋季错误地驻扎在低洼地区，于是就命令荆州军造大船，并调水军集结待命。

秋八月，时逢大连阴雨连续下了10多天，汉水暴涨溢岸，大水沿着汉江故道河床低洼地带分三路涌向罾口川、鏖战岗、余家岗到团山铺一带；再加上唐河、白河、小清河及西北的普沱沟、黄龙沟、黑龙沟等地的山洪暴发之水，使罾口川、鏖战岗、余家岗、团山铺等区域内的水平地五六丈深，于禁等七军皆被大水淹没。

于禁与诸将登高望水，一片汪洋，无处躲避。他只好与庞德等将领上堤避水。这时，关羽命令他的水军乘船猛烈攻击被大水所围困的曹军，并在大船上向曹军避水的堤上射箭，曹军死伤落水被俘者甚多。在全军覆没的窘迫情况下，于禁被迫向关羽投降，而庞德却顽强抵抗，终被擒住，拒不投降，遂为关羽所杀。

在《三国演义》中，水淹七军是非常著名的一次战斗，反映的则是关羽除勇武外，指挥作战能力也很强。

 思考题

1. 山地对军队战斗行动有哪些影响？
2. 地物符号的图形，依其形状有哪些特点？
3. 简要介绍等高线显示地貌的特点。

第八章 战术基础与综合训练

第一节 战术基础

一、战术基本原则

战术原则是指从军事活动的规律中抽象出来的指导战斗的准则,是军队战斗行动的依据和指南。中国人民解放军在长期的革命战争中,吸取了古今中外战术上有益的内容,总结了自己的作战经验,形成了一套战术原则。

(一) 知彼知己,正确指挥

知彼知己,正确指挥,就是熟悉敌情、我情和战场环境等多方面的情况,通过周密细致地综合分析和判断,找出优劣,权衡利弊,并在此基础上审时度势,找出克敌制胜的方法,实施正确灵活的指挥。"知彼",就是全面掌握敌人的情况,对敌情了如指掌,这是掌握战斗主动权和实施正确指挥的前提。"知己",则是要掌握己方的各种情况,这对实施正确指挥同样十分重要。因此,指挥员必须周密组织并亲自进行实地侦察、勘察,切实查明敌情和战斗地区的地形、气象、水文、社会等情况,判明敌人的战斗能力、特点、行动规律、强点和弱点,分析战场环境对敌我双方战斗行动的影响。

(二) 消灭敌人,保存自己

消灭敌人,保存自己,是一切战斗的基本目的,也是一切战斗行动的着眼点和出发点。它普及于所有的战斗样式,贯穿于战斗的始终。分队战斗必须确立积极坚决歼敌的思想,充分运用技术和战术,积极主动地打击和消灭敌人,决不允许以保存自己为借口而消极避战;要善于利用地形、阵地等条件,采取各种防护措施,尽量减少损失,力求以小的代价换取大的胜利。

（三）集中力量，重点打击

集中力量，重点打击，是我军以劣势装备战胜优势装备敌人的传统战法，是克敌制胜的根本法则。无论进攻或者防御，都应当集中主要兵力、火力和战斗器材，在同一时间内重点打击一个主要目标，首先打击或者消灭当面之敌的一部分，钳制其另一部分，然后再转移兵力、火力和战斗器材，各个歼灭敌人。集中力量，重点打击，必须将战斗力量强的分队、最有效的火力和主要战斗器材，集中使用于主要方向，打击主要目标，并给予较多的加强，以形成对敌优势，或者能够有效地抗击敌人主要攻击所必需的兵力、火力密度。

（四）充分准备，快速反应

充分准备，快速反应，是战斗胜利的基本条件。实践证明，战斗准备的程度将直接影响战斗的进程和结果，而部队迅速、突然的行动可以使战斗力倍增。分队必须在精神、物质和组织上随时保持戒备，及时预见可能发生的情况，预先计划，预先多做准备，特别是在复杂、困难情况下的战斗行动准备；接到上级号令后，科学计算和分配时间，突出重点，分工负责，迅速完成准备，不失时机地对突然情况作出反应。紧急情况下，应当边行动边准备，以弥补战前准备的不足，不得借口准备不足而贻误战机。

（五）隐蔽突然，出其不意

隐蔽突然，出其不意，就是在敌人意想不到的时间、地点，运用敌人意想不到的战法和手段给敌人以意想不到的打击。这是夺取和保持战斗主动权的重要方法，是积极创造和捕捉战机，夺取战斗胜利的重要条件。为最大限度地保证行动的突然性，分队的一切行动必须力求迅速、隐蔽，队形尽量疏散，以降低敌方各种侦察手段的发现率，减少敌方各种兵器的杀伤率；在需要的时间和地点，迅速、隐蔽、突然地集中力量，出其不意地给敌方以猛烈打击，力求在敌人作出有效反应之前速战速决。

（六）灵活机动，因势制敌

灵活机动，因势制敌，是夺取和保持战斗主动权的重要方法。战斗中，分队必须及时发现和利用敌人的弱点和错误，灵活、积极、大胆地实施穿插、迂回、包围、渗透、转移等兵力机动，适时实施火力机动，不失时机地对敌方重要目标实施坚决的兵力突击和火力打击，并使火力、突击与机动紧密结合，以争取战斗的主动权；需要时，应当根据战场实际情况，主动从敌人的打击下撤出分队，及时转移至有利于完成任务的位置和灵活变换战法，以摆脱被动地组织兵力和火力机动；必须根据任务、敌情、我情、地形、气象等情况，合理选择兵力、火力机动的时机、目标、方式和方法；灵活把握各种战法的结合和转换；迅速、隐蔽地组织突然行动，并采取各种保障措施。

（七）密切协同，主动配合

战争经验表明，作战的胜负不仅取决于敌我双方力量的对比，而且取决于双方力量的

使用和整体功能的综合发挥。因此，充分发挥参战的诸军兵种和各分队的协同战斗的整体威力，以整个战斗系统的合力打击敌人，对夺取战斗的胜利具有重要的意义。高技术条件下的合同战斗，参加战斗的军兵种越来越多、武器装备越来越复杂，要形成强大的整体威力，指挥员必须将建制的、配属的以及支援的各种力量合理编组，使之形成真正的合力。同时，参加战斗的各分队应充分发挥各自的积极性和主动性，既要善于根据上级的战斗意图独立自主地完成任务，又要积极主动地配合和支援友邻战斗，这对保持不间断协同动作、夺取战斗的胜利更具有特殊的意义。

（八）全面保障，突出重点

全面而有重点地组织战斗保障、后勤保障和装备保障，是顺利实施和夺取战斗胜利的重要保证。高技术条件下的战斗，战场空间扩大，武器杀伤破坏力增强，物资器材消耗巨大，各种保障任务艰巨。因此，严密组织好各种保障，才能保障部队有持续的战斗能力。战斗保障，通常包括侦察、警戒、通信、电子防御、工程、伪装、气象、水文以及对核、化、生武器袭击的防护等。后勤保障，主要包括经费保障、物资保障、卫生保障和交通运输保障等。装备保障，主要包括对武器装备及其零部件的供应、保养、检查、维修和改装等。

二、单兵战术动作

单兵战术动作是战士在战斗中的具体行动，是分队战术的基础。战士要想在战场上有效地躲避敌人的火力杀伤并消灭敌人，就必须熟练掌握和灵活地应用战术的基础动作。

（一）基础动作

基础动作是指单兵在作战中采用的基本姿势和运动方法，是单兵进行战斗的基本技能。熟练掌握单兵的基础动作，是正确利用地形、迅速隐蔽行动的前提。下面主要介绍几种最基本的单兵战术动作。

1. 持枪

持枪，是指士兵在战斗中携带枪支的动作和方法。持枪时要做到：便于运动，便于卧倒，便于观察，便于射击。在不同的地形和距离条件下，士兵根据敌情和任务可灵活采用不同的持枪动作。

单手持枪：右臂微屈，右手虎口正对上护木握枪（背带上挑压于拇指下），用五指的握力将枪身固定，枪身轴线与地面略成 45 度，枪身距身体约 10 厘米。左臂自然下垂，运动时自然摆动。持用轻机枪和火箭筒时，右手握提把，右大臂轻贴身体，运动时随身体自然运动。

单手擎枪：右手正握握把，食指微接扳机，将枪置于身体的右侧，枪口向上，机匣盖

末端贴于肩窝，枪身微向前倾，枪面向后，右大臂里合，枪托贴于右胁（枪托折叠时除外），背带自然下垂，目视前方，左手自然下垂或攀扶，运动时自然摆动。

双手持枪：左手托握下护木或握弹匣弯曲部，右手握握把，食指微接扳机，将枪身置于胸前，枪口向前，枪身略成水平，背带自然下垂或挂在后颈上。

双手擎枪：在单手擎枪基础上，左手托握下护木或弹匣弯曲部，枪身略低，枪口对向前上方，背带自然下垂或压于左手下，身体与射向略成30度。

2．卧倒

在战场上，士兵突遭敌人火力袭（射）击时，应迅速卧倒，防止被火力杀伤。卧倒分三种基本动作：双手持枪卧倒、单手持枪卧倒和徒手卧倒。

双手持枪卧倒时，左脚向前一步，上体前倾，重心前移，按左膝、左肘、左小臂的顺序着地，然后转体，在全身伏地的同时两手协力将枪向目标方向送出。地面松软时也可按双膝、双肘、腹部的顺序扑地卧倒。

单手持枪卧倒时，左脚（也可右脚）向前迈出一大步，同时身体前倾，按手、膝、肘的顺序侧卧，右手同时将枪向目标方向送出，左手接握下护木或弹匣弯曲部，全身伏地据枪射击。

徒手卧倒时的动作与单手持枪卧倒动作基本相同，卧倒后，两手掌心向下放置于头部的两侧或交叉于胸前，两腿自然伸直和分开。

3．起立

双手持枪起立时，应首先观察前方情况，尔后两小臂撑地迅速收腹、提臀，用肘、膝支起身体，左脚先上步，右脚顺势跟进，双手持枪继续前进。

单手持枪起立时，右手移握上护木收枪，同时左腿、左小臂屈回并侧身，而后用臂、腿、膝的协力撑起身体，右脚向前一大步，左脚顺势跟进，继续携枪前进。

徒手起立时，按单手持枪的动作进行。也可双手撑起身体，同时左（右）脚向前迈步起立，而后继续前进。

（二）敌火下运动的姿势和方法

战士在敌火下运动时，应根据敌情、任务、地形情况，采取不同的运动姿势和方法，正确处置各种情况，迅速隐蔽地实施机动。

1．直身前进

直身前进是在距敌较远，地形隐蔽，敌人观察、射击不到时采用。其要领是：目视前方，右手持枪（筒），大步或快步前进。

2．屈身前进

屈身前进是在遮蔽物略低于人体时采用。屈身动作程度视遮蔽物的高低而定。其要领是：目视前方，右手持枪（筒），上体前倾，头部不要高出遮蔽物，两腿弯曲，大步或快步前进。

屈身前进是战场上拒敌最常用的一种运动动作，可分为慢进和快进两种姿势。

屈身慢进，通常是在距敌较远，有超过人身高或超过大部分人身高的遮蔽物，以及敌情不明或敌火威胁不大的情况下采用。运动时，通常是双手持枪（也可单手持枪），上体前倾，两腿弯曲，屈身程度视遮蔽物的遮蔽程度而定，头部一般不可高出遮蔽物。前进时，注意观察敌情，保持正常速度前进。

屈身快进（也可称跃进），通常是在距敌较近，通过开阔地或敌火力控制区时采用。快进前，应先观察敌情和地形，选择好路线和暂停位置，而后起立快速前进。运动中，通常是单手持枪（也可双手持枪），枪口朝向前上方，并注意继续观察敌情。前进距离以15～30米为宜。当进至暂停位置或运动中遇到敌人火力威胁时，应迅速就地隐蔽或卧倒，做好射击或继续前进的准备。

3. 匍匐前进

士兵在敌人火力威胁较大、自身处于卧倒状态下，如发现近处（10米以内）有地形和遮蔽物可利用时，可采用匍匐前进的运动姿势向其靠近。根据地形和遮蔽物的高低，匍匐前进又分为低姿匍匐、侧身匍匐和高姿匍匐三种姿势。

低姿匍匐是身体平趴于地面并降低至最低程度的运动方式，一般是在前方遮蔽物高约40厘米时采用。低姿匍匐携自动步枪的方法有两种：一种是右手掌心向上，虎口卡住机柄或握护木，五指握枪身和背带，将枪置于右小臂内侧；另一种是右手食指卡握枪背带上环处，并握枪管，余指抓背带，机柄向上，将枪置于右小臂外侧。行进时，身体正面紧贴地面，头稍微抬起，屈回右腿，伸出左手，用右脚的蹬力和左手的扒力使身体前移，然后再屈回左腿，伸出右手，用左脚的蹬力和右手的扒力使身体继续前移，依次交替前进。徒手的低姿匍匐动作与持枪的动作基本相同。

低姿匍匐

侧身匍匐是在前方的遮蔽物高约60厘米时所采用的一种运动方式，其特点是运动的速度稍快，但姿势偏高。携自动步枪运动时，右手前伸移握护木将枪收回，同时侧身，使身体左大腿外侧着地，左小臂前伸着地，左大臂支撑身体，左腿弯曲，右脚收回靠近臀部着地，以左大臂的扒力和右脚的蹬力带动身体前移。

侧身匍匐

如果前方遮蔽物高 80～100 厘米时，也可采取高姿侧身匍匐。动作是：左手和左小腿外侧着地，以左手的支撑力和右脚的蹬力使身体前移。徒手侧身匍匐动作与持枪侧身匍匐动作大体相同。

高姿侧身匍匐

高姿匍匐一般是在前方的遮蔽物高约 80 厘米时采用。持枪前进的动作是：左手握护木，右手握枪颈，将枪横托于胸前，枪口离地，用两肘和两膝支撑身体，然后，依次前移左肘和右膝、右肘和左膝，如此交替前移。有时，也可采取低姿匍匐的携枪方法。徒手高姿匍匐动作与持枪高姿匍匐动作基本相同。

高姿匍匐

无论采取哪种匍匐姿势，运动到预定位置或适当的距离，都应迅速卧倒隐蔽，视情况出枪射击。

4. 滚进

滚进是在卧倒后为避开敌人观察、射击而左右移动或通过棱线时采用。其要领是：将枪关上保险，左手握枪表尺上方，右手握枪颈附近或两手握上护木，枪面向右，顺置于胸、腹前抱紧，两臂尽量向里合，两脚腕交叉或紧紧并拢，全身用力向移动方向滚进。跃进中，也可在卧倒的同时向移动方向滚进。

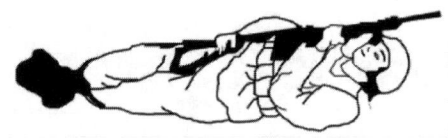

滚进

5. 沿坎运动

在壕内运动时,根据情况通常采取直身或屈身前进。需要向后转时,如左脚在前,应由右向后转,迈左脚继续前进;如右脚在前,应由左向后转,迈右脚继续前进。接近拐弯处时,应减慢速度,接近后隐蔽观察,迅速拐弯,向新的方向前进。

6. 跃进、卧倒

跃进是在敌火下迅速通过开阔地时采用的运动方法。跃进前,应先观察前方地形,选择好前进路线和暂停位置,而后迅速突然地前进。跃进时要做到跃起快、前进快、卧倒快。跃起时,右手提枪,以左手、左膝、左脚的支撑力将身体支起,同时出右脚前进。前进时,右手持枪(筒),目视敌方,屈身快跑。跃进的距离、速度应根据敌火和地形而定,敌火越猛烈,地形越开阔,跃进距离应越短,速度应越快,每次跃进距离通常为15~30米。当跃进到暂停位置或遭敌猛烈射击时,应迅速隐蔽或卧倒。卧倒时,左脚向前一大步,身体下塌,左膝稍内合,按左膝、左手、左肘的顺序着地卧倒。也可右脚向前一大步,左手撑地迅速卧倒。

(三)利用地形地物防护

1. 利用地形地物的目的和要求

利用地形地物的目的是隐蔽身体、发扬火力,只有充分发扬火力,消灭敌人,才能有效地保存自己。

利用地形地物时应做到:便于观察、射击和隐蔽身体;便于接近、占领和离开;便于防敌地面及空中火力的杀伤;不妨碍班(组)长的指挥、邻兵的动作和火器射击;避免拥挤和在某地停留过久,视情况灵活变换位置,以免增大伤亡;尽量避开独立、明显的物体和难以通行的地段。

2. 利用地形地物的方法

利用地形地物时,应根据敌情和遮蔽物的高低及形状,取适当姿势,迅速隐蔽地接近,由下而上地占领,周密细致地观察,不失时机地出枪,突然迅速地离开。

(四)对各种情况的处置

1. 遭敌机轰炸、扫射时的动作

当敌机轰炸时,战士应按上级命令快速前进,或立即利用地形隐蔽,待炸弹爆炸后继续前进,也可利用敌机投弹间隙迅速前进。当敌武装直升机发射火箭或扫射时,战士应立即利用地形隐蔽；或根据上级统一口令，抓住敌武装直升机悬停、俯冲扫射等有利时机进行对空射击。

2. 遭敌炮火袭击时的动作

战士在接敌时要随时准备防敌炮火袭击。当遭到敌零星炮火袭击时，应注意听、看并快速前进，如判断炮弹可能在附近爆炸时，应立即卧倒，待炮弹爆炸后继续前进；当遭敌猛烈炮火袭击时，应乘炮弹爆炸的间隙，利用弹坑和有利地形逐次跃进；当通过敌炮火封锁区时，战士应观察敌炮火封锁的规律，利用敌射击间隙快跑通过；如封锁区不大，也可绕过；当发现化学炮弹爆炸时，应立即穿戴防护器材，尔后快速通过。

3. 遭敌核、化学、生物武器袭击时的动作

当接到敌核武器袭击警报时，战士应根据命令，迅速隐蔽或继续前进，随时做好防护准备；当发现核爆炸闪光时，应迅速防护；冲击波一过，视情况穿戴防护器材，而后迅速前进。当接到化学袭击警报或遭敌化学袭击时，战士应立即穿戴防护器材，或利用就便器材进行防护；如遇敌染毒地段时，应穿戴防护器材迅速通过，或根据指示绕过。当敌对我施放生物战剂气溶胶时，战士应戴防毒面具或戴简易防护口罩、自制防护眼镜、风镜等，做好对呼吸道、面部和眼睛的防护；如敌投掷带落媒介物时，应戴手套、穿靴套、披上斗篷或穿上雨衣，扎紧袖口、领口、裤脚口，以防生物战剂气溶胶污染和带菌昆虫叮咬皮肤。

4. 遇敌雷区、定时炸弹、电子侦察器材时的动作

遇敌雷区和定时炸弹时，战士应迅速报告上级并进行标示，按照班（组）长的口令排除或绕过；对敌设置（投放）的电子侦察器材，应迅速排除。排除时，应先查明是否设置有爆炸物，而后视情况将其排除或炸毁。

5. 与其他火器、邻兵协同的动作

战士在接敌时，要互相支援，主动协同，交替掩护前进。冲锋（步）枪手应主动以火力掩护反坦克火器和机枪的行动，并及时为其指示目标，利用其射击效果前进。必要时，让开有利的射击位置和前进路线。当邻兵前进时，应以火力掩护；邻兵受阻时，应主动以火力支援或勇猛迅速地前进；当落后于邻兵时，应迅速跟上，向最前面的战士看齐。如火箭筒（机枪）手不能继续执行战斗任务时，战士应主动接替。

（五）近迫作业

战士在敌火下运动，需要在开阔地停留时，可根据班（组）长的口令或自行近迫作业。

其要领是：卧倒后，将枪（筒）放在右侧或上方一臂之处，机柄向下，侧身取下小锹，先从一侧由前向后挖掘，将土投到前方堆成胸墙，一侧挖好后，翻身侧卧于坑内，继

续挖另一侧，直到能掩护全身为止。在土质松软的情况下，可用锹挖、手推、脚蹬的方法构筑卧射掩体。火箭筒手和机枪手，视情况正副射手可同时进行作业，也可一人射击，一人作业。作业时，姿势要低，动作要快，并不断观察敌情和班（组）长的指挥，随时准备射击或前进。

三、冲击准备与冲击

战士在冲击时，必须具有一往无前的精神，以压倒一切敌人的英雄气概，根据不同的冲击目标、地形及任务灵活地采取不同的冲击行动，勇猛冲入敌阵，坚决消灭敌人。

（一）冲击准备

战士占领冲击出发阵地后，应根据情况构筑（加修）工事，注意观察和伪装，看清冲击目标、冲击路线、通路位置，记住班（组）、自己的任务和信、记号。听到"准备冲击"的口令后，应迅速做好如下工作：装满子弹（火箭弹），准备好手榴弹和爆破器材；整理好装具，系好鞋带、扎好腰带和子弹袋，装具尽量靠后，以免妨碍冲击动作；做好跃起或跃出工事的准备，遮蔽物较高时应挖好踏脚孔。做好准备后，向班（组）长报告。报告方法："冲击准备完毕。"

（二）冲击

1. 通过通路时的动作

战士听到"冲击前进"的口令或看到冲击信号时，应迅速跃起或跃出工事，最大限度地利用我火力效果，迅猛地向指定目标冲击前进。接近通路时，应按班（组）长规定的顺序，迅速进入通路。如通路纵深较小时，应利用我炮火准备的效果，快跑通过；通路纵深较大时，应在我炮火的掩护下，分段逐次跃进通过。在通路中遇有地雷等残存障碍物时，应根据班（组）长的指示和障碍物的性质，以爆破法和破坏法进行排除，或使用就便器材克服通过。在通过通路中，战士应充分利用通路两侧边缘的有利地形和我火力掩护的效果，灵活迅速地前进。发现目标时，应及时以火力将其消灭。在通路中，机枪手可采取行进间射击，或迅速抢占通路一侧的有利地形进行射击，但射弹不得横贯通路，以免影响邻兵动作。

2. 向敌步兵冲击时的动作

战士通过通路后，进至投弹距离时，应自行或按班（组）长的口令向敌堑壕投弹，乘手榴弹爆炸的瞬间，勇猛冲入敌阵地，以抵近射击，拼刺消灭敌人，并不停地向指定目标冲击前进。

当几个敌人同时向自己逼近时，应首先消灭威胁大的敌人；当敌与友邻战士格斗时，应主动支援；如敌逃跑时，应以火力追歼。机枪手和火箭筒手应迅速抢占敌前沿的有利地形，以猛烈的火力压制、消灭敌人。

3. 沿壕搜索

进入和跃出堑壕的动作：进壕前，应仔细观察潜听，判明壕内情况，选择进入位置，根据情况灵活地采取直接跳入或支撑跳入等方法迅速进入。堑壕较深时，通常采取支撑跳入，其要领是：接近壕沿时，以一手一脚支撑壕沿，一手持枪（筒），身体下塌，面向前进方向，迅速转身跳入堑壕内；堑壕较浅时，可直接跳入，其要领是：接近壕沿时，可双手端枪或将枪顺置于胸前，以脚的弹力，迅速向搜索方向转体跳入，在脚掌着地的同时，迅速端枪或持枪搜索前进。机枪、火箭筒手也可将枪（筒）放在壕沿上，跳入后再取枪（筒）。

进入和跃出堑壕的动作

跃出堑壕时，应尽量利用掩体、踏脚孔或残缺部，视情况采取支撑跃出和直接跃出的方法。堑壕较深时，可将枪（筒）放于壕沿，用两手的支撑力和两脚的蹬力跃出堑壕，再取枪（筒）前进；堑壕较浅时，左手扒壕沿，左脚踏踏脚孔或壕壁，以左手的扒力和两脚的蹬力跃出堑壕。

壕内运动和搜索方法：进入壕内后，应先消灭附近之敌，而后迅速利用掩体或壕的拐弯处，逐段搜索前进，并与壕外战士密切协同，随时准备消灭突然出现之敌。运动时，通常端枪，前面有邻兵时也可持枪，姿势要低，脚步要轻，身体靠近壕墙一侧，耳听目视。进到拐弯处后，应利用拐弯处的内侧隐蔽身体，仔细观察，查明前方情况；通过壕的直线段时，应屈身、快跑，迅速接近下一段壕的拐弯处，避免在直线段中停留。发现敌人时，应迅速果断、先机制敌，以射击、投弹和拼刺消灭敌人，而后继续搜索前进。当沿壕内运动向敌坦克接近时，火箭筒手应不断观察壕内外及敌坦克射击情况，进到有利位置后，可利用壕沿一侧作射击依托，射击时注意筒尾高度，以防喷火烧伤；爆破手也要注意壕内搜索，待接近有利位置，迅速取下爆破器材，准备好后，突然接近将其炸毁。

四、消灭冲击之敌

战士在抗击敌人冲击时，应根据班（组）长的命令，利用工事、结合障碍，充分发挥手中武器和爆破器材的威力，坚决消灭冲击之敌。

(一) 消灭开辟道路和通过通路之敌

当敌坦克利用火力掩护,在我前沿障碍物中开辟通路时,火箭筒手应根据班(组)长的命令,隐蔽迅速地占领发射阵地或利用地形适当前出,以突然准确的火力击毁敌坦克,并注意观察射击效果。在障碍区隐蔽待机的战士,可利用烟幕弥漫的效果,以突然、勇猛的动作投送爆破器材,炸毁敌坦克,并视情况以防坦克地雷封闭通路。当地工兵、步兵开辟通路时,冲锋(步枪、机枪手应根据班(组)长的命令,隐蔽地占领射击位置,以突然、准确的火力消灭敌步兵和工兵。

当敌坦克、步兵战车(装甲输送车)接近和通过通路时,火箭筒手应迅速机动至有利的射击位置,抓住敌坦克被我障碍所阻、停顿、减速、转向、上下坡等有利时机,瞄准先头装甲目标的薄弱部位,将其击毁,以堵塞通路;发射后应注意观察射击效果,视情况击毁其他跟进的目标;如敌火力威胁较大时,应灵活地变换射击位置。当敌坦克、步兵战车(装甲输送车)进到操纵雷区时,负责操纵地雷和抛射炸药包的战士,应适时起爆。如敌步兵跟随坦克通过通路时,冲锋(步)枪、机枪手应抓住敌收拢队形、进入通路、队形密集等有利时机,以突然猛烈的火力切断敌步坦联系,消灭敌步兵。

(二) 消灭前沿之敌

当敌坦克、步兵战车(装甲输送车)逼近前沿时,战士应沉着果断,将其击毁在前沿。火箭筒手应以斜射、侧射火力首先击毁对我威胁最大的敌装甲目标,而后迅速转移火力击毁其他目标。冲锋(步)枪、机枪手应注意观察、准备好爆破器材,隐蔽迅速地沿壕向敌坦克、步兵战车(装甲输送车)可能越壕的地点机动,待敌坦克、步兵战车(装甲输送车)接近堑壕和越壕的瞬间,以爆破器材将其炸毁。实施壕前布雷时,战士应注意观察,掌握时机,通常在敌坦克进至壕前5~7米处时,将防坦克地雷推送至壕前胸墙平面上的敌坦克履带方向,而后迅速撤离隐蔽,并做好爆破准备。使用炸药包、爆破筒时,战士应待敌坦克越壕时,迅速跃起,脚蹬壕壁,以投、送、插、挂等方法,炸其发动机、履带、炮塔和车体结合部。当敌坦克、步兵战车(装甲输送车)进至壕前被阻或被我击伤时,战士应根据班(组)长的命令,充分地利用地形,在烟幕掩护下隐蔽前出,将其炸毁,而后迅速撤离,并以火力消灭逃跑的敌坦克乘员。

敌坦克引导步兵逼近前沿时,火箭筒手应以准确的火力击毁敌坦克。冲锋(步)枪、机枪手应以突然、准确的火力和手榴弹消灭敌步兵,切断敌步、坦联系,同时准备各种爆破器材,待敌坦克越壕时将其炸毁。当敌坦克以火力支援步兵逼近前沿时,冲锋(步)枪、机枪手应以突然准确的火力消灭敌步兵。当敌步兵进至我投弹距离时,应向敌投弹;如敌队形密集,应向其投掷爆破筒、炸药包,大量地杀伤敌人。火箭筒手应按班(组)长的命令,利用工事、地形隐蔽前出,击毁对我威胁较大的敌坦克;如敌溃退,应以火力追击。

击退敌人后,要加强观察,防敌火力袭击,并抓紧时间,抢修工事,补充弹药,抢救伤员,做好抗击敌人再次冲击的准备。

第二节 行 军

行军是军队沿指定路线进行的有组织的移动。目的是争取主动,转移兵力,向指定方向或地区实施有组织的移动,造成歼敌的有利条件。

一、行军的分类

行军的种类,按行动方式分为徒步和乘车行军;按时间分为昼间和夜间行军;按行程速度分为常行军、急行军和强行军;按行进方向分为向敌行军、侧敌行军和背敌行军。

行军的速度,应根据任务、道路状况、天候特征而定。常行军,按正常的每日行程和时速实施。摩托化行军,每日行程150~250千米,时速为夜间15~20千米,昼间20~30千米。急行军,是以最快的速度实施的行军,执行紧急任务时采用。强行军,是以加快行进速度和延长行军时间的方法实施,通常徒步每小时7千米左右,日行程50千米以上。

行军时,休息通常由领导统一掌握。徒步每行进一小时左右休息10分钟,乘车通常行进2~3小时休息20~30分钟。第一次小休息,时间可稍长些,以便整理装具。大休息通常是在走完当日行程的1/2时,进入指定地区休息1~2小时。走完一日行程后,按上级指示进行宿营。

二、行军的组织准备

(一)拟订行军计划

指挥员应根据受领的行军命令,在地图上研究敌情、任务和行军路线,确定行军序列,指定观察员和值班火器,制订防护措施和各种情况的处置方案。

(二)做好思想动员

行军前,指挥员应根据本分队所担负的任务,结合分队的思想情况,进行深入的思想动员。要教育战士遵守行军纪律,服从命令、听从指挥,不得擅自离队,不得丢失装备和食物,不喝生水,不违反群众纪律等,保障分队顺利完成行军任务。

(三)下达行军命令

下达行军命令时,应着重明确:本部队的任务、敌情、行军路线、里程、着装规定以及起床、开饭、完成行军准备的时间与集合的时间,到达指定地区的时间以及行军序列、休息的地点等。

(四)组织战斗保障

一是指定1~2名战士为观察员,负责对地、对空观察;指定值班分队及火器负责对空防御。二是规定遭敌核、化、生武器袭击时各分队行动方法。三是规定在敌人航空兵或炮火袭击时的行军方法。四是规定伪装方法及伪装纪律。

(五)做好物资装具准备

为了顺利完成行军任务,保持分队的战斗力,行军前,指挥员必须检查携带的给养和饮水、武器和弹药等情况;检查着装情况,妥善安置伤病员,并根据季节进行防暑、防冻教育和物品的准备。

三、行军管理与指挥

第一,出发时,应按上级的命令准时通过出发线,加入上级行军序列。在有可能发生遭遇战的情况下行军时,各排长应随连长在先头行进,以便及时受领任务。分队在公路或乡村路行军时,应沿道路的一侧或两侧行进;乘车时,沿道路的右侧行进。

第二,严格行军纪律,出发前督促战士排队大小便,教育战士在行军中听从指挥,不得擅自离队,不得丢失装具和食物等。

第三,行军中,应注意保持行进速度和规定的距离,听从调整哨的指挥,未经上级允许,不得超越前面的分队。经过渡口、桥梁、隘路等难以通行的地点时,指挥分队有组织地通过,防止拥挤。通过后,先头部队应适当减低速度,避免后面的人跑步追赶。徒步行军的分队应主动给车辆、执行特殊任务的分队和人员让路。夜间行军,要严格灯火管制。

第四,行军中,应教育分队不要喝冷水,不要随便采集野果。

第五,在山林地行军时,通过山垭口和上下坡时,应适当减速行进,以避免后面跑步追赶和掉队,火炮、车辆应适当加大距离。在严寒地带行军时,小休息时间不要过长,并禁止躺卧,以免发生冻伤。在炎热季节或在热带山岳丛林地行军时,应尽量利用早晚时间实施。要带足饮水和消毒、消暑药品,途中应采取防暑、防虫害的措施。

第六,遇敌空袭时,应指挥分队迅速向道路一侧或两侧疏散隐蔽,并指定火器射击低飞敌机。如空袭情况不严重或行军任务紧迫时,分队则应疏开队形,增大距离,加快速度前进。

第七,按上级的指示组织休息。小休息应靠路边,并保持原队形。在第一次小休息时,应督促战士整理鞋袜、装具等。大休息时应离开道路,进入指定地区。休息时,应派出警戒,必要时,可占领附近有利地形,加强对地、空观察,并保持战斗准备,以防止地面和空中敌人的突然袭击。组织野炊,安排好伤病员,督促驾驶员检查车辆,组织分队在规定地区休息。夜间休息时,人员不准随意离队,武器、装具要随身携带。出发前,应清点人数，检查装备，补充饮（用）水。

第八，行军中，连应指定一名干部，带领卫生员和若干体壮战士为收容组，在连后尾跟进，负责收容伤病员，组织掉队的人员跟进。

第三节 宿 营

宿营是指军队在行军或战斗后的住宿。其目的是使部队得到休息和调整，以便继续行军或做好战斗准备。

一、宿营的种类

宿营方式分为舍营、露营及舍营与露营相结合三种。舍营，是军队在房内宿营。露营，是军队在房舍外宿营，通常在不具备舍营条件时采用，是平时部队训练的重点。野外露营的方式分为利用制式器材露营和利用就便器材露营。就便器材露营，通常是指利用车辆、坦克、篷布、雨衣等进行的露营。制式器材露营，通常是指利用帐篷或装配式工事等装备的制式器材进行的露营。

二、宿营地区的选择

宿营地区的选择，应根据敌情、地形、任务和行军编成而定。既要保证战士安全休息，又要便于迅速投入战斗。选择宿营地区时，通常还要考虑以下因素：一是要符合战术要求，从具体位置到配置方式都应以预想的战术背景为基本前提；二是要着眼于训练课目需要，有利于达到训练目的；三是要方便生活，尽量靠近水源，并有进出道路；四是要选择在群众基础较好或影响群众利益较小的地区。露营地域，夏季要尽量选在高处，避开低地、洪水道和易坍塌的地方；冬季应选在避风向阳处。

三、宿营的基本要求

指挥员应了解宿营地域情况，到达宿营地后，必须做好以下工作：

第一，派出岗哨和观察员，如单独宿营时，应向重要方向派出班哨和步哨。必要时，派出游动哨。

第二，应立即组织所属指挥员勘察地形，划分各排的隐蔽配置位置，规定紧急集合场和防敌空袭的疏散隐蔽地域，明确遭敌袭击时各分队的行动。

第三，了解当地民情，遵守群众的风俗习惯和"三大纪律、八项注意"；密切军民关系，同驻地民兵协同做好防空及防奸保密工作。

第四，组织分队构筑必要的工事并进行伪装，建立通信联络。侦察水源并要科学划分饮水和洗刷的河流地段。

第五，督促战士用热水洗脚，整理装备，烤晒衣服，抓紧时间休息。

第六，组织各班、排构筑厕所，教育战士不得随地大小便。

第七，炊事员应注意饮食卫生和调剂生活，检查食物是否清洁，防止中毒。

第八，及时向上级送宿营报告。

四、特殊条件下的露营

（一）在高寒地区露营

在高寒地区露营时，应减少人员在外停留的时间，防止冻伤，通常采用搭帐篷、草棚、挖洞、堆雪房、围雪墙等方法露营。做到班排集中，连队分散。睡觉前，多用雨布（衣）、干草等隔潮材料铺设地铺。睡觉时，注意避风和保暖，可绑好裤腿，穿好袜子，戴好棉帽，通常两人一组，共盖大衣、棉被。生火取暖时，应注意防火和预防一氧化碳中毒。加强观察，及时发现雪崩等险情并立即发出警报。乘车行军露营时，对车辆还应采取防冻措施。

（二）在荒漠、草原地露营

在荒漠、草原地露营时，以制式器材和就便器材架设帐篷、搭草棚为主，结合垒石墙、挖土壕（坑）设置露营地点。配置时以班、排为单位，形成环形。严格灯火管制和用水标准。根据不同地形和季节，注意防火灾，防风沙（雪）、防泥石流，避开风口。

（三）在热带山岳丛林地露营

在热带山岳丛林地露营时，通常以班、组为单位搭帐篷、草棚，设吊床或利用山洞组织露营。利用就便器材搭建帐篷时，不得破坏天然景致，帐篷周围要挖水沟，铲除杂草，必要时撒些石灰或草木灰，以防毒虫、毒蛇进入。床铺通常用竹条编成，离地面30～50厘米，地铺要铺草，以防潮湿。

（四）在山林地露营

在山林地露营时，应避开悬崖、陡坡、峡谷和可能发生山洪的危险区，通常用制式器材和就便材料架设帐篷或搭草棚。搭棚时，通常以班为单位，不得成片砍伐林木，破坏天然伪装。帐篷、草棚周围要挖排水沟，铲除杂草，必要时撒些草木灰，构筑适量工事。警戒要注意控制制高点、山垭口、道路交叉点和隘路，严防敌人突然袭击。

第四节　野外生存

野外生存，即人在食宿无着的山野丛林中求生。

一、野外生存的物质准备

战争时期野外行军训练或意外情况、食品断绝情况下的求生都是非常重要的，对于有计划的野外行动，出发前应根据客观环境的需要选择适合的装备，做好准备。

（一）基本用品的准备

第一，鞋子。挑选合适的鞋子，出发前数周就进行试穿，使新鞋与脚有一个磨合过程，以避免或减少脚起泡。

第二，衣服。根据预定的野外活动季节与时间的长短挑选合适的衣服，如一套换洗的衣服和一套休息时能增加保暖性的衣服；在严寒天气，应准备几件御寒衣服；雨季外出必须带上雨衣。

第三，被装。根据季节选择合适的被装，最好选择柔软、轻便、保暖性能好的被装。

第四，帐篷。在野外生活的时间较长时，应备有帐篷，以作为日常活动的场所。

第五，背包或行囊。要有一个背着舒适而且结实、防水的背包或者行囊，以便携带衣物和必要的装备。

第六，食品。各种食物的比例可按照自己的口味确定，但一定要保证营养的合理配置。

第七，通信设备。个人或小团体野外行动，要带上寻呼机和手提电话机以解决通信问题。如果是有组织的远程探险等集体行动，最好备有无线电通信设备。

必须注意的是，出发之前，所有电子设备应电能充足，并带有备用电源。使用时，应尽量节省电能消耗，以延长使用时间。

（二）装备百宝盒

"百宝盒"中通常应装有以下物品：

第一，刀具。在野外紧急求生时，刀既是工具，也是武器。

第二，点火用的火柴、蜡烛，打火石、放大镜和手电筒。火柴最好带防水的。

第三，针和线。针要有大、小几种型号，线要选择坚韧耐磨的，并将其绕在针上。必要时还可以带上鱼钩和鱼线。

第四，指北针和绳索。最好带细而结实的尼龙绳索。

第五，饭盒。最好是铝制饭盒，既轻便耐用，又是很好的炊具，还能盛放各类救生

物品。

第六，救生袋。严寒季节外出，带一只长 2 米、宽 0.6 米的聚乙烯薄膜大袋子，意外情况下钻到里面，可以减少热量散发，达到保暖救命的效果。

（三）医疗卫生盒

医疗卫生盒内装常用药和卫生用品，所有药品都应标明用法、用量和有效期，主要针对任务特点和地域环境，主要药品如下：

第一，跌打损伤药。如扶他林、三七片、云南白药等。

第二，膏药类。使用前，应保证将伤口弄清洁，常用的有创可贴、风湿止痛膏、红药水、冻疮膏等。

第三，急救包、绷带等。用来固定受伤部位，促使伤口愈合。

第四，镇痛类药。这类药可缓解疼痛，减轻痛苦。

第五，肠道镇静剂。这类药用于治疗急性或慢性腹泻，常用的有神奇止泻丸、黄连素等。

第六，抗生素。用于治疗常见细菌感染，常用的有阿莫西林、派乙酰螺旋霉素等。

第七，感冒药。

第八，防中暑和抗过敏药类。如藿香正气水、人丹、扑尔敏等。

第九，防毒蛇咬伤、蚊虫叮伤药。常用的有蛇药片、风油精等。

第十，抗疟疾类药品。在疟疾流行区，这类药品是必备的。

此外，还应备有高锰酸钾和漂白粉之类的消毒、灭菌药物。

二、满足生存基本需要

生存的基本需要是水、火、食品和庇护所，它们各自的重要程度取决于你所处的环境。在求生的一切努力中，首先要依据情况满足自己的需要。

（一）水

水是人体的最基本需求，离开它，人就无法生存。身体消耗的水分如果得不到及时补充，健康和工作效率就无从谈起。一旦缺水时间较长，就可能出现脱水现象，甚至危及生命。因此，保持体液和补充水分，是野外生存必须优先考虑的因素。一方面，要注意保留珍贵的应急储备水，并尽最大的努力去寻找水源；另一方面，一旦出现缺水，当务之急是最大限度地缓解身体脱水状况，以维持体液平衡，然后再想办法找水补充。如果在短时间内难以找到水源，则必须保持平静，减少体液消耗，争取时间，等待和寻求救援。

（二）火

对于野外求生者来说，火有着特殊重要的意义，它不仅能使你保持体温，减少体内热

量散失，而且它还可以烤干衣服、煮饭烧水、熏烤食品、吓跑野兽、驱走害虫等。总之，火能给你带来生机和活力。但是，用火不慎，会引发火灾，也可能危及生命，破坏自然生态，造成不可挽回的损失。所以，野外求生者，不仅要懂得如何生火、用火，而且要懂得控制火焰燃烧，安全用火。在选择生火地点时，要尽量避开易燃的植被；生火前，生火点四周要有足够的防火隔离带，如果没有自然形成的隔离带，必须人工开辟2米以上的防火隔离带；要有灭火应急措施，在生火点的旁边，必须备有沙土堆或水，或者备有灭火工具，一旦火势失控，马上扑灭；从点火到撤离的整个用火过程，火堆、火炉边都必须有人值守。如果是单人行动，至少必须与火堆保持目视联系，并时时注意观察火势，发现燃烧有可能失控时，立即进行处理；撤离生火地点时，必须把火彻底扑灭，并用沙土覆盖，以防死灰复燃，引发火灾。

（三）食物

食物是为人体提供热能和营养以维持生命的基本物质，因此，受困荒野，要战胜危机，生存下去，重要的是要想办法获取食物。人类必需的食物分为植物类食物和动物类食物。野外生存，要寻找到可以充饥的植物，并辨别有无毒性。如果是自己所不认识、未曾尝试过的植物，在食用之前，必须先鉴别其是否有毒，可否食用。尝试时，一人一次只能尝试一种。在尝试过程中，如果出现疑惑，就不要试下去，应尽快设法把它呕吐出来。捕捉一切能够食用的小动物，是野外求生时解决食物来源的有效方法。比较容易捕捉到的小动物主要有蛇、蛙、龟、鱼、虾等。昆虫也是野外求生者能获取的动物性食物资源。最有利用价值的是白蚁、蝗虫、蟋蟀、蜜蜂等。

（四）露营地与庇护所

野外求生，在短时间内难以得到救助而不得不在荒野之中生存较长时间的情况下，庇护所是满足生存需要的一个非常重要的场所。因为，在正常情况下，睡眠和休息本身就是人的基本生理需求。没有一个合适的栖身之所，得不到很好的睡眠和休息，会使求生者情绪低落，精神沮丧，体质下降，生存概率随之下降。尤其是在严寒或者风雨交加的情况下，如果没有一个可以抵御风寒和雨雪的栖身之所，在寒风大雨之中，求生者体温、体能会急剧下降，意志将被摧垮，并很快危及生命。

露营地的选择应当注意：尽量选在可以防风、防雨，山洪冲不到、不会受到落石或雪崩威胁、比较平坦的地方；尽量选在离水源较近、附近有充足可利用的林木的地方，但不要把帐篷搭建在与水源过分靠近的地方，因为太靠近水，一旦上游山洪暴发，就有被冲走的危险，而且蚊虫较多，易受叮咬，流水声响也会妨碍睡眠；尽可能选择有自然地形地物可以利用的地方，这样可以为构筑庇护所打下良好的基础。野外露营的方式，通常是在预先有准备的情况下，利用随身携带的帐篷或者就地获取的材料，搭建栖身之所进行露营。

庇护所也有自然形成的，如山洞、石崖、大块岩石等。这些自然地物，有的可以直接利用，有的则要加以改造。

三、常见伤病的防治

（一）昏厥

野外昏厥多是由于摔伤、疲劳过度、饥饿过度等原因造成的。主要表现为脸色突然苍白，脉搏微弱而缓慢，失去知觉。遇到这种情况，不必惊慌，一般过一会儿便会苏醒。醒来后，应喝些热水并注意休息。

（二）中毒

中毒症状是恶心、呕吐、腹泻、胃疼、心脏衰弱等。遇到这种情况，首先要洗胃，快速喝大量的水，用手指触咽部引起呕吐，以加速排泄。

（三）中暑

中暑症状是突然头晕、恶心、昏迷、无汗或湿冷、瞳孔放大、发高烧。发病前，常感口渴头晕，浑身无力，眼前阵阵发黑。此时，应立即在阴凉通风处平躺，解开衣裤带，全身放松，再服人丹等药。发烧时，可用凉水浇头或冷敷散热。如昏迷不醒，可掐人中穴使其苏醒。

（四）冻伤

冻伤在高寒地带常见，如发现皮肤有发红、发白、发凉、发硬等现象，应用手或干燥的绒布摩擦伤处，促进血液循环减轻冻伤，轻度冻伤用辣椒泡酒涂擦便可见效。在发生身体冻僵的情况下，应先摩擦肢体，做人工呼吸，待伤者恢复知觉后，再到较温暖的地方抢救。

（五）昆虫叮咬

在野外为了防止昆虫的叮咬，人员应穿长袖衣和裤，扎紧袖口、领口，皮肤暴露部位涂抹防蚊药。不要在潮湿的草地上坐卧。

遇到蚂蟥叮咬时，不要硬拔，可用手拍或用肥皂液、盐水、烟油、酒精滴在其前吸盘处，或用燃烧着的香烟烫，让其自行脱落，然后压迫伤口止血，并用碘酒涂抹伤口以防感染。部队行进中，应经常查看有无蚂蟥爬到脚上。如在鞋面上涂些肥皂、防蚊油，可以防止蚂蟥上爬。涂一次的有效时间为 4~8 小时。此外，将大蒜汁涂抹于鞋袜和裤脚，也能起到驱避蚂蟥的作用。被蝎子、蜈蚣、黄蜂等毒虫蜇伤时，伤口红肿、疼痒并伴有恶心、呕吐、头晕等症状。要先挤出毒液，然后用肥皂水、氨水、烟油、醋等涂抹伤口，或将马齿苋捣碎，将汁冲服，渣打外敷。

第五节　利用地形地物的方法

利用地形地物时，应根据遮蔽物的高低、大小、距敌远近，是否被敌发现以及敌火力威胁程度等情况采取适当的姿势，迅速隐蔽地接近，由下而上地占领，周密细致地观察，不失时机地出枪（筒）；对不便于射击的位置应加以改造，在同一地点不要停留过久，视情况灵活地变换位置。

一、对堤坎、田埂的利用

堤坎、田埂有纵向、横向之分。横向的利用背敌斜面或残缺部位，机枪（火箭筒）手通常将脚架支在背敌斜面上，筒口距地面不得小于 20 厘米；纵向的通常利用弯曲部或顶端一侧，依其高度取适当姿势。堤坎高于人体时，应挖踏脚孔或阶梯。如利用堤坎对空射击时，通常利用其顶部，并根据其高度取不同姿势。

对堤坎、田埂的利用

二、对土（弹）坑的利用

战斗中通常可利用土（弹）坑前沿，根据敌情以及坑的大小、深度，以跳、滚、匍匐等方法进入，并取适当姿势；对空射击时，以坑沿作依托或背靠坑壁进行射击。火箭筒手应利用坑的右前沿作依托，以防射击时喷火自伤。

对土坑的利用

三、对土堆的利用

对土堆的利用,通常可利用其右侧;如视界、射界受限制或右侧有敌火力威胁时,也可利用其左侧或顶端。双土堆利用其鞍部;对空射击时,通常利用其后侧或顶端。

对土堆的利用

四、对堑壕、交通壕(沟渠)的利用

在防御战斗中对堑壕、交通壕的利用较多。通常利用其掩体、壕壁或拐弯处隐蔽身体,依其上沿或拐角作射击依托。

五、对树木(线杆)的利用

对树木(线杆)的利用,通常可利用其右后侧,根据树木的大小取适当姿势。

筒手卧姿射击时,应将筒口前伸超过树木或离开树木 20 厘米,以使火箭弹脱离筒口时尾翼能张开。

对土堆的利用

六、对丛林、高苗(草)地的利用

对丛林、高苗(草)地的利用,通常可利用靠近敌方的边缘内,按其高低、稠密情况取适当姿势。

七、对墙壁、墙角、门窗的利用

墙壁。按其高度取适当姿势，矮墙可利用顶端或残缺部，墙高于人体时，可挖射孔或将脚垫高。机枪手利用墙壁射击时，可将脚架折回。

墙角。通常利用右侧，左小臂紧靠墙角，取适当姿势。火箭筒手利用墙角射击时，筒口距墙角不小于20厘米。

门窗。门通常利用左侧，窗可利用左（右）下角。

对门的利用

战斗类型与战斗样式

战斗，就是兵团或部队、分队在较短时间和较小空间内进行的有组织的作战行动，是夺取战争胜利的主要手段。战斗可在战役内进行，也可单独进行。战斗的目的是歼灭或击退敌人，攻占或扼守地区和目标。

一、战斗的基本类型

战斗有不同的类型，其基本类型是进攻战斗和防御战斗。

进攻战斗是主动攻击敌人的战斗行动，是消灭敌人的主要手段。其主要目的是歼灭敌人，攻占重要地区或目标。进攻战有许多优越性：第一，进攻者掌握行动的主动权，能够根据战场情况，按照自己的意愿，主动选择对敌实施攻击的目标、方向、时间和方法，迫敌就范。第二，可以预先做好战斗准备。由于进攻处于主动地位，进攻者能够根据一定的作战意图，事先进行较为周密的组织计划，建立兵力兵器部署，全面准备夺取胜利的条件。第三，能够造成兵力兵器对比的优势。进攻者的主动地位是以力量的优势为基础的，进攻者可以集中绝对或相对的优势进攻，选择敌人弱点，实施主要突击，运用包围迂回战术，给敌人以决定性的打击。第四，便于达成战斗的突然性。进攻者由于掌握行动的主动权，有利于积极地捕捉和创造战机，因此更有可能在敌人意想不到的时间和地点、采取敌人意想不到的战法给敌人以出其不意的攻击。第五，便于提高军队的士气，增强突击力量。由于进攻是主动攻击敌人的行动，进攻

者有更多的取胜机会，可以鼓舞军队的战斗士气，使军队表现出更为坚强的意志，壮大突击力量，而对防御一方的精神心理状况则会产生不利的影响。

进攻战斗通常是在有利的战斗时机，有目的、有计划地进行的。这种有利战机是由战场上的各种主客观因素决定的，产生战机的原因也是不尽相同的。有时是由于敌人指挥和行动上的失误，使敌方会出现部分兵力突出冒进、孤立分散、前进受阻、后援不继、弱点暴露等不利态势；有时则是由于我方积极的战斗行动，引诱或迫使敌人陷入困境或进入我方预定的歼敌地区；还可能是因为受到某种自然条件的影响，如山洪、暴雨、风雪及道路塌陷等，造成敌人行动困难，抑制了其战斗力的发挥。无论是何种原因，战术指挥员只有善于根据战役和战斗全局的需要，创造和捕捉战机，进而形成一定的优势和主动，才能有效地运用进攻战斗这一主动攻击敌人的战斗行动，达到克敌制胜之目的。

防御战斗是抗击敌人进攻的战斗行动，是辅助进攻或准备转入进攻的一种手段。它通常是在保卫重要地区或目标，阻隔敌人或阻敌增援、突围，掩护主力集中、休整或机动，巩固占领地区或保障主力翼侧安全等情况下实施的。其目的是杀伤、消耗、迟滞敌人，扼守阵地，争取时间，为转入进攻或保障其他方向的进攻创造条件。

防御战斗是一种被动的作战形式。防御者通常在兵力兵器对比上处于劣势，其战斗行动受进攻一方的制约较大，不得不经常处于高度紧张的状态，要随时准备抗击敌人从任何方向实施突击。因而，防御战斗容易陷入被动地位，大不如进攻战斗那样能够充分发挥主动权。但是，防御者却能同超过自己数倍的敌人作战，并往往能够挫败敌人的进攻。其主要原因就是它具有进攻者所不具备或不能完全具备的以下长处：第一，能够依托有利的地形和阵地条件进行战斗和防护；第二，可以建立严密的火力配系，增大火力杀伤的效果；第三，可以实施有效的伪装；第四，便于利用有利地形，灵活地机动兵力兵器；第五，能够以逸待劳，防御者通常是先于敌人占领战斗地区，做好防御战斗准备，依托有利地形和工事，等待敌人进攻；第六，能更多地得到民众的直接支援和配合。

二、战斗样式

战斗样式是指战斗的式样和形式，是在战斗类型基础上所作的进一步分类。参照标准不同，战斗样式的划分也不尽相同。

进攻战斗的基本样式，依敌人行动的性质和态势，分为对防御之敌的进攻战斗、对驻止之敌的进攻战斗和对运动之敌的进攻战斗。对防御之敌的进攻战斗有对野战阵地防御之敌的进攻战斗、对仓促防御之敌的进攻战斗、对坚固阵地防御之敌的进攻战斗、对空降着陆之敌的进攻战斗；对驻止之敌的进攻战斗有对临时驻止之敌的袭击战斗、破袭战斗；对运动之敌的进攻战斗有伏击战斗、遭遇战斗、追击战斗。按地形、

气候等条件，还有登陆战斗、渡江河进攻战斗、城市进攻战斗、山地进攻战斗、荒漠草原地进攻战斗、水网稻田地进攻战斗、热带山岳丛林地进攻战斗、高寒地进攻战斗以及夜间进攻战斗等。

防御战斗的基本样式，按目的、任务和手段，分为阵地防御战斗（包括野战阵地防御战斗、坚固阵地防御战斗）、机动防御战斗和运动防御战斗；按准备时间，分为有准备的防御战斗和仓促防御战斗；按地形、气候等条件，分为山地防御战斗、荒漠草原地防御战斗、热带山岳丛林地防御战斗、高寒地防御战斗、城市防御战斗、海岸防御战斗、岛屿防御战斗、江河防御战斗和水网稻田地防御战斗以及夜间防御战斗等。

 思考题

1. 迫近动作的要领有哪些？
2. 行军时要做好哪些组织准备？
3. 选择宿营地区时，要考虑哪些因素？
4. 中暑后应如何救治？

参考文献

[1] 李安祥,等. 大学生军事理论教程[M]. 北京:北京理工大学出版社,2011.

[2] 李景龙,祁静,陈玄令. 大学生军事理论教程[M]. 北京:化学工业出版社,2013.

[3] 王小元. 大学生军事理论与技能训练教程[M]. 北京:化学工业出版社,2013.

[4] 曾峥. 当代大学生军事教育教程[M]. 广州:暨南大学出版社,2014.

[5] 霍凤鸣,王泽林,陈远. 大学军事教程[M]. 沈阳:辽宁大学出版社,2015.

[6] 赵健世. 高校军事理论教程[M]. 上海:上海交通大学出版社,2014.

[7] 台启权. 高校军事学教程[M]. 合肥:安徽师范大学出版社,2014.

[8] 纪学和,王泽林,崔晓军. 大学军事教程[M]. 长春:吉林大学出版社,2013.

[9] 李升泉. 强军兴军的历史跨越:党的十八大以来国防和军队建设理论与实践[J]. 求是,2016(7):17-25.

[10] 白蕴芳. 东海防空识别区的战略意义[J]. 管理观察,2014(10):35-36.